"검경수사권 조정에 따라 개정된 형사소송법 등 반영"

形事 사례중심 [검·경]
고소장 · 항고장 작성

장태동 지음

도서출판 남산

머리말

우리나라에서 수십만 건의 고소사건이 발행하지만 그중 범죄사실이 인정되어 기소가 되는 사건의 비율이 최근 5년간 15%~16% 정도인 것을 감안하면 고소사건의 기소율이 낮은 것이 현실입니다.

이렇게 고소사건의 기소율이 낮은 이유를 두 가지만 꼽는다면,

첫째, 너무 안일하게 고소장을 작성하여 제출한다는 것입니다. 상대방을 형사적으로 처벌하기 위해 제출하는 고소장은 참으로 중요한 것으로 적지 않은 시간을 들여 고민하고 진중하게 작성하여야 함에도 만연히 인터넷에 올라와 있는 형식만 갖추면 고소장이 되는 것으로 착각하여 무성의하게 작성하여 제출하는 고소장이 너무 많습니다.

둘째, 일반인들은 형사사건과 민사사건을 혼동하는 경우가 많다는 것입니다. 상대방이 돈을 주지 않는다고 하여 모두 사기사건이 되는 것이 아니고 상대방이 배신하였다고 하여 모두 배임사건이 되는 것이 아님에도 형사 고소를 가볍게 생각하고 자신만의 생각에 치우쳐 고소장을 작성하여 제출하면 이 역시 불기소처분만 양산하는 것이 됩니다.

고소장은 고소인이 당한 범죄를 처음으로 수사기관에 알리는 서면입니다. 이 고소장을 보고 수사기관에서는 민사사안인지 형사사안인지 혹은 기소가 될 사건인지 그렇지 않을 사건인지 등을 판단하고 수사를 어떻게 진행시키고, 어떤 방법으로 범행을 입증을 하여 혐의를 인정할 것인가 하는 등의 수사방향을 정하게 되므로 고소장 작성에 정성을 기울여야 합니다.

그동안 고소인은 고소장을 경찰에 제출할 것인지, 검찰에 제출할 것인지를 몰라 혼동스러울 수도 있었으나, 최근 검경수사권 조정과 관련하여 개정된 형사소송법에 따라 경찰의 일차적 종결권이 인정되었고, 검찰에서의 수사 개시는 검찰청법에서 규정한 6대 범죄(부패범죄, 경제범죄, 공직자범죄, 선거범죄, 방위사업범죄, 대형참사) 등 대통령령으로 정하는 중요 범죄와 경찰공무원의 범죄로 제한되었으므로 그러한 범죄 외의 일반 고소(고발)사건들은 경찰에 고소장(고발장)을 제출하여야 할 것입니다.

하지만 경찰에서 1차로 수사한 사건에 관하여 이의신청이 있는 경우 등에는 검찰에서 수사가 진행될 수 있고, 검찰청법에서 정한 주요 범죄에 대하여는 고소인(고발인)은 검찰에도 고소(고발)을 할 수도 있으므로 고소(고발)인의 고소(고발)사건에 대한 검찰의 역할은 매우 중요하다고 할 것입니다.

한편, 고소사건의 기소율이 너무 낮다는 것은 불기소처분(혐의 없음 등)으로 처리되는 사건의 비율이 매우 높다는 것을 말하는 것이고 불기소처분율이 높다는 것은 피해자가 범죄의 구성요건에 대한 이해가 부족하다던가, 진정으로 억울한 사정을 밝히는 표현기술이 부족하거나, 그 방법에 대하여 정통하지 못하였다고 말할 수도 있는 것입니다.

이에 저자는 검찰에서의 수사경험과 형사사건 법무사로 일한 경험을 기반으로 4년 전 책을 처음 기술하였고, 다행이 그 책에 대한 독자님들의 호응에 힘입어 이번에 다시 출간하게 되었습니다. 부디 졸저가 독자님들의 형사적 고민을 시원하게 해결해 주는 책이 되기를 기원하면서 인사를 대신합니다.

2020. 11.

법무사 **장태동**

C/o/n/t/e/n/t/s

Ⅰ. 고소장 이론 ··· 1

1. 고소 ··· 1
(1) 고소의 의의 ··· 1
(2) 고소의 방식 ··· 1
(3) 고소권자 ··· 1
(4) 고소의 제한 ··· 2
(5) 친고죄 ··· 2
(6) 반의사불벌죄 ··· 2
(7) 고소의 취소 ··· 3
(8) 고소사건의 처리 ··· 4

2. 경찰에서의 고소(고발)사건의 처리 ··· 4
(1) 사건송치 ··· 4
(2) 고소인 등에 대한 송부통지 ··· 5
(3) 고소인 등의 이의신청 ··· 5
(4) 재수사요청 등 ··· 5
(5) 시정조치요구 등 ··· 6
(6) 수사의 경합 ··· 6

3. 검찰에서의 고소(고발)사건의 처리 ··· 6
(1) 검사의 수사 범위 ··· 7
(2) 사건의 처리 ··· 7
(3) 처분의 고지 ··· 7
(4) 공소불제기이유고지 ··· 7
(5) 피해자 등에 대한 통지 ··· 7

4. 고소장 ··· 8
(1) 고소장이란 ··· 8
(2) 고소장의 구체적 작성방법 ··· 9

Contents

Ⅱ. 고소장 작성사례 ·· 19

[사기죄] /

   1. 사례 [사기 (차용)] ·· 19
   2. 사례 [사기 (차용)] ·· 24
   3. 사례 [사기 (용도)] ·· 30
   4. 사례 [사기 (차용)] ·· 36
   5. 사례 [특경 사기 등 (시행사업투자)] ·································· 42
   6. 사례 [특경 사기 등 (선물 등 투자)] ·································· 49
   7. 사례 [사기 (오피스텔 분양)] ··· 54
   8. 사례 [특경 사기 (금융기관대출)] ······································· 59
   9. 사례 [사기 등 (허위유치권신고)] ······································· 63
   10. 사례 [사기 (어음)] ·· 67
   11. 사례 [사기 (계)] ··· 72
   12. 사례 [사기 (전세)] ·· 77
   13. 사례 [사기 (비트코인투자)] ··· 81
   14. 사례 [사기 (보험금)] ·· 86

[횡령죄] /

   15. 사례 [횡령 (대표이사 혹은 동업자)] ······························· 90
   16. 사례 [횡령 (직원)] ·· 96
   17. 사례 [특경 횡령 (공동추심금)] ··· 100
   18. 사례 [횡령 (동창회비)] ·· 105

Contents

[배임죄] /
- 19. 사례 [특경 배임 (대주주)] ······················· 109
- 20. 사례 [특경 배임 (펀드회사)] ····················· 113
- 21. 사례 [특경 배임 (부동산이중매매)] ··············· 117
- 22. 사례 [배임 (계주)] ······························ 122
- 23. 사례 [사기 등 (허위유치권신고)] ················· 126

[명예훼손 및 모욕죄] /
- 24. 사례 [명예훼손] ································· 130
- 25. 사례 [명예훼손 (인터넷)] ························ 135
- 26. 사례 [모욕] ····································· 139

[업무방해 및 강제집행면탈] /
- 27. 사례 [업무방해] ································· 143
- 28. 사례 [강제집행면탈] ····························· 148

[공갈 및 협박] /
- 29. 사례 [공갈] ····································· 152
- 30. 사례 [협박] ····································· 157
- 31. 사례 [강요] ····································· 161

[폭행 및 상해] /
- 32. 사례 [폭행] ····································· 166
- 33. 사례 [상해] ····································· 170

[주거침입 및 퇴거불응] /
- 34. 사례 [주거침입] ································· 175
- 35. 사례 [퇴거불응] ································· 179

[손괴 및 교통방해] /
- 36. 사례 [손괴] ····································· 184

37. 사례 [교통방해] ··· 188
38. 사례 [위증] ·· 192
39. 사례 [무고] ·· 196

[공연음란 및 음화반포] /
40. 사례 [공연음란] ··· 200
41. 사례 [음화반포] ··· 204

[문서위조] /
42. 사례 [사문서위조] ·· 208
43. 사례 [공문서변조] ·· 212

[뇌물] /
44. 사례 [수뢰 및 뇌물공여(재건축조합장)] ··· 216

[특정범죄 가중처벌 등에 관한 법률] /
45. 사례 [특정범죄 가중처벌 등에 관한 법률위반(도주차량)] ················· 221

[부정수표 단속법] /
46. 사례 [부정수표 단속법위반(당좌수표)] ·· 225

[채무자 회생 및 파산에 관한 법률] /
47. 사례 [채무자 회생 및 파산에 관한 법률위반(사기파산)] ··················· 229

[채권의 공정한 추심에 관한 법률] /
48. 사례 [채권의 공정한 추심에 관한 법률위반(대부업체)] ····················· 233

[폭력행위 등 처벌에 관한 법률] /
49. 사례 [폭력행위 등 처벌에 관한 법률위반(공동상해)] ························ 237

[공직선거법] /
50. 사례 [공직선거법위반(문자메세지 살포)] ·· 243

[정보통신법 이용촉진 및 정보보호 등에 관한 법률] /
    51. 사례 [정보통신망 이용촉진 및 정보보호에 관한 법률위반(핸드폰)] ············ 247

[특정경제범죄 가중처벌 등에 관한 법률] /
    52. 사례 [특정경제범죄 가중처벌 등에 관한 법률위반(금융다단계 사기)] ········· 253

[부정경쟁방지 및 영업비밀보호에 관한 법률] /
    53. 사례 [부정경쟁방지 및 영업비밀에 관한 법률위반(영업비밀 누설)] ············ 260

[산림자원의 조성 및 관리에 관한 법률] /
    54. 사례 [산림자원의 조성 및 관리에 관한 법률위반(벌목)] ························· 265

[도시 및 주거환경정비법] /
    55. 사례 [도시 및 주거환경정비법 위반(조합총회 의결사항)] ························ 269

Ⅲ. 항고장 이론 ········ 273

  1. 항고 ········ 273
    (1) 항고의 의의 ········ 273
    (2) 항고의 방식 ········ 273
    (3) 항고의 대상(불기소처분) ········ 273
    (4) 항고사건의 절차 ········ 275
    (5) 재항고 ········ 276

  2. 항고장 ········ 277
    (1) 항고장이란 ········ 277
    (2) 항고장의 작성방법 ········ 280

Ⅳ. 항고장 작성 사례 ········ 285

  1. 사례 [사기 (차용), 혐의 없음] ········ 285

2. 사례 [사기 (분양대행권), 혐의 없음] ·· 291
3. 사례 [사기 (건축), 혐의 없음] ·· 298
4. 사례 [사기 (딱지어음), 혐의 없음] ·· 305
5. 사례 [사기 (토지대금), 혐의 없음] ·· 310
6. 사례 [사기 (광고), 혐의 없음] ·· 316
7. 사례 [사기 (용도), 혐의 없음] ·· 321
8. 사례 [사기 및 사기방조 (부부행세), 기소중지 및 혐의 없음)] ········ 327
9. 사례 [횡령, 혐의 없음] ·· 334
10. 사례 [배임 (업무상), 혐의 없음] ·· 345
11. 사례 [강제집행면탈, 혐의 없음] ·· 351
12. 사례 [협박 및 업무방해, 혐의 없음] ·· 357
13. 사례 [퇴거불응, 혐의 없음] ·· 365
14. 사례 [위증, 혐의 없음] ·· 371
15. 사례 [무고, 혐의 없음] ·· 376
16. 사례 [무고, 혐의 없음] ·· 382
17. 사례 [유가증권변조, 참고인중지] ·· 387
18. 사례 [특정범죄가중처벌등에관한법률위반(도주차량), 혐의 없음] ······ 393
19. 사례 [채무자회생및파산에관한법률위반(사기회생), 혐의 없음] ········ 398
20. 사례 [변호사법위반, 혐의 없음] ·· 403

부록 - 형사 서식 ·· 409

I. 고소장 이론

1. 고소

(1) 고소의 의의 :

형사상 고소란 범죄 피해자 등의 고소를 할 수 있는 자[1]가 경찰이나 검찰 등 수사기관에 범죄사실을 신고하여 범인의 처벌을 요구하는 의사표시를 말한다.

(2) 고소의 방식 :

고소는 일반적으로 서면에 의하여 검사 또는 사법경찰관에게 하여야 하지만 구술로도 할 수 있는 것으로 규정하고 있다(형사소송법 제237조).

(3) 고소권자 : 고소를 할 수 있는 사람은 다음과 같다.

  가. 범죄의 피해자
  나. 피해자의 법정대리인(부모, 성년후견인 등)
  다. 피해자가 사망한 경우에는 그 배우자·직계존속·형제자매(단, 피해자가 명시한 의사에 반하지 않아야 한다).
  라. 대리인

---

[1] 고소와 달리 "고발"이란 고소권자와 범인 이외의 자가 범죄의 혐의가 있다고 생각될 때 수사기관에 범죄사실을 신고하여 피고발자(범인)를 처벌해 달라는 의사표시를 말한다.

(4) 고소의 제한 :

자기 또는 배우자의 직계존속은 고소하지 못한다. 즉 자기의 부모나 시부모·장인·장모 등은 원칙적으로 고소할 수 없으나, 성폭력 사건의 경우 등에는 예외적으로 고소할 수 있다.

(5) 친고죄 :

가. 고소권자의 고소가 있어야만 공소를 제기할 수 있는 범죄로 사자(死者)에 대한 명예훼손죄·모욕죄·비밀침해죄·업무상비밀누설죄 등이 있다.

나. 친고죄는 범인을 알게 된 날[2]로부터 6개월이 경과하면 고소할 수 없다. 다만, 불가항력적인 사유가 있는 경우에는 그 사유가 없어진 날부터 시효가 진행된다.

다. 고소불가분의 원칙 - 친고죄에 있어서 범죄의 일부분에 대한 고소 또는 고소의 취소는 범죄 전체에 대하여 그 효력이 있고, 공범 중 1인 또는 수인에 대한 고소 또는 고소의 취소는 다른 공범 전원에 대하여 효력이 있다.

(6) 반의사불벌죄 :

가. 피해자가 처벌을 원하지 않는다는 의사표시를 하면 처벌이 불가능한 범죄로 명예훼손죄·출판물 등에 의한 명예훼손죄·폭행죄·과실치상죄 등이 있다.

---

[2] 「형사소송법」제230조 제1항 본문은 "친고죄에 대하여는 범인을 알게 된 날로부터 6월을 경과하면 고소하지 못한다"고 규정하고 있는바, 여기서 범인을 알게 된다 함은 통상인의 입장에서 보아 고소권자가 고소를 할 수 있을 정도로 범죄사실과 범인을 아는 것을 의미하고, 범죄사실을 안다는 것은 고소권자가 친고죄에 해당하는 범죄의 피해가 있었다는 사실관계에 관하여 확정적인 인식이 있음을 말한다. (출처 : 대법원 2010. 7. 15. 선고 2010도4680 판결)

나. 고소불가분의 원칙이 적용되지 않는다[3].

(7) 고소의 취소[4] :

　가. 고소의 취소는 제1심 판결 선고시까지[5] 할 수 있고, 고소를 취소한 자는 다시 고소할 수 없다(형사소송법 제232조).

　나. 위와 같은 고소취소의 제한은 친고죄에 해당하는 것이고, 비친고죄의 경우에는 고소가 단순한 수사의 단서에 불과하므로 고소취소 후에도 다시 고소가 가능하다[6].

---

[3] 형사소송법이 고소와 고소취소에 관한 규정을 하면서 그 제232조 제1, 2항에서 고소취소의 시한과 재고소의 금지를 규정하고 그 제3항에서는 반의사불벌죄에 위 제1, 2항의 규정을 준용하는 규정을 두면서도, 그 제233조에서 고소와 고소취소의 불가분에 관한 규정을 함에 있어서는 반의사불벌죄에 이를 준용하는 규정을 두지 아니한 것은 처벌을 희망하지 아니하는 의사표시나 처벌을 희망하는 의사표시의 철회에 관하여는 친고죄와는 달리 그 공범자간에 불가분의 원칙을 적용하지 아니하고자 함에 있다고 볼 것이지, 입법의 불비로 볼 것은 아니다.(출처 : 대법원 1994. 4. 26. 선고 93도1689 판결)

[4] 고소취소는 범인의 처벌을 구하는 의사를 철회하는 수사기관 또는 법원에 대한 고소권자의 의사표시로서 형사소송법 제239조, 제237조에 의하여 서면 또는 구술로써 하면 족한 것이므로, 고소권자가 서면 또는 구술로써 수사기관 또는 법원에 고소를 취소하는 의사표시를 하였다고 보여지는 이상 그 고소는 적법하게 취소되었다고 할 것이고, 그 후 고소취소를 철회하는 의사표시를 다시 하였다고 하여도 그것은 효력이 없다 할 것이다. (출처 : 대법원 2007. 4. 13. 선고 2007도425 판결)

[5] 형사소송법 제232조 제1항, 제3항에 의하면 친고죄에 있어서의 고소의 취소 및 반의사불벌죄에 있어서 처벌을 희망하는 의사표시의 철회는 제1심판결 선고 전까지만 할 수 있다. 따라서 제1심판결 선고 후에 고소가 취소되거나 처벌을 희망하는 의사표시가 철회된 경우에는 그 효력이 없으므로 형사소송법 제327조 제5호 내지 제6호의 공소기각의 재판을 할 수 없다. 그리고 고소의 취소나 처벌을 희망하는 의사표시의 철회는 수사기관 또는 법원에 대한 법률행위적 소송행위이므로 공소제기 전에는 고소사건을 담당하는 수사기관에, 공소제기 후에는 고소사건의 수소법원에 대하여 이루어져야 한다.(출처 : 대법원 2012. 2. 23. 선고 2011도17264 판결)

[6] 고소가 있어야 죄를 논할 수 있는 친고죄의 경우와는 달리 비친고죄에 있어서 고소는 단순한 수사의 단서로 됨에 지나지 않으므로 고소의 유무 또는 그 고소의 취소여부에 관계없이 그 죄를 논할 수 있다할 것인즉, 피해자가 비친고죄인 이 사건 사기죄의 고소를 취소하였다든지 또는 고소취소 후에 다시 고소하였다는 등의 사정은 피고인에 대한 사기죄를 논함에 있어 아무런 장애가 되지 아

(8) 고소사건의 처리

가. 경찰에서 고소사건을 접수한 경우 그 날로부터 2개월 이내에 수사를 완료하여야 한다[(경찰청) 범죄수사규칙 제48조, 훈시규정].

나. 고소·고발의 접수 및 처리와 관련하여 경찰에서 수리를 하지 않고 반려할 수 있는 아래와 같은 경우가 있다[(경찰청) 범죄수사규칙 제42조].

① 고소·고발사실이 범죄를 구성하지 않을 경우
② 공소시효가 완성된 사건
③ 동일한 사안에 대하여 이매 법원의 판결이나 수사기관의 처분이 존재하여 다시 수사할 가치가 없다고 인정되는 사건. 다만, 고소·고발인이 새로운 증거가 발견된 사실을 소명한 때에는 예외로 함
④ 피의자가 사망하였거나 피의자인 법인이 존속하지 않게 되었음에도 고소·고발된 사건
⑤ 반의사불벌죄의 경우, 처벌을 희망하지 않는 의사표시가 있거나 처벌을 희망하는 의사가 철회되었음에도 고소·고발된 사건
⑥ 형사소송법 제223조 규정에 의해 고소 권한이 없는 자가 고소한 사건
⑦ 형사소송법 제224조, 제232조, 제235조에 의한 고소 제한규정에 위반하여 고소·고발된 사건

2. 경찰에서의 고소·고발 사건의 처리 등

(1) 사건송치(형사소송법 제245조의5)

가. 사법경찰관은 고소·고발 사건의 혐의가 인정되는 경우에는 지체 없이 검사에게 사건을 송치하고, 관계서류와 증거물을 검사에게 송부하여야 한다.

니한다.(출처 : 대법원 1987. 11. 10. 선고 87도2020 판결)

나. 그 밖의 경우에는 그 이유를 명시한 서면과 함께 관계 서류와 증거물을 지체 없이 검사에게 송부하여야 한다.

(2) 고소인 등에 대한 송부통지(형사소송법 제245조의6) :

사법경찰관은 위 송부를 한 날부터 7일 이내에 서면으로 고소인·고발인·피해자 또는 그 법정대리인(피해자가 사망한 경우에는 그 배우자·직계친족·형제자매를 포함한다)에게 사건을 검사에게 송치하지 아니하는 취지와 이유를 통지하여야 한다.

(3) 고소인 등의 이의신청(형사소송법 제245조의7)

가. 위 통지를 받은 사람은 해당 사법경찰관의 소속 관서의 장에게 이의를 신청할 수 있다.

나. 사법경찰관은 위 신청이 있는 때에는 지체 없이 검사에게 사건을 송치하고 관계 서류와 증거물을 송부하여야 하며, 처리결과와 그 이유를 위 이의신청인에게 통지하여야 한다.

(4) 재수사요청 등(형사소송법 제245조의8)

가. 검사는 위 (1)항 나목의 경우에 사법경찰관이 사건을 송치하지 아니한 것이 위법 또는 부당한 때에는 그 이유를 문서로 명시하여 사법경찰관에게 재수사를 요청할 수 있다.

나. 사법경찰관은 위 재수사요청이 있는 때에는 사건을 재수사하여야 한다.

(5) 시정조치요구 등(형사소송법 제197조의3)

가. 검사는 사법경찰관리의 수사과정에서 법령위반, 인권침해 또는 현저한 수사권 남용이 의심되는 사실의 신고가 있거나 그러한 사실을 인식하게 된 경우에는 사법경찰관에게 사건기록 등본의 송부를 요구할 수 있다.

나. 위항의 송부 요구를 받은 사법경찰관은 지체 없이 검사에게 사건기록 등본을 송부하여야 한다.

다. 위항의 송부를 받은 검사는 필요하다고 인정되는 경우에는 사법경찰관에게 시정조치를 요구할 수 있다.

(6) 수사의 경합(형사소송법 제197조의4) :

검사는 사법경찰관과 동일한 범죄사실을 수사하게 된 때에는 사법경찰관에게 사건을 송치할 것을 요구할 수 있다.

3. 검찰에서의 고소 · 고발 사건의 처리 등

(1) 검찰의 수사 범위 (검찰청법 제4조) :

고소(고발)사건과 관련하여 검찰청법 제4조(검사의 직무) 규정에서는 검사가 수사를 개시할 수 있는 범죄를 "대통령령으로 정하는 부패범죄, 경제범죄, 공직자범죄, 선거범죄, 방위사업범죄 등 중요범죄"와 "경찰공무원이 직무와 관련하여 범한 범죄" 등을 규정하고 있다. 때문에 고소(고발)인은 위 중요범죄에 해당하는 사건을 고소(고발)하는 경우에는 검찰청에 직접 고소(고발)장을 제출할 수 있고, 이런 경우에는 제출기관을 해당 검찰청으로 기재하여야 한다[7].

(2) 사건의 처리(형사소송법 제257조) :

검사가 고소 또는 고발에 의하여 범죄를 수사할 때에는 고소 또는 고발을 수리한 날로부터 3월 이내에 수사를 완료하여 공소제기여부를 결정하여야 한다(훈시규정).

(3) 처분의 고지(형사소송법 제258조) :

가. 검사는 고소 또는 고발이 있는 사건에 관하여 공소를 제기하거나 제기하지 아니하는 처분, 공소의 취소 또는 형사소송법 제256조(타관송치)의 송치를 한 때에는 그 처분한 날로부터 7일 이내에 서면으로 고소인 또는 고발인에게 그 취지를 통지하여야 한다.

나. 검사는 불기소 또는 위 제256조의 처분을 한 때에는 피의자에게 즉시 그 취지를 통지하여야 한다.

(4) 공소불제기이유고지(형사소송법 제259조) :

검사는 고소 또는 고발 있는 사건에 관하여 공소를 제기하지 아니하는 처분을 한 경우에 고소인 또는 고발인의 청구가 있는 때에는 7일 이내에 고소인 또는 고발인에게 그 이유를 서면으로 설명하여야 한다.

(5) 피해자 등에 대한 통지(형사소송법 제259조의2) :

검사는 범죄로 인한 피해자 또는 그 법정대리인(피해자가 사망한 경우에는

---

7) 형사소송법과 검찰청법의 개정으로 이전과는 달리 일반 고소(고발)사건을 검찰청에 직접 제기하는 경우는 매우 드물 것이다. 물론 검찰청법 등의 법령에 따라 6대 범죄 등의 중요사건은 검찰에서 수사를 개시할 수 있으므로 고소(고발)인이 검찰에 직접 고소(이런 경우 이 책의 고소장의 형식을 사용하되 제출기관만 관할 검찰청으로 기재하면 될 것이다) 등을 할 수 있겠지만, 검찰에서 직접 수사를 개시할 수 있는 사건외의 일반 고소(고발)사건은 그 고소(고발)장을 해당 경찰서에 제출하는 것이 편리할 것이다.

그 배우자 · 직계친족 · 형제자매를 포함한다)의 신청이 있는 때에는 당해 사건의 공소제기여부, 공판의 일시, 장소, 재판결과, 피의자 · 피고인의 구속 · 석방 등 구금에 관한 사실 등을 신속하게 통지하여야 한다.

4. 고소장

(1) 고소장이란

가. 형사상 고소장이란 고소권자 혹은 그 대리인이 범인의 처벌을 구하기 위하여, 수사기관에 제출하는 범죄사실 등을 서술한 서면을 말한다.

나. 검찰이나 경찰에서 마련해 놓은 고소장 표준서식에는 고소인 · 피고소인 · 고소취지 · 범죄사실 · 고소이유 · 증거자료 · 관련사건의 수사 및 재판여부 · 기타 · 인적증거 · 증거서류 · 증거물 등의 항목으로 복잡하게 구분되어 있으나 반드시 그 모두를 기재하여야 하는 것은 아니고 사건별로 해당하는 내용만 기재하면 된다. 그리고 범죄사실과 고소이유를 기재할 때에는 고소인과 피고소인의 관계 · 범행일시 · 범행장소 · 범행동기 · 범행상황 · 피해내용 등을 구체적이고 진솔하게 서술하여 수사기관에서 사건의 전모를 파악할 수 있도록 작성하는 것이 바람직하다.

다. 또한 고소장에는 수사기관에서 범행을 입증하는데 필요한 서면 등을 첨부하여 제출할 수 있는바, 이는 나중에 재판의 증거가 될 수 있는 자료이므로 잘 검토하여 적절히 첨부하여야 한다.

라. 고소장 표준서식[8] :

---

[8] 고소장은 반드시 표준서식으로 작성하여 수사기관에 제출하여야 하는 것은 아니다. 실무상 표준서식을 이용하는 경우가 그리 많지 않다. 표준서식에서 기재를 요구하고 있는 내용을 모두 기재하여

고소장을 반드시 표준서식으로 작성할 필요는 없으나, 경찰이나 검찰에서 마련해 놓은 고소장 표준서식에서 기재하도록 요구하는 주요내용은 어떤 형식의 고소장에서든 가능한 한 현출되도록 작성하는 것이 바람직하다.

(2) 고소장의 구체적 작성방법

가. 고소인 :

고소인이 복수인 경우 순번을 붙여 모두 기재하는 것이 원칙이고, 경우에 따라서는 고소사실을 가장 잘 알고 진술할 수 있는 사람을 대표자를 선정할 수도 있다. 법인도 고소인이 될 수 있다.

나. 피고소인 :

① 피고소인이 복수인 경우에는 순번을 붙여 모두 기재하여야 한다. 단 인적사항을 모르는 피고소인이 있을 경우에는 성명불상, 주소불상 등으로 표시하고 핸드폰 번호나 인상착의 등을 구체적으로 기재하는 방법으로 피고소인을 특정9)하여야 한다.

② 피고소인도 고소인과 마찬가지로 법인일 수도 있다. 이 경우 법인등기부 등본을 첨부하는 것이 바람직하다.

③ 인터넷 범죄나 저작권 침해 사범 등의 경우에 피고소인의 인적사항을 전혀 모를 수가 있다. 이런 경우에도 인터넷 포털사이트 주소(아이디) 등

야 한다는 것은 아니므로 구체적인 사건에서 적절하게 가감을 하면서 고소장을 작성하는 것이 좋다. 하지만 이 책의 고소장 사례에 기재된 내용들은 압축적인 내용이므로 어떤 형식의 고소장이든 참고하면 편리할 것이다. 표준서식의 경우에도 모든 란을 다 채워서 기재하여야 하는 것은 아니다, 가령 피고소인의 주민등록번호, 주소, 직업 등에 관하여 알지 못하는 사항이 있는 경우에는 기재하지 않아도 된다. 다만 피고소인을 특정하여야 하는 경우에는 최대한 특정하여야 한다.

9) 특정의 방법은 여러 가지가 있을 수 있다. 가령 "00식당 주인", "00PC방 카운터", "40대 초반의 뚱뚱하고 머리가 곱슬곱슬한 남자", 핸드폰 번호 등 구체적 상황에 따라 적절하게 특정 한다.

피고소인을 특정할 수 있는 내용을 기재하면 수사기관에서 관계기관에 사실조회 등의 과정을 거쳐 피고소인을 특정할 수 있게 된다.

다. 고소취지 :

고소취지에는 아래의 사례와 같이 고소의 죄명과 피고소인의 처벌을 원한다는 내용을 간략히 기재한다.

① 피고소인 1명, 죄명 1개(사기죄)의 경우,
"고소인은 피고소인을 사기죄로 고소하오니 처벌하여 주시기 바랍니다."

② 피고소인 복수, 죄명 1개(횡령죄)의 경우,
"고소인은 피고소인들을 횡령죄로 고소하오니 처벌하여 주시기 바랍니다."

③ 고소인 복수, 피고소인 복수, 죄명 복수(사기죄, 배임죄)의 경우,
"고소인들은 피고소인들을 사기죄 및 배임죄로 고소하오니 처벌하여 주시기 바랍니다."

라. 범죄사실 :

고소장의 "범죄사실"을 검사의 공소사실과 같이 명확하게 기재하기는 어렵겠지만, 가능한 한 그 내용을 6하원칙 하에 구체적으로 기재한다.

마. 고소이유 :

"고소이유"는 범죄사실의 동기나 정황 등의 내용을 보다 구체적이고 상세하게 기재하여 범죄의 전모를 파악할 수 있도록 작성하여야 한다. 다양한 범죄사실들은 이 책의 고소장 작성 사례들을 보고 적절히 응용하면 어떤 고소장이든 그 고소이유를 기재할 수 있을 것이다.

바. 고소장의 중요성 :
① 우리나라에서 1년에 수십만 건의 고소사건이 발행하지만 그중 범죄사실이 인정되어 기소가 되는 사건의 비율이 약 15~16% 정도인 것을 감안하면 고소사건의 기소율이 낮은 것이 현실이다.

② 이렇게 고소사건의 기소율이 낮은 이유를 두 가지만 꼽는다면,
첫째, 너무 안일하게 고소장을 작성하여 제출한다는 것이다. 형사상 고소사건은 참으로 중요한 것으로 적지 않은 시간을 들여 고민하고 진중하게 고소장을 작성하여야 함에도 만연히 형사사건의 경험과 지식에 정통하지 못한 사람들이 인터넷에 마구 올려놓은 간단한 형식만 갖추면 내 사건을 해결해 줄 수 있는 고소장이 되는 것으로 착각한다. 일정한 내용과 형식을 갖추지 않고 무성의하게 작성하여 제출된 고소장은 수사기관에 불필요한 부담을 줄 뿐 아니라 그 해결도 어려운 경우가 많아 불기소처분으로 종결되는 경우가 많다.

둘째, 일반인들은 형사사건과 민사사건을 혼동하는 경우가 많다는 것이다. 상대방이 주어야 할 돈을 주지 않는다고 하여 모두 사기사건이 되는 것이 아니고 상대방이 배신하였다고 하여 모두 배임사건이 되는 것이 아님에도 형사 고소를 가볍게 생각하고 자신만의 생각에 치우쳐 고소장을 작성하여 제출하면 이 역시 불기소처분만 양산하는 것이 된다.

③ 고소장의 중요성
 ⓐ 고소장은 고소인이 당한 범죄사실을 처음으로 수사기관에 알리는 서면이다. 이 고소장을 보고 수사기관에서는 민사사안인지 형사사안인지 혹은 기소가 될 사건인지 그렇지 않을 사건인지 등을 판단하고 수사를 어떻게 진행시키고, 어떤 방법으로 범죄의 혐의를 입증할 것인가 등의 기초적인 그림을 그리게 된다.

(b) 때문에 고소장에서 현출한 범죄사실과 고소이유 등은 경찰진술에서 크게 바뀌어서는 안되고 이는 검찰에서도 같다. 고소장의 기초적인 범죄사실 등이 경찰 수사단계에서 충분히 확인되고, 완전하여야 범인을 처벌할 수 있다는 점을 명심하고 고소장 작성에 정성을 들여야 한다. 이상적인 고소장은 그 내용이 고소인이 경험한 사실과 일치하고, 경찰에서의 고소인의 진술내용과 일관성이 있으며 진실하여야 한다. 고소인이 표현을 잘못하여 그 내용이 자꾸 바뀌는 진술을 수사기관에서 신뢰하기가 어렵다. 고소장은 형사사건의 기초공사와 같은 것이다. 기초 공사가 잘되어 있어야 경찰에서든 검찰에서든 고소사건(형사사건)의 실체적 진실을 확실히 밝힐 수 있다는 사실을 잘 알아야 한다.

(c) 위에서도 언급한 바와 같이 고소사건의 기소율이 낮은 우리 현실에서 잘 작성된 고소장은 검찰항고를 하거나, 재정신청 등을 할 경우에 매우 중요한 기초사실이 된다. 고소장에서 피고소인의 혐의점들이 잘 드러나고 자세하게 기재되어 있으면 나중에 불기소처분을 받더라도 충분히 그 반박을 할 수가 있다. 또한 불기소이유서에 나타난 사실들을 반박하는 데는 고소장의 기재사실들이 좋은 근거가 될 수 있는 만큼 잘 작성된 고소장일수록 불기소이유에 불복하는 논리적이고 합리적인 이유를 잘 드러낼 수 있다. 때문에 고소장은 충분한 시간을 가지고 진중하게 작성되어야 할 뿐만 아니라 논리적이면서 경험칙에 반하지 않도록 정직하게 작성하여야 한다.

(d) 형사사건이 비교적 짧은 기간에 순조롭게 해결된다면 그 비용과 시일이 많이 소요되는 민사적인 문제까지도 해결할 수 있는 경우가 있다는 장점이 있지만, 잘못 꼬인 형사사건은 고소인을 긴 기간 동안 고생만 하게 만들고 더 나아가 육체적으로 지치고 정신적으로 피폐하게 만들기도

한다. 단순한 폭행사건이나 경미한 교통사고 사건이 아닌 경우에 나에게 재산적 피해 등을 끼친 상대방을 형사적으로 처벌하여야 하겠다고 생각하고 고소장을 작성하는 경우에는 충분한 시간을 들여 숙고하고, 전문가의 도움을 받거나, 전문가의 도움을 받을 사정이 안되는 경우에는 고소장 관련 서적이라도 참고하여 진지하게 작성하는 것이 사건 해결에 가장 빠른 지름길이 될 것이다.

5. 고소장 서식[10] :

고　소　장

(고소장 기재사항 중 * 표시된 항목은 반드시 기재하여야 합니다.)

1. 고소인*

성　명 (상호·대표자)		주민등록번호 (법인등록번호)	－
주　소 (주사무소 소재지)	(현 거주지)		
직　업		사무실 주소	
전　화	(휴대폰)　　　　　　(자택)　　　　　　(사무실)		
이메일			
대리인에 의한 고소	☐ 법정대리인 (성명 :　　　　　　, 연락처　　　　　　) ☐ 고소대리인 (성명 : 변호사　　　　, 연락처　　　　　　)		

※ 고소인이 법인 또는 단체인 경우에는 상호 또는 단체명, 대표자, 법인등록번호(또는 사업자등록번호), 주된 사무소의 소재지, 전화 등 연락처를 기재해야 하며, 법인의 경우에는 법인등기부 등본이 첨부되어야 합니다.

※ 미성년자의 친권자 등 법정대리인이 고소하는 경우 및 변호사에 의한 고소대리의 경우 법정대리인 관계, 변호사 선임을 증명할 수 있는 서류를 첨부하시기 바랍니다.

---

[10] 경찰청 고소장 서식으로 고소장을 반드시 이 형식에 맞추어야만 하는 것은 아니므로 실무에서는 드물게 사용되는 형식이다.

2. 피고소인*

성 명		주민등록번호	-
주 소	(현 거주지)		
직 업		사무실 주소	
전 화	(휴대폰)　　　　　(자택)　　　　　　(사무실)		
이메일			
기타사항			

※ 기타사항에는 고소인과의 관계 및 피고소인의 인적사항과 연락처를 정확히 알 수 없을 경우 피고소인의 성별, 특징적 외모, 인상착의 등을 구체적으로 기재하시기 바랍니다.

3. 고소취지*

(죄명 및 피고소인에 대한 처벌의사 기재)

고소인은 피고소인을 ○○죄로 고소하오니 처벌하여 주시기 바랍니다.*

4. 범죄사실*

※ 범죄사실은 형법 등 처벌법규에 해당하는 사실에 대하여 일시, 장소, 범행방법, 결과 등을 구체적으로 특정하여 기재해야 하며, 고소인이 알고 있는 지식과 경험, 증거에 의해 사실로 인정되는 내용을 기재하여야 합니다.

5. 고소이유

※ 고소이유에는 피고소인의 범행 경위 및 정황, 고소를 하게 된 동기와 사유 등 범죄사실을 뒷받침하는 내용을 간략, 명료하게 기재해야 합니다.

6. 증거자료

(■ 해당란에 체크하여 주시기 바랍니다)

☐ 고소인은 고소인의 진술 외에 제출할 증거가 없습니다.

☐ 고소인은 고소인의 진술 외에 제출할 증거가 있습니다.

☞ 제출할 증거의 세부내역은 별지를 작성하여 첨부합니다.

7. 관련사건의 수사 및 재판 여부*

(■ 해당란에 체크하여 주시기 바랍니다)

① 중복 고소 여부	본 고소장과 같은 내용의 고소장을 다른 검찰청 또는 경찰서에 제출하거나 제출하였던 사실이 있습니다 ☐ / 없습니다 ☐
② 관련 형사사건 수사 유무	본 고소장에 기재된 범죄사실과 관련된 사건 또는 공범에 대하여 검찰청이나 경찰서에서 수사 중에 있습니다 ☐ / 수사 중에 있지 않습니다 ☐
③ 관련 민사소송 유무	본 고소장에 기재된 범죄사실과 관련된 사건에 대하여 법원에서 민사소송 중에 있습니다 ☐ / 민사소송 중에 있지 않습니다 ☐

기타사항

※ ①, ②항은 반드시 표시하여야 하며, 만일 본 고소내용과 동일한 사건 또는 관련 형사사건이 수사·재판 중이라면 어느 검찰청, 경찰서에서 수사 중인지, 어느 법원에서 재판 중인지 아는 범위에서 기타사항 난에 기재하여야 합니다.

8. 기타

(고소내용에 대한 진실확약)

본 고소장에 기재한 내용은 고소인이 알고 있는 지식과 경험을 바탕으로 모두 사실대로 작성하였으며, 만일 허위사실을 고소하였을 때에는 형법 제156조 무고죄로 처벌받을 것임을 서약합니다.

2000년   00월   00일*

고소인 _____ (인)*
제출인 _____ (인)

※ 고소장 제출일을 기재하여야 하며, 고소인 난에는 고소인이 직접 자필로 서명 날(무)인 해야 합니다. 또한 법정대리인이나 변호사에 의한 고소대리의 경우에는 제출인을 기재하여야 합니다.

○○경찰서 귀중

※ 고소장은 가까운 경찰서에 제출하셔도 됩니다.

별지 : 증거자료 세부 목록

(범죄사실 입증을 위해 제출하려는 증거에 대하여 아래 각 증거별로 해당 난을 구체적으로 작성해 주시기 바랍니다)

1. 인적증거 (목격자, 기타 참고인 등)

성 명		주민등록번호	-	
주 소	자택 : 직장 :		직업	
전 화	(휴대폰)　　　　　(자택)　　　　　(사무실)			
입증하려는 내용				

※ 참고인의 인적사항과 연락처를 정확히 알 수 없으면 참고인을 특정할 수 있도록 성별, 외모 등을 '입증하려는 내용'란에 아는 대로 기재하시기 바랍니다.

2. 증거서류 (진술서, 차용증, 각서, 금융거래내역서, 진단서 등)

순번	증거	작성자	제출 유무
1			☐ 접수시 제출 ☐ 수사 중 제출
2			☐ 접수시 제출 ☐ 수사 중 제출
3			☐ 접수시 제출 ☐ 수사 중 제출
4			☐ 접수시 제출 ☐ 수사 중 제출
5			☐ 접수시 제출 ☐ 수사 중 제출

※ 증거란에 각 증거서류를 개별적으로 기재하고, 제출 유무란에는 고소장 접수시 제출하는지 또는 수사 중 제출할 예정인지 표시하시기 바랍니다.

3. 증거물

순번	증거	소유자	제출 유무
1			☐ 접수시 제출 ☐ 수사 중 제출
2			☐ 접수시 제출 ☐ 수사 중 제출
3			☐ 접수시 제출 ☐ 수사 중 제출
4			☐ 접수시 제출 ☐ 수사 중 제출
5			☐ 접수시 제출 ☐ 수사 중 제출

※ 증거란에 각 증거물을 개별적으로 기재하고, 소유자란에는 고소장 제출시 누가 소유하고 있는지, 제출 유무란에는 고소장 접수시 제출하는지 또는 수사 중 제출할 예정인지 표시하시기 바랍니다.

4. 기타 증거

1. 사례 [사기 (차용)]

고 소 장

1. 고소인

김O주 (000000-0000000)
서울 00구 000로 00, 000아파트 000동 0000호(00동, 000아파트)
연락처 : 010-0000-0000

2. 피고소인

박O길 (0000000-0000000)
서울시 00구 000동 000-00, 000아파트 00동 0000호
연락처 : 010-0000-0000

3. 고소취지

고소인은 피고소인을 사기죄11)로 고소하오니 조사하시어 엄벌하여 주시기 바

---

11) 형법 제347조(사기) ① 사람을 기망하여 재물의 교부를 받거나 재산상의 이익을 취득한 자는 10년 이하의 징역 또는 2천만원 이하의 벌금에 처한다.

랍니다.

4. 범죄사실

피고소인은 건설업을 영위하는 00건축 주식회사의 대표자인 자로, 2000. 00. 00.경 서울시 00구 000로 000-00, 00빌딩 5층 소재 피고소인의 사무실에서 사실은 피고소인이 00은행 00지점의 대출금 1억 원 등 다수의 채권자부터 약 5억 원 가량의 채무가 있어, 고소인으로부터 금 5,000만 원을 차용하더라고 그 돈을 갚은 의사나 능력이 없음에도, '현재 부산에서 건축공사를 하고 있는데 잠시 돈이 돌지 않아 급해서 그러니 5,000만 원만 빌려주면 이달 말까지 공사대금을 받아 반드시 갚겠다'라는 등의 거짓말로 고소인을 속이고 이에 속은 고소인으로부터 금 5,000만 원을 교부받아 이를 편취하였습니다.

5. 고소이유

(1) 고소인은 "00유리"라는 상호로 유리사업에 종사하는 자이고, 피고소인은 "00건축 주식회사"의 대표자입니다.

(2) 고소인은 약 5년 전에 서울시 중구 00동 소재 00은행 00지점장의 소개로 피고소인을 처음 알게 되었고, 두 사람은 모두 같은 지역에 사업장을 가지고 있었기 때문에 종종 만나서 식사를 하면서 사업 이야기도 하며 비교적 가깝게 지내던 사이입니다.

(3) 그런데 2000. 00. 00.경 피고소인의 사무실에서 고소인과 만났던 피고소인은 자신이 "현재 부산에서 5층 상가 건축공사를 하고 있는데 잠시 돈이

---

② 전항의 방법으로 제삼자로 하여금 재물의 교부를 받게 하거나 재산상의 이익을 취득하게 한 때에도 전항의 형과 같다.

* 사기죄의 이득액(피해금액)이 5억 원 이상인 경우에는 "특정경제범죄 가중처벌 등에 관한 법률 위반(사기)죄"로 의율한다.

돌지 않아 위 공사에 급히 투입되어야 할 철근을 구입하지 못하여 애를 먹고 있다", "5천만 원을 빌려주면 그 돈을 이달 말까지 반듯이 갚아주겠다", "공사대금의 일부인 2억 원 가량이 2000. 00. 00.경 나오니 5천만 원을 갚는 데는 아무런 문제가 없다. 걱정하지 말고 빌려 달라"라는 등의 거짓말을 하며 고소인에게 5천만 원의 돈을 빌려줄 것을 부탁하였습니다.

(4) 당시 고소인은 피고소인이 유능한 건축업자인 것으로 알고 있었고, 피고소인도 회사가 잘 돌아가고 있다고 늘 말해왔으며, 당시에도 부산에서 5층 상가 건축을 하고 있다는 피고소인의 말을 믿었기 때문에 별 의심 없이 고소인이 아파트를 매도하고 가지고 있던 자금 중 5천만 원을 당일 피고소인이 알려준 피고소인 명의의 00은행 00지점 000-0000-000 계좌로 송금해 주었습니다.

(5) 위와 같이 돈을 빌려간 피고소인이 그 날 이후 전화도 없고, 회사에도 출근하지 않아 고소인은 이상하다는 생각은 하고 있었으나, 설마 피고소인이 약속한 날짜에 고소인의 돈을 갚지 않을 것이라고는 전혀 생각하지 못하고 있었습니다. 그런데 피고소인이 약속한 2000. 00. 말일이 지났어도 일체의 연락이 없어 고소인은 피고소인의 친구인 서울시 중구 00동 소재 00부동산 최O수를 찾아가 피고소인에 관하여 물어보자 최O수는 피고소인이 2000. 00. 중순경에 부도가 났다는 말을 해 주었습니다. 이에 의심을 품게 된 고소인은 피고소인의 직원인 이O수 과장을 찾아가 부산 공사현장에 대하여 물어보고, 피고소인이 부산에서 5층 상가건물은 물론 어떤 건물도 건축하고 있지 않다는 사실을 확인하기에 이르렀습니다.

(6) 이에 고소인은 피고소인에게 속았다는 사실을 직감하고 여러 경로를 통하여 피고소인과 연락을 하려고 하였으나 핸드폰조차도 두절시킨 피고소인과는 연락을 취할 수가 없었고, 피고소인이 살던 집에서도 이사를 하여 고소인이 찾을 수도 없게 되었습니다.

(7) 피고소인이 고소인에게 이 사건 차용금을 차용할 당시 00은행 00지점의 신용대출금 1억 원 외에 다수의 채권자들로부터 약 5억 원 가량의 부채가 있었으나 피고소인의 재산은 거의 없는 형편이라 고소인에게 금 5천만 원을 차용하더라도 이를 변제할 능력이 없었을 뿐 아니라 그 의사도 없으면서도 범죄사실과 같이 고소인을 기망하여 위 금원을 편취한 것이라는 사실을 결국 고소인이 알게 되었고, 이에 고소인은 선의적으로 해결하려고 많은 노력을 하였으나 핸드폰 연락을 두절시키고 속칭 잠수해 버린 피고소인과는 도저히 선의적인 해결이 불가능하여 부득이 이 사건 고소에 이르렀으니 부디 철저한 수사로 피고소인을 엄벌하여 주시기 바랍니다.

6. 첨부자료

 (1) 차용증 사본   1부
 (2) 고소인의 송금증 사본   1부
 (3) 부도사실 확인서   1부

7. 관련사건의 수사 및 재판 여부[12]

① 중복 고소 여부	본 고소장과 같은 내용의 고소장을 다른 검찰청 또는 경찰서에 제출하거나 제출하였던 사실이 있습니다 □ / 없습니다 ☑
② 관련 형사사건 수사 유무	본 고소장에 기재된 범죄사실과 관련된 사건 또는 공범에 대하여 검찰청이나 경찰서에서 수사 중에 있습니다 □ / 수사 중에 있지 않습니다 ☑
③ 관련 민사소송 유무	본 고소장에 기재된 범죄사실과 관련된 사건에 대하여 법원에서 민사소송 중에 있습니다 □ / 민사소송 중에 있지 않습니다 ☑

---

[12] 관련사건의 수사 및 재판 여부는 중복 및 관련사건 고소 여부 등을 확인하기 위한 것이므로 알고 있는 대로 기재하면 된다.

본 고소장에 기재한 내용은 고소인이 알고 있는 지식과 경험을 바탕으로 모두 사실대로 작성하였으며, 만일 허위사실을 고소하였을 때에는 형법 제156조 무고죄로 처벌받을 것임을 서약합니다.

2000. 00. 00.

고 소 인   김 ○ 주   ㊞

서울○○경찰서 귀중

【유사사건 판례요지】

계속적인 금전거래나 대차관계를 가지고 있으면서 일시적인 자금궁색 등의 이유로 채무를 이행하지 못하게 되었다면 그러한 결과만으로 금전차용자의 행위가 편취의 범의에서 비롯된 것이라고 단정할 수는 없고 또한 금전차용에 있어서 단순히 차용금의 진실한 용도를 고지하지 아니하였다는 것만으로 사기죄가 성립된다 할 수 없으나, 이미 과다한 부채의 누적으로 변제의 능력이나 의사마저 극히 의심스러운 상황에 처하고서도 이러한 사실을 숨긴 채 피해자들에게 사업에의 투자로 큰 이익을 볼 수 있다고 속여 금전을 차용한 후 이를 주로 상환이 급박해진 기존채무 변제를 위한 용도에 사용한 사실이 인정된다면 금전차용에 있어서 편취의 범의가 있었다고 볼 수 있다.
(출처 : 대법원 1993. 1. 15. 선고 92도2588 판결)

2. 사례 [사기 (차용)]

고 소 장

1. 고소인

이O희 (000000-0000000)
서울 서초구 00동 000-00, 0000아파트 000동 0000호
연락처 : 010-0000-0000

2. 피고소인

최O호 (0000000-0000000)
서울시 강남구 00동 000-00, 00아파트 00동 0000호
연락처 : 010-0000-0000

3. 고소취지

고소인은 피고소인을 사기죄로 고소하오니 조사하시어 엄벌하여 주시기 바랍니다.

4. 범죄사실

고소인은 가정주부인 자이고, 피고소인은 고소인의 친구의 남편으로 오래전부터 알고 있던 자로, 베트남 국에서 살면서 한국을 오가며 국내의 중고가전제품을 매입 및 수리하여 베트남 국으로 수출하는 업에 종사하는 자입니다.

　　피고소인은 2000. 00. 00.경 서울시 강남구 00동 소재 "0000호텔" 커피숍에서 고소인과 고소인의 친구이며 피고소인의 처인 김O자, 그리고 피고소인이 같이 차를 마시던 자리에서 자신이 한국에서 가전제품 중고

품들을 싸게 매입하여 그 수리를 해서 베트남 국으로 수출하여 매년 수십억 원의 수익을 올리는 수출입 업을 하고 있는데 베트남에서 돈을 가져 나오기가 어려워 한국에서 중고 가전제품을 매입할 자금이 잠시 부족하여 돈이 필요하다는 말을 하면서 고소인이 돈을 빌려주면 월 15%의 이자를 지급하고 빌린 돈은 모두 피고소인이 베트남 국에 들어가는 2000. 00. 말까지 모두 상환하여 주겠다는 등의 거짓말로 고소인을 속이고 이에 속은 고소인으로부터 2000. 00. 00. 금 50,000,000원, 2000. 00. 00. 금 30,000,000원, 2000. 00. 00. 금 50,000,000원, 2000. 00. 00. 금 20,000,000원, 2000. 00. 00. 금 40,000,000원, 2000. 00. 00. 금 60,000,000원, 2000. 00. 00. 금 30,000,000원을 각 피고소인 처인 김O자 명의의 00은행 000-00000-000계좌로 송금받아 도합 금 2억 8,000만 원을 편취하였습니다.

5. 고소이유

(1) 고소인은 위 주소지에서 거주하는 가정주부로 피고소인의 처인 김O자와는 고등학교 동창인 친구지간입니다. 고소인은 김O자가 약 5년 전 피고소인과 재혼을 하면서 피고소인을 알게 되었습니다. 당시 피고소인은 회사에 다니는 직장인이었는데 언제부턴가 베트남에서 수출입 업을 한다는 이야기를 김O자를 통하여 들었고, 그 후 고소인이 김O자를 만날 때 한두 번 같이 만난 적이 있습니다.

(2) 2000. 00. 00.경 서울시 강남구 00동 소재 0000호텔 커피숍에서 고소인과 김O자 그리고 피고소인이 만났는데 그때도 피고소인은 고급 양복 차림에 남자 비서까지 대동하고 나와 고소인은 피고소인이 대단한 사업가인 것으로 알았습니다. 당시 피고소인은 자신이 한국에서 버려지는 중고가전제품을 매입하여 수리를 한 후 베트남으로 수출을 하고, 그 수출된 상품들을

직접 베트남에서 판매하는 사업을 한다면서 사업이 잘되어 한국과 베트남에 직원이 백여 명이 되고 연간 순수익이 30억 원 내지 40억 원 정도 발생한다며 과시를 하였습니다.

(3) 그런데 베트남에서 한국기업에 대한 외화를 심하게 통제하여 한국으로 돈을 가져오기가 어려워 한국에서 매입하여야 하는 중고가전제품 금액이 20억 원 가량인데 약 3억 원 가량이 부족하여 잠시 돈이 필요하다는 말을 하면서 "혹시 여유자금이 있으시면 중고가전제품 매입자금을 5개월 정도만 빌려주면 이자를 한 달에 15%씩 계산해 지급하겠다."며 자금을 융통해 줄 수 있는 지 물었습니다.

(4) 당시 고소인의 친구인 김O자도 있는 자리이고, 평소 정중하던 친구의 남편의 부탁이며, 피고소인의 사업도 잘되는 것으로 보여 고소인은 2억 원 가량은 빌려드릴 수 있다는 말을 하자, 피고소인은 고마워하며 지금 당장은 자금이 충분하여 필요치 않은데 물건을 매입하다 보면 자금이 더 필요할 수도 있다며 필요할 때 전화를 드리면 돈을 보내달라는 말을 하면서 그 자리에서 3억 원을 2000. 00. 00.에 전액 상환하겠다는 내용의 차용증을 작성하고 차용증 뒷면에 피고소인 처 김O자의 예금통장 번호를 적어 그 차용증을 고소인에게 건네주며 나중에 전화를 드리면 돈을 보내 줄 것을 다시 한번 부탁하였습니다. 그리고는 기분이 좋아진 피고소인이 오늘 점심을 자기가 쏘겠다면서 호텔 내의 중국식당으로 고소인과 김O자를 데리고 가서 맛있는 요리를 사주어 일행은 기분 좋게 식사를 하고 헤어졌습니다.

(5) 그 후 위 범죄사실의 기재내용과 같이 피고소인은 고소인에게 핸드폰으로 연락을 하여 중고가전제품 매입자금이 조금씩 부족하다면서 매번 필요한 금액을 알려주면 고소인은 피고소인이 차용증에 적어준 김O자의 통장으로 송금을 하여 그 송금내역이 아래와 같습니다.

- 아 래 -

순위	일자	편취금액	비고
1	2000. 00. 00.	50,000,000원	피고소인이 지정한 김○자의 통장으로 송금
2	2000. 00. 00.	30,000,000원	상동
3	2000. 00. 00.	50,000,000원	상동
4	2000. 00. 00.	20,000,000원	상동
5	2000. 00. 00.	40,000,000원	상동
6	2000. 00. 00.	60,000,000원	상동
7	2000. 00. 00.	30,000,000원	상동
합계		280,000,000	

(6) 그러나 위와 같이 송금을 받아간 피고소인은 약속한 2000. 00. 00.경 이미 차용해 간 5천만 원에 대한 이자 750만 원을 고소인에게 송금한 이후 계속 이자의 지급을 미루다가 원금에 이자까지 모두 합한 금액을 2000. 00. 00.에 다 갚겠다고 약속한 이후 그 날자가 지났어도 돈을 보내지 않았고, 그 날 이후 전화도 받지 않고 행방을 감추어 버렸습니다.

(7) 이에 고소인은 너무도 불안하여 김○자를 찾아갔으나 김○자가 살던 아파트는 비워 있었고, 김○자 역시 행방을 알 수 없게 되어 그 아파트 경비실로 찾아가 확인한 바, 김○자가 살던 아파트의 주인은 앞 동에 살고 있다는 사실을 알게 되었습니다. 이에 고소인은 앞 동에 산다는 주인을 찾아가 확인하였더니 김○자가 고소인에게는 샀다고 말하였던 그 아파트는 김○자가 월세 200만 원씩 내며 살다가 최근에 이사를 갔다는 사실을 확인하기에 이르렀습니다.

(8) 고소인이 비록 가정주부이오나 위와 같은 피고소인의 사기행각을 뒤늦게 알게 되었고, 결국 피고소인이 고소인에게 말하였던 것들은 모두 고소인을 속이기 위한 술수였다는 것을 알게 되었습니다. 또한 주변 사람들에게 확인한 바로는 피고소인이 베트남에서 한국식 식당을 하다가 망한 것이 이미 10년 전의 일이고 그 후로는 돈이 없어 아무 일도 못하고 있었다는 사실도 알게 되었습니다. 결국 피고소인은 하지도 않는 중고가전제품 수출입 운운하며 고소인을 속이고 고소인의 돈을 모두 편취하였다는 사실을 알게 된 고소인은 부득이 이 사건 고소하기에 이르렀으니 부디 철저한 수사로 피고소인을 엄벌하여 주시기를 간절히 소망합니다.

6. 첨부자료
  (1) 차용증 사본   1부
  (2) 고소인의 송금증 사본   7부

7. 관련사건의 수사 및 재판 여부

① 중복 고소 여부	본 고소장과 같은 내용의 고소장을 다른 검찰청 또는 경찰서에 제출하거나 제출하였던 사실이 있습니다 □ / 없습니다 ☑
② 관련 형사사건 수사 유무	본 고소장에 기재된 범죄사실과 관련된 사건 또는 공범에 대하여 검찰청이나 경찰서에서 수사 중에 있습니다 □ / 수사 중에 있지 않습니다 ☑
③ 관련 민사소송 유 무	본 고소장에 기재된 범죄사실과 관련된 사건에 대하여 법원에서 민사소송 중에 있습니다 □ / 민사소송 중에 있지 않습니다 ☑

본 고소장에 기재한 내용은 고소인이 알고 있는 지식과 경험을 바탕으로 모두 사실대로 작성하였으며, 만일 허위사실을 고소하였을 때에는 형법 제156조 무고죄로 처벌받을 것임을 서약합니다.

2000. 00. 00.

고 소 인   이 ○ 희   ㊞

서울○○경찰서   귀중

【유사사건 판례요지】

사기죄가 성립하는지는 행위 당시를 기준으로 판단하여야 하므로, 소비대차 거래에서 차주가 돈을 빌릴 당시에는 변제할 의사와 능력을 가지고 있었다면 비록 그 후에 변제하지 않고 있더라도 이는 민사상 채무불이행에 불과하며 형사상 사기죄가 성립하지는 아니한다. 따라서 소비대차 거래에서, 대주와 차주 사이의 친척·친지와 같은 인적 관계 및 계속적인 거래 관계 등에 의하여 대주가 차주의 신용 상태를 인식하고 있어 장래의 변제 지체 또는 변제불능에 대한 위험을 예상하고 있었거나 충분히 예상할 수 있는 경우에는, 차주가 차용 당시 구체적인 변제의사, 변제능력, 차용 조건 등과 관련하여 소비대차 여부를 결정지을 수 있는 중요한 사항에 관하여 허위 사실을 말하였다는 등의 다른 사정이 없다면, 차주가 그 후 제대로 변제하지 못하였다는 사실만을 가지고 변제능력에 관하여 대주를 기망하였다거나 차주에게 편취의 범의가 있었다고 단정할 수 없다.

(출처 : 대법원 2016. 4. 2. 선고 2012도14516 판결)

3. 사례 [사기 (용도)]

고 소 장

1. 고소인

　　(1) 김O호 (000000-0000000)
　　　　서울시 강동구 00동 00, 00아파트 000동 000호
　　　　연락처 : 010-0000-0000
　　(2) 전O일 (000000-0000000)
　　　　서울시 강동구 00동 00, 00아파트 000동 0000호
　　　　연락처 : 010-000-0000
　　(3) 이O영 (000000-0000000)
　　　　서울시 강동구 00동 000-00
　　　　연락처 : 010-000-0000

2. 피고소인

　　　김O기 (0000000-0000000)
　　　서울시 00구 00동, 00아파트 000동 0000호
　　　연락처 : 010-0000-0000

3. 고소취지

고소인들은 피고소인을 사기죄로 고소하오니 조사하시어 엄벌하여 주시기 바랍니다.

4. 범죄사실

피고소인 김O기는 서울시 00구 00동 000아파트 입주자대표회의 회장이며 "주식회사 00개발"의 대표이사인 자이고, 고소인들은 00구 주민인 자들입니다.
　　피고소인은 2000. 00. 00. 19:00경 위 아파트 상가 소재 "00식당"에서

고소인들과 만났을 때, 사실은 서울시 00구 00동 000번지 일대의 임야는 개발제한구역(그린벨트)으로 그 해제가 될 가능성이 없는 임야임에도 마치 그 해제가 임박한 것인 양 고소인들에게 위 임야 일대의 지도를 보여주며 금년 말경에는 그린벨트 해제가 보도될 것이고, 피고소인 회사에서는 이 정보를 확인하고 현재 위 임야들의 매수 작업에 들어가 이미 2만 평 가량을 확보하였고, 나머지 1만 평 정도를 더 매입하려고 한다고 말하면서, 고소인들에게 여유 자금을 피고소인에게 맡기면 늦어도 내년 3월 이전에는 맡긴 자금에 50% 가량의 수익을 더하여 원금의 150%를 지급해 주겠다고 약속하면서 그 담보조로 원금에 150%에 해당하는 금액의 어음공증을 피고소인 회사와 피고소인 개인 명의로 해주겠다는 등의 거짓말로 고소인들을 속여 이에 속은 고소인 김0호로부터 2000. 00. 00.경 금 2억 원, 고소인 전0일로부터 2000. 00. 00.경 금 1억 5천만 원, 고소인 이0영으로부터 금 1억 원 도합 4억 5천만 원을 피고소인 명의의 00은행 00지점 000-00000-00계좌로 각 송금 받아 이를 편취하였습니다.

5. 고소이유

(1) 피고소인 김0기는 주식회사 00개발의 대표이사인 자이며 서울시 00구 00동 000아파트 입주자대표회의 현직 회장으로 활동하는 자이며, 고소인들은 약 3년 전에 같은 아파트 입주자대표 회의의 임원으로 활동하면서 피고소인을 알게 된 자들입니다.

(2) 피고소인은 위 아파트에서도 가장 큰 평형의 아파트를 호화롭게 꾸며놓고 살면서, 최고급 외제차를 타고 다니는 등 상당히 여유가 있는 생활을 하여 같은 아파트 입주민들에게는 상당히 부러운 대상의 인물이었고, 위 입주자

대표회의에서 피고소인들과 같이 활동할 때에도 피고소인이 사업이야기를 할 때면 고소인들이 모두 부러워 할 정도로 상당한 규모의 개발 사업들을 하고 다니는 것으로 알고 있었습니다.

(3) 그러던 중 위 아파트 입주자대표회의 전직 임원들이 모여 같이 저녁 식사를 하게 된 2000. 00. 00. 19:00경 위 아파트 상가 소재 00식당에서 피고소인은 고소인들과 같이 식사와 술을 하면서 이런저런 이야기를 하던 중, 피고소인은 자신이 가지고 다니는 서류가방에서 지도도면을 하나 꺼내어 고소인들에게 보여주면서 좋은 돈벌이 이야기를 해주겠다며 이야기를 시작하더니 지도에서 00동 000번지 일대의 임야들을 손가락으로 짚으며 이 지역이 그린벨트에서 곧 풀린다. 늦어도 금년 말까지는 언론 보도로 알려질 것이라고 말하면서 피고소인 회사에서는 이 정보를 확인하고 현재 위 임야들의 매수 작업에 들어가 이미 2만 평 가량을 평당 평균 60~70만 원의 가격에 확보하였고, 나머지 1만 평 정도를 더 매입하려고 한다면서 고소인들에게 여유 자금이 있으면 그 돈을 피고소인에게 맡겨라, 늦어도 내년 3월 이전에는 맡긴 자금에 50% 가량의 수익을 더하여 원금에 150%를 지급해 주겠다고 말하였습니다. 이때 고소인들은 피고소인이 보여준 도면을 보면서 서로 이야기를 나누었고 그게 사실인지를 수차례 피고소인에게 물었습니다. 그러자 피고소인은 틀림없는 정보라면서 그렇지 않으면 왜 우리 회사에서 토지작업을 시작했겠느냐며 반문을 하기도 했습니다. 그러면서 피고소인은 고소인들에게 담보조로 원금에 150%에 해당하는 금액의 어음공증을 피고소인과 피고소인 회사의 명의로 해준다며 다른 사람들에게는 이야기하지 말라며 보안을 유지해 달라는 부탁도 하여 고소인들은 피고소인의 말이 사실인 줄 알게 되었습니다.

(4) 이에 고소인들은 언제까지 돈을 준비해야 하는 지를 피고소인에게 물었고,

피고소인은 각자들 사정이 있을 테니 돈 준비가 되는대로 전화를 달라며 피고소인의 명함 뒷면에 피고소인의 거래 은행 계좌번호를 적어 그 명함을 고소인들에게 나누어 주었습니다. 그 후 고소인들은 각자 돈이 준비 되는 대로 피고소인에게 전화를 하여 확인한 후, 고소인 김○호는 2000. 00. 00.경 금 2억 원, 고소인 전○일은 2000. 00. 00.경 금 1억 5천만 원, 고소인 이○영은 금 1억 원을 각 피고소인 명의의 00은행 00지점 000-000000-00계좌로 각 송금 하게 되었던 것입니다.

(5) 그 후 피고소인은 고소인들 각자에게 약속어음공증을 해주었으나, 2000. 00.말경이 되어도 그린벨트를 해제되지 않았고 피고소인은 이렇다 저렇다 말도 없이 전화를 하면 곧 될 것이라는 말만 되풀이 하였습니다. 이에 2000. 00. 00.경 고소인들은 피고소인의 회사로 찾아갔으나 피의자가 부재중이라 만날 수가 없었고, 그 회사에 남아있던 직원에게 위 임야 그린벨트 해제 건을 물어보자 그 직원의 말이 작년 여름경 그린벨트가 해제된다는 말이 있어 그 직원이 직접 위 임야 일대의 부동산사무소를 돌아다닌 적은 있으나 토지 소유자들이 너무 많은 금액을 요구하여 피고소인의 회사에서는 위 임야를 매입하기가 어려웠고 200평짜리 1필지 한 건을 계약금 2천만 원에 계약하였다가 그린벨트 해제 소문이 유언비어라는 것이 밝혀져 계약한 토지도 계약을 해제하였다는 것이었습니다.

(6) 이에 고소인들은 2000. 00.말경 집에도 들어오지 않은 피고소인을 피고소인의 회사에서 어렵게 만나 원금이라도 돌려줄 것을 요구하였으나, 피고소인은 지금 다른 현장에서 개발 사업이 진행되고 있으니 조금만 기다려주면 어음공증 한 금액을 모두 상환해 주겠다고 말하며 피고소인이 고소인들로부터 받은 자금을 한 푼도 허투루 사용하지 않고 현재 진행 중인 개발 사업에 모두 사용하였으니 곧 그 성과가 있을 것이라며 기일을 줄 것을 요구

하였습니다. 이에 고소인들은 피해 원금이라도 확보할 생각으로 피고소인의 현재 거주하는 아파트 등기부등본을 발급받아 보았으나 위 아파트는 피고소인의 처 명의로 되어 있을 뿐 아니라 시가 7억 원 상당인 위 아파트에 7억 원 이상의 근저당설정이 되어 있는 등 고소인들은 원금의 확보는 커녕 피해금의 일부도 찾기 어려운 형편이 되었습니다.

(7) 이에 고소인들은 부득이 이 사건 고소에 이르렀으니 부디 철저한 수사로 고소인들을 농락하고 금 4억 5천만 원을 편취하여간 피고소인을 엄벌하여 주시기 바랍니다.

6. 첨부자료

(1) 송금증 사본   3부
(2) 명함 사본   1부
(3) 공정증서 사본   3부

7. 관련사건의 수사 및 재판 여부

① 중복 고소 여부	본 고소장과 같은 내용의 고소장을 다른 검찰청 또는 경찰서에 제출하거나 제출하였던 사실이 있습니다 □ / 없습니다 ☑
② 관련 형사사건 수사 유무	본 고소장에 기재된 범죄사실과 관련된 사건 또는 공범에 대하여 검찰청이나 경찰서에서 수사 중에 있습니다 □ / 수사 중에 있지 않습니다 ☑
③ 관련 민사소송 유무	본 고소장에 기재된 범죄사실과 관련된 사건에 대하여 법원에서 민사소송 중에 있습니다 □ / 민사소송 중에 있지 않습니다 ☑

본 고소장에 기재한 내용은 고소인이 알고 있는 지식과 경험을 바탕으로 모두 사실대로 작성하였으며, 만일 허위사실을 고소하였을 때에는 형법 제156조 무고죄로 처벌받을 것임을 서약합니다.

2000. 00. 00.

고 소 인   김 ○ 호   ㊞
            박 ○ 수   ㊞
            이 ○ 영   ㊞

서울○○경찰서 귀중

【유사사건 판례요지】

사기죄의 구성요건인 편취의 범의는 피고인이 자백하지 않는 이상 범행 전후의 피고인의 재력, 환경, 범행의 내용, 거래의 이행과정 등과 같은 객관적인 사정 등을 종합하여 판단할 수밖에 없는 것이고, 타인으로부터 금전을 차용함에 있어서 그 차용한 금전의 용도나 변제할 자금의 마련방법에 관하여 사실대로 고지하였더라면 상대방이 응하지 않았을 경우에 그 용도나 변제자금의 마련방법에 관하여 진실에 반하는 사실을 고지하여 금전을 교부받은 경우에는 사기죄가 성립하고, 이 경우 차용금채무에 대한 담보를 제공하였다는 사정만으로는 결론을 달리 할 것은 아니다.
(출처 : 대법원 2005. 9. 15. 선고 2003도5382 판결)

4. 사례 [사기 (차용)]

고 소 장

1. 고소인

    (1) 이O호 (000000-0000000)
        서울시 동대문구 00동 00번지
        연락처 : 010-0000-0000
    (2) 김O숙 (000000-0000000)
        서울시 동대문구 00동 00번지
        연락처 : 010-0000-0000

2. 피고소인

    (1) 김O만 (0000000-0000000)
        서울시 도봉구 00동 000, 00아파트 000동 000호
        연락처 : 010-0000-0000
    (2) 김O호 (000000-0000000)
        서울시 노원구 00동 00-00, 0000아파트 000동 000호
        연락처 : 010-0000-0000

3. 고소취지

고소인들은 피고소인들을 사기죄로 고소하오니 조사하시어 엄벌하여 주시기 바랍니다.

4. 범죄사실

고소인들은 부부지간으로 서울시 동대문구 00동 00번지 소재 "우리치킨"이라

는 상호로 상업에 종사하는 자들이고, 피고소인 김O만은 고소인의 위 사업장 인근 지역에서 "OOO커피"라는 상호로 커피전문점을 운영하는 자이고, 피고소인 김O호는 위 김O만의 사촌형인자로 "00산업"의 대주주이며, 홍콩에 본사가 있는 "00펀드"의 부회장이라고 자칭하며 국내 주식과 관련된 기업 인수합병 등의 사업을 하는 자입니다. 피고소인들은 공모 공동하여,

    2000. 00. 00.경 서울시 00구 00동 소재 00타워 00층에 있는 피고소인 김O호의 사무실에서 사실은 고소인들이 금 5천만 원을 투자 혹은 빌려주더라도 그 자금을 법정관리에 들어간 코스피 기업인 "(주)0000"의 인수 자금으로 사용하여 그 수익금 1억 원을 2000. 00. 00.까지 고소인들에게 돌려줄 의사나 능력이 없음에도, 피고소인 김O만은 고소인들에게 김O호는 "00산업"의 대주주이고, 홍콩에 본사를 둔 "00펀드"의 부회장이라면서, 김O호는 주식과 관련된 기업의 인수합병을 하거나 인수합병을 하는 기업에 자금을 빌려주고 그 수익을 올리는 사업을 하고 있으며, 100억 원 가량의 자산을 가지고 있다는 말을 하면서 김O호가 사놓은 서울시 00구 00동 소재 빌딩을 매입한 50억 원 상당의 계약서를 보여주기도 하여, 고소인들에게 피고소인 김O호를 대단한 사업가로 믿게 하였고, 피고소인 김O호는 고소인들이 위 코스피 기업인 "(주)0000" 인수자금으로 5천만 원을 투자하거나 빌려주면 2000. 00. 00. 원금의 2배인 금 1억 원을 줄 것이라고 거짓말하여 이에 속은 고소인들로부터 금 5천만 원을 같은 날 피고소인 김O호의 00은행 000-000000-000계좌로 송금 받아 이를 편취하였습니다.

5. 고소이유

(1) 고소인들은 서울시 동대문구 00동 00번지 소재 "OO치킨"이라는 상호로 장사를 하는 자들이고, 피고소인 김O만은 고소인의 위 사업장 인근 지역

에서 "○○○커피"라는 상호로 커피전문점을 운영하는 자로 저녁이면 고소인의 가게로 놀러와 맥주도 마시고 놀면서 고소인들과는 친해져 절친하게 지내던 자이고, 피고소인 김O호는 피고소인 김O만의 사촌 형인자로 "OO산업"의 대주주이며, 홍콩에 본사가 있는 "OO펀드"의 부회장이라고 자칭하는 자로 주식과 관련된 기업의 인수합병 등의 사업을 하는 자라고 고소인들이 알고 있는 자입니다.

(2) 고소인의 가게로 자주 놀러오던 피고소인 김O만은 2000. 00.경 고소인들에게 자신의 사촌형 김O호가 OO대학교를 나온 수재인데, 약 10년 전에는 자신과 "OO메디"라는 상호로 한방 의료기 사업을 하여 엄청난 돈을 벌었던 적이 있다면서 김O호에 대한 이야기를 시작하더니, 김O호가 국내 주식과 관련된 기업 인수합병 사업을 하여 엄청난 돈을 벌어 우리나라 주식계에서는 인정받는 거물이라고 알려주면서 고소인들과 김O만이 잘 아는 같은 지역에서 건강식품 장사를 하는 민O기가 김O만의 소개로 김O호에게 3억 원을 투자하여 곧 2배의 돈을 받기로 되어 있다고 거짓말을 하며 고소인들에게 김O호에게 투자할 것을 종용하면서 자신과 같이 김O호를 만나보자고 말하였습니다. 처음에는 김O만의 말을 그대로 믿지 않았는데, 그 후 김O만이 2000. 00. 초순경까지 계속 고소인들의 가게를 드나들면서 같은 이야기를 반복하며 5천만 원을 투자하면 5개월 후에 2배의 돈을 받을 것이라는 등의 말로 투자를 권유하였고, 김O만이 김O호로부터의 얻은 정보라며 알려주는 주식가격들이 실제로 주식시장에서 형성되는 것을 보고, 결국 고소인들은 피고소인 김O호가 주식에 관하여 대단한 능력이 있는 자이고 외국의 펀드회사에서도 부회장을 할 정도로 뛰어난 사람으로 믿게 되었으며, 김O만의 말처럼 최종적으로 김O호를 만나 이야기를 들어보고 5천만 원을 투자할 생각을 하게 되었습니다.

(3) 그 후 고소인들은 김O만의 말대로 김O호를 만나 이야기를 들어보고 확실한 판단이 들면 5천만 원을 투자하려고 하였기에 2000. 00. 00.경 김O만과 같이 김O호의 사무실로 찾아가게 되었습니다. 그 사무실에서 고소인들과 피고소인들이 있을 때 김O호는 자신이 홍콩에 본사가 있는 "00펀드"의 부회장이라면서 그 명함을 주었고, 김O만이 고소인들에게 했던 말과 같이 김O호 자신이 "00산업"의 대주주라며 그 관련 주식들을 고소인들에게 보여주기도 하였고, 자신은 주식과 관련된 기업의 인수합병을 하거나 인수합병을 하는 기업에 자금을 빌려주고 그 수익을 올리는 사업을 하고 있다면서, 약 200억 원 가량의 자산을 가지고 있다는 말을 할 때는 자신이 투자해 놓은 서울시 00구 00동 소재 빌딩을 매입한 50억 원 상당의 계약서를 보여주기도 하여 결국 고소인들은 피고소인 김O호가 대단한 사업가로 믿게 되었습니다. 그때 피고소인 김O호는 고소인들에게 5천만 원을 오래 투자하여도 좋은데 당시 작업하고 있던 코스피 기업인 "(주)0000"에 대한 작업이 2000. 00.말까지는 마무리 되므로 2000. 00. 00.까지만 투자하면 원금의 2배의 돈을 주겠다고 말하면서, 일단 그때까지만 1차로 투자해 보고 성과가 좋으면 더 투자를 하던지 하라고 말하면서 필요하면 차용증을 만들어 공증도 해주겠다고 하였습니다.

(4) 위와 같은 거짓말에 속은 고소인들은 결국 그날 금 5천만 원을 김O호가 말해준 김O호 명의의 00은행 000-000000-000계좌로 송금하였습니다. 그 후 2000. 00. 00. 약속한 날짜가 되어도 피고소인 김O호가 고소인들과 약속한 1억 원을 돌려주지 않아 고소인들이 따지자 김O호는 곧 약속한 1억 원을 주든가 아니면 "(주)0000"의 주식을 1억 원 어치 주겠다는 말만 늘어놓더니 그 약속조차도 이행하지 않고 차일피일 미루다가 2000. 00.초순경 잠시 홍콩에 다녀오겠다고 말하고는 출국한 이후 최근까지도 귀국하지 않고 전화상으로만 바빠서 갈 수가 없다느니, 조금만 기다려 달라

느니 이해할 수 없는 말들만 늘어놓더니 최근에는 전화 연락조차도 되지 않고 있습니다.

(5) 이에 더 이상 기다릴 수도 없게 된 고소인들이 부득이 이 사건 고소에 이르렀으니 부디 철저한 수사로 피고소인들의 범행을 명백히 밝히어 엄벌하여 주시기를 간절히 바랍니다.

6. 첨부자료
(1) 송금증 사본   1부
(2) 명함 사본(김○호)   1부
(3) 공정증서   1부

7. 관련사건의 수사 및 재판 여부

① 중복 고소 여부	본 고소장과 같은 내용의 고소장을 다른 검찰청 또는 경찰서에 제출하거나 제출하였던 사실이 있습니다 ☐ / 없습니다 ☑
② 관련 형사사건 수사 유무	본 고소장에 기재된 범죄사실과 관련된 사건 또는 공범에 대하여 검찰청이나 경찰서에서 수사 중에 있습니다 ☐ / 수사 중에 있지 않습니다 ☑
③ 관련 민사소송 유무	본 고소장에 기재된 범죄사실과 관련된 사건에 대하여 법원에서 민사소송 중에 있습니다 ☐ / 민사소송 중에 있지 않습니다 ☑

본 고소장에 기재한 내용은 고소인이 알고 있는 지식과 경험을 바탕으로 모두 사실대로 작성하였으며, 만일 허위사실을 고소하였을 때에는 형법 제156조 무고죄로 처벌받을 것임을 서약합니다.

2000. 00. 00.

고 소 인   이 ○ 호   ㊞
            김 ○ 숙   ㊞

서울○○경찰서 귀중

【유사사건 판례요지】

투자금의 편취에 의한 사기죄의 성립 여부에 있어 투자약정 당시 투자받은 사람이 투자자로부터 투자금을 지급받아 투자자에게 설명한 투자사업에 사용하더라도 일정 기간 내에 원금을 반환할 의사나 능력이 없음에도 마치 일정 기간 내에 투자자에게 원금을 반환할 것처럼 거짓말을 한 경우에는 투자를 받는 사람과 투자자의 관계, 거래의 상황, 투자자의 경험, 지식, 성격, 직업 등 행위 당시의 구체적인 사정에 비추어 투자자가 원금반환 약정을 전적으로 믿고 투자를 한 경우라면 사기죄의 요건으로서 기망행위에 해당할 수 있고, 이때 투자금 약정 당시를 기준으로 피해자로부터 투자금을 편취할 고의가 있었는지 여부를 판단하여야 할 것이다.

(출처 : 대법원 2013. 9. 26. 선고 2013도3631 판결)

5. 사례 [특경 사기 등 (시행사업투자)]

고 소 장

1. 고소인

주식회사 OO금속 대표이사 김O수
서울시 용산구 OO동 OO-OO
연락처 : 010-0000-0000

2. 피고소인

최O기 (0000000-0000000)
서울시 양천구 OO동 OOO-OO, OO아파트 OO동 OOOO호
연락처 : 010-0000-0000

3. 고소취지

고소인은 피고소인을 특정경제범죄 가중처벌 등에 관한 법률위반[13]죄(사기) 로 고소하오니 조사하시어 엄벌하여 주시기 바랍니다.

---

[13] 특정경제범죄가중처벌등에관한법률 제3조(특정재산범죄의 가중처벌)
① 「형법」 제347조(사기), 제350조(공갈), 제350조의2(특수공갈), 제351조(제347조, 제350조 및 제350조의2의 상습범만 해당한다), 제355조(횡령·배임) 또는 제356조(업무상의 횡령과 배임)의 죄를 범한 사람은 그 범죄행위로 인하여 취득하거나 제3자로 하여금 취득하게 한 재물 또는 재산상 이익의 가액(이하 이 조에서 "이득액"이라 한다)이 5억원 이상일 때에는 다음 각 호의 구분에 따라 가중처벌한다.
  1. 이득액이 50억원 이상일 때: 무기 또는 5년 이상의 징역
  2. 이득액이 5억원 이상 50억원 미만일 때: 3년 이상의 유기징역
② 제1항의 경우 이득액 이하에 상당하는 벌금을 병과(倂科)할 수 있다.

4. 범죄사실

피고소인은 서울시 00구 00동 00-00 소재 "000건설 주식회사"의 대표자이고, 고소인은 서울시 00구 00동 00-00 소재 "00금속 주식회사"라는 상호의 법인의 대표자입니다.

(1) 피고소인은 2000. 00. 초순경 자신의 위 사무실에서 사실은 피고소인이 도시형 생활주택 건축 사업을 시행하기 위해 매입한다는 서울시 00구 000동 000-00 외 7필지(약 3,000평)는 토지대금이 약 200억 원으로 당시 피고소인은 전혀 자금이 없는 상태에서 고소인으로부터 위 토지의 매입을 위해 금 100억 원을 투자 받더라고 위 토지를 매입할 자금이 부족하여 위 토지를 매수할 능력이 되지 않음은 물론, 토지매입 후 도시형생활주택 건축을 할 경제적 능력이 없어 일반분양을 할 수가 없었음에도 불구하고 2000. 00.말까지 위 공사를 마칠 것이고, 일반분양대금이 모두 들어오는 2000. 00. 00.까지는 고소인에게 위 투자금 100억 원과 그 수익금 50억 원을 주겠다고 약속하며 투자할 것을 종용하면서 그 담보로 피고소인 회사와 피고소인 명의로 금 150억 원에 대한 소비대차계약공증을 해주겠다고 고소인을 속이고, 이에 속은 고소인으로부터 2000. 00. 00. 금 20억 원, 2000. 00. 00. 금 20억 원, 2000. 00. 00. 금 20억 원, 2000. 00. 00. 금 20억 원, 2000. 00. 00. 금 20억 원 도합 금 100억 원을 피고소인의 00은행 00지점 000-000000-000 계좌로 송금 받아 이를 편취하고,

(2) 피고소인은 2000. 00.경 사실은 서울시 00구 000동 000-00 외 7필지(약 3,000평)를 매입하지 않았음에도 고소인을 속이기 위해 매입한 것인 양, 위 토지를 매수인 최O기가 매매대금 200억 원에 매도인 나O길로부터 매수한다는 내용의 계약일자 2000. 00. 00.의 허위 부동산매매계약서 1부를 위조하고,

(3) 피고소인은 2000. 00. 00.경 위 피고소인의 사무실에서 위와 같이 위조된 사문서인 부동산매매계약서를 고소인에게 제시하여 행사하였습니다.

5. 고소이유

(1) 고소인은 서울시 00구 00동 소재 "00금속 주식회사"라는 상호의 철강 금속 판매업 등을 주요 사업내용으로 하는 법인의 대표자이고, 피고소인 최O기는 서울시 00구 00동 소재 주택시행사업 등을 주요 사업내용으로 하는 "000건설 주식회사"의 대표자입니다.

(2) 고소인은 2000. 00.경 거래처인 소외 "00산업개발 주식회사" 양O석 사장을 통하여 주택시행사업을 하는 피고소인을 알게 되어 같이 골프운동도 나가고, 종종 술도 마시면서 친해져 가족끼리도 왕래하는 사이가 되었습니다.

(3) 2000. 00.중순경 서울 강남구 00동 소재 상호불상의 주점에서 같이 술을 마시던 피고소인은 고소인에게 "요즘은 저소득층이나 신혼부부들을 타깃으로 하는 도시형생활주택을 지어야 큰돈을 벌 수 있다."며 피고소인 자신이 현재 서울시 00구 000동에 도시형생활주택을 지을 만한 토지를 물색해 두었다고 자랑하며 두 배는 남는 장사라고 말하였습니다. 당시 술자리였기 때문에 세세하게 물어보지는 않았지만 고소인은 피고소인이 건축 사업을 활발하게 하고 다니는 것으로만 알고 그냥 술을 마시고 헤어졌는데, 피고소인은 그 후로도 고소인을 두세 번 만나 같은 이야기를 반복하였습니다.

(4) 2000. 00. 초순경 피고소인으로부터 차라도 한잔하자는 연락을 받고 고소인이 찾아간 000건설 주식회사 대표이사 사무실에서 피고소인은 고소인에게 00구 000동 토지를 매입하는데 매입대금이 200억 원이라며 그 중 100억 원은 준비되어 있으니, 고소인에게 100억 원을 투자할 것을 권유하

며, 토지를 매입하면 바로 도시형생활주택 공사를 시작하여 2000. 00.말까지는 공사와 분양을 모두 마쳐 100억 원 가량의 수익을 낼 수 있다면서 고소인이 100억 원을 투자하면 2000. 00. 00.까지 투자원금 100억 원에 투자수익금 50억 원을 더하여 금 150억 원을 주겠다고 약속하며 그 약속의 징표로 150억 원에 대한 소비대차계약 공증을 해주겠다며 큰 소리쳤습니다. 그러면서 피고소인은 도시형생활주택 사업은 지방자치단체에서 밀어주는 사업으로 시작만 하면 손쉽게 목돈을 챙길 수 있다고 말하면서 좋은 기회이니 투자하라고 수차례 종용하였습니다.

(5) 당시 고소인이 하던 금속사업은 불황이라 회사의 자금을 투자할 만한 곳을 찾지 못하고 있던 고소인은 고소인 회사의 이사들과 상의를 하였고, 15개 월 가량의 투자기간에 수익이 50%라면 대단한 수익사업이라는 판단이 서서 결국 위 범죄사실과 같이 금 100억 원의 자금을 피고소인에게 온라인 송금 하였고, 피고소인이 약속하였던 150억 원에 대하여 피고소인을 채무자로, 피고소인의 회사를 연대 보증인으로 하는 공증도 하였습니다.

(6) 고소인이 피고소인에게 20억 원씩 3회 송금하고 얼마 되지 않은 2000. 00. 00.경 피고소인의 사무실에서 고소인과 같이 차를 마실 때 고소인이 피고소인에게 00구 000동 토지를 매입하였느냐고 묻자 피고소인은 자신의 책상 서랍에서 "목적물 서울시 00구 000동 000-00 외 7필지(3,000평), 매도인 나O길, 매수인 최O기, 매매대금 200억 원"이라는 내용 등이 기재된 부동산매매계약서를 꺼내 고소인에게 보여주며 2000. 00. 00.에 계약하고 계약금과 중도금을 포함하여 120억 원이 이미 건너갔다는 말을 하면서 바로 건축공사로 들어갈 것이라는 말을 하였고, 그 계약서를 본 고소인은 도시형생활주택 건축공사가 곧 들어 갈 것으로 생각하였습니다.

(7) 그런데 피고소인이 공사에 들어간다는 2000. 00.경이 되어도 공사가 시작되지 않아 고소인이 피고소인에게 언제 공사에 들어가느냐고 수차 물어도 피고소인은 바로 시작한다는 말만하고 공사가 진행되지 않았고, 이를 의아하게 생각한 고소인이 00구 000동 공사현장에 가보았으나 공사 준비가 전혀 되어 있지 않아, 00구청에 찾아가서 건축허가신청이 들어온 것이 있나 확인해 보았습니다. 그런데 고소인의 예상과는 달리 건축허가신청이 들어온 것이 없어 이해가 되지 않는 고소인이 피고소인에게 전화를 하여 왜 건축허가신청이 들어가지 않았느냐고 묻자 우물쭈물하던 피고소인이 건축사 사무실에서 아직 접수하지 않은 것 같다고 말하며 바로 확인해 보겠다고 말하면서 전화를 끊었고, 불안한 생각이 든 고소인은 다음날 출근하자마자 피고소인의 사무실을 찾아갔습니다. 그런데 피고소인은 그 날부터 출근을 하지 않았고, 전화를 걸어도 받지를 않았습니다.

(8) 이에 고소인은 바로 00구 000동 000-00 외 7필지 토지의 소유자를 찾아가 토지를 매수할 듯이 물어보았더니 그 토지의 소유자 나0길은 그 땅은 작년에 이미 다른 사람에게 150억 원에 계약하여 팔았다는 말을 하면서 아직 잔금 50억 원이 남아있는 상태인데 매도인이 잔금을 지불하지 않아 애를 먹고 있다는 것이었습니다. 너무도 황당한 고소인은 나0길에게 사정사정하여 그 계약서를 보여줄 것을 부탁하였고, 나0길은 마지못해 계약서를 보여주었는데 그 매매계약 매수인은 최0기가 아닌 전혀 다른 사람이었습니다. 이때 고소인은 피고소인에게 속았다는 사실을 직감하고 다시 피고소인의 사무실로 찾아갔으나 이미 피고소인은 행방을 감춘 상태였고, 그 사무실 경리직원에게 고소인에게 송금 받은 자금은 어디에 사용하였는지 물어보자 경리직원의 대답은 사장님이 다 찾아갔다는 것이었습니다.

(9) 이후 고소인은 피고소인을 찾으러 백방으로 다녔으나 한번 잠수한 피고소

인은 외국으로 나갔는지 도무지 행방을 찾을 수가 없었습니다. 이에 고소인은 부득이 이 사건 고소에 이르렀으니 부디 엄중한 수사로 피고소인을 엄벌하여 주시기 바랍니다.

6. 첨부자료

  (1) 공정증서   1부
  (2) 송금증 사본   5부
  (3) 법인등기부등본   2부

7. 관련사건의 수사 및 재판 여부

① 중복 고소 여부	본 고소장과 같은 내용의 고소장을 다른 검찰청 또는 경찰서에 제출하거나 제출하였던 사실이 있습니다 □ / 없습니다 ☑
② 관련 형사사건 수사 유무	본 고소장에 기재된 범죄사실과 관련된 사건 또는 공범에 대하여 검찰청이나 경찰서에서 수사 중에 있습니다 □ / 수사 중에 있지 않습니다 ☑
③ 관련 민사소송 유무	본 고소장에 기재된 범죄사실과 관련된 사건에 대하여 법원에서 민사소송 중에 있습니다 □ / 민사소송 중에 있지 않습니다 ☑

본 고소장에 기재한 내용은 고소인이 알고 있는 지식과 경험을 바탕으로 모두 사실대로 작성하였으며, 만일 허위사실을 고소하였을 때에는 형법 제156조 무고죄로 처벌받을 것임을 서약합니다.

2000. 00. 00.

고 소 인   주식회사 ○○금속
           대표이사 김 ○ 수   ㊞

서울○○지방검찰청 귀중

【유사사건 판례요지】

사기죄의 요건으로서의 기망은 널리 재산상의 거래관계에 있어서 서로 지켜야 할 신의와 성실의 의무를 저버리는 적극적 또는 소극적 행위로서 사람으로 하여금 착오를 일으키게 하는 것을 말하고, 반드시 법률행위의 중요부분에 관한 것임을 요하지 않으며 단지 상대방이 개별적 처분행위를 하기 위한 판단의 기초사실에 관한 것이면 충분하다. 따라서 투자금의 편취에 의한 사기죄의 성립 여부에 있어 투자약정 당시 투자받은 사람이 투자자로부터 투자금을 지급받아 투자자에게 설명한 투자사업에 사용하더라도 일정 기간 내에 원금을 반환할 의사나 능력이 없음에도 마치 일정 기간 내에 투자자에게 원금을 반환할 것처럼 거짓말을 한 경우에는 투자를 받는 사람과 투자자의 관계, 거래의 상황, 투자자의 경험, 지식, 성격, 직업 등 행위 당시의 구체적인 사정에 비추어 투자자가 원금반환 약정을 전적으로 믿고 투자를 한 경우라면 사기죄의 요건으로서 기망행위에 해당할 수 있고, 이때 투자금 약정 당시를 기준으로 피해자로부터 투자금을 편취할 고의가 있었는지 여부를 판단하여야 할 것이다.
 (출처 : 대법원 2013. 9. 26. 선고 2013도3631 판결).

6. 사례 [특경 사기 등 (선물 등 투자)]

고 소 장

1. 고소인

주식회사 0000 대표이사 이O기
서울시 00구 00동 000-00
연락처 : 010-0000-0000

2. 피고소인

000000 주식회사 대표이사 남O우
서울시 영등포구 000동 000-00, 0000빌딩 00층
연락처 : 02) 0000-0000

3. 고소취지

고소인은 피고소인을 특정경제범죄 가중처벌 등에 관한 법률위반(사기), 유사수신행위의 규제에 관한 법률위반 등의 죄로 고소하오니 조사하시어 엄벌하여 주시기 바랍니다.

4. 범죄사실

피고소인은 서울시 영등포구 000동 000-00, 0000빌딩 00층 소재 "00000 주식회사"의 대표이사인 자로,
 2000. 00. 00.경 위 회사 대표이사 실에서 고소인에게 위 회사는 미국, 일본 등의 선진국가의 FX마진트레이딩을 하며 국내에서는 선물과 옵션

에 투자하는 투자전문회사로 금융감독원에 그 등록이 되어 있다면서, 현재 위 회사에서 국내의 중소기업인들을 상대로 투자를 받고 있는데 고소인이 "10억 원을 투자하면 그 금액만큼의 위 회사의 주식을 주고, 그 투자금에 대한 배당금 형식으로 매월 투자금의 1.5%의 수익금을 주는데 수익금 보장은 금융감독원에 적발될 수 있으므로 별도로 이면계약서들을 써주고 있다"라는 등의 거짓말로 고소인을 속이고 이에 속은 고소인으로부터 투자금 명목으로 금 10억 원을 위 회사의 00은행 00지점 000-000000-000 계좌로 송금 받아 이를 편취하였습니다.

5. 고소이유

(1) 고소인은 서울시 00구 00동 000-00 소재 "주식회사 0000"의 대표이사이고, 피고소인은 서울시 영등포구 000동 000-00, 0000빌딩 00층 소재 "000000 주식회사"의 대표이사입니다. 고소인과 피고소인은 00대학동창으로 가끔 동창회에서 만나는 사이이기도 합니다.

(2) 피고소인은 00대학 동창들 사이에는 잘 알려진 투자전문가로 영국과 미국의 금융회사에서 애널리스트와 직접투자자로 활동하던 자입니다. 때문에 약 10년 전부터 국내에 들어와 투자전문회사를 차려놓고 사업을 하는 피고소인에게 고소인도 재작년에 1억 원을 사적으로 빌려주고 6개월 후 30%의 수익금과 원금을 되돌려 받은 적도 있었습니다. 때문에 피고소인으로부터 "우리 회사에 좋은 투자기회가 있다"라는 전화를 받은 고소인은 피고소인과 시간 약속을 하고 위 범행일시에 피고소인의 회사로 찾아갔던 것입니다.

(3) 금융투자회사에 대하여 지식이 별로 없는 고소인은 피고소인의 회사를 보

고는 정말 깜짝 놀랐습니다. 회사 사무실의 장식이나 가구들이 아주 고급스럽고 그곳에서 일하는 직원들도 매우 세련되고 점잖아 보였기 때문에 고소인의 업종에서는 전혀 볼 수 없는 광경을 보고 고소인이 적지 않은 감동을 받았던 것입니다. 위 범행 당시에 고소인을 만났던 피고소인은 미리 준비한 투자일임계약서와 고소인의 투자원금과 월 1.5%의 수익률을 피고소인의 회사에서 보장한다는 내용의 이면약정서를 고소인에게 내밀며 위 범죄사실과 같은 이야기를 하면서 고소인의 투자를 권유하였습니다.

(4) 당시 피고소인의 말로는 고소인 외에도 00대학 동문들 10여명이 투자를 하였다며 고소인을 안심시켰고 당시 피고소인을 탁월한 투자전문가로 알고 있던 고소인은 별다른 의심 없이 회사자금 10억 원을 피고소인 회사의 통장으로 입금하였고 그 후 1.5%씩의 수익금이 6개월 동안 꼬박꼬박 고소인의 통장으로 입금되었습니다.

(5) 그 후 7개 월 째에 수익금이 입금되지 않아 고소인이 피고소인 회사로 전화를 하여 피고소인을 찾았으나 피고소인은 미국 출장 중이었고, 담당 직원의 말로는 이번 달에 안 들어간 수익금은 다음 달 수익금과 합쳐져서 입금될 것이라고 알려주어 고소인도 그럴 줄만 알았습니다. 그런데 투자금 입금 후 8개 월 째 되는 달에 고소인이 사무실에서 TV를 보는데 금융감독원에서 어딘가를 단속하는 장면이 나왔는데 그 장면이 아무래도 피고소인 회사 사무실인 것 같아 이상한 생각이 들었고, 삼사일 정도 있다가 고소인은 피고소인의 회사로 찾아가 보았습니다.

(6) 그런데 피고소인 회사에 많던 직원들은 보이지 않고 나이 어린 여직원만 혼자 남아 회사로 걸려오는 전화를 받고 있었습니다. 이에 고소인은 그 여직원에게 사장이나 다른 직원들은 어디 있는지 묻자 그 여직원은 사장님은

미국에 출장 가서서 아직 돌아오지 않았고, 회사가 금융감독원으로부터 단속을 당하여 다른 직원들은 모두 퇴사하였다는 것이었습니다.

(7) 이에 고소인이 금융감독원 민원실로 찾아가 피고소인 회사가 무슨 이유로 단속이 되었는지 확인하는 과정에서 피고소인이 사기행각을 벌인 것 같다는 이야기를 들었고 너무도 불안하여 피고소인의 핸드폰으로 수차 전화를 해 보았으나 그 전화는 불통이었고, 동창회에 연락하여 동문들 중에 고소인과 같이 피고소인 회사에 투자를 한 사람들이 있는지 문의하였으나 동창회에서는 그런 사실이 없는 것 같다고 알려주었습니다. 이에 더 이상 기다릴 수도 없게 된 고소인은 부득이 이 사건 고소를 하게 되었으니 부디 철저한 수사로 피고소인을 엄벌하여 주십시오.

6. 첨부자료

    (1) 법인등기부등본   2부
    (2) 송금증 사본   1부
    (3) 투자일임계약서 사본   1부
    (4) 이면약정서 사본   1부

7. 관련사건의 수사 및 재판 여부

① 중복 고소 여부	본 고소장과 같은 내용의 고소장을 다른 검찰청 또는 경찰서에 제출하거나 제출하였던 사실이 있습니다 □ / 없습니다 ☑
② 관련 형사사건 수사 유무	본 고소장에 기재된 범죄사실과 관련된 사건 또는 공범에 대하여 검찰청이나 경찰서에서 수사 중에 있습니다 □ / 수사 중에 있지 않습니다 ☑
③ 관련 민사소송 유무	본 고소장에 기재된 범죄사실과 관련된 사건에 대하여 법원에서 민사소송 중에 있습니다 □ / 민사소송 중에 있지 않습니다 ☑

본 고소장에 기재한 내용은 고소인이 알고 있는 지식과 경험을 바탕으로 모두 사실대로 작성하였으며, 만일 허위사실을 고소하였을 때에는 형법 제156조 무고죄로 처벌받을 것임을 서약합니다.

2000. 00. 00.

고 소 인   주식회사 OO피혁

　　　　　　대표이사 이 ○ 기　　　　㊞

서울○○지방검찰청 귀중

【유사사건 판례요지】

유사수신행위의 규제에 관한 법률 제3조에서 금지하고 있는 유사수신행위 그 자체에는 기망행위가 포함되어 있지 않고, 이러한 위 법률 위반죄와 특정경제범죄 가중처벌 등에 관한 법률 위반(사기)죄는 각 그 구성요건을 달리하는 별개의 범죄로서, 서로 행위의 태양이나 보호법익을 달리하고 있어 양 죄는 상상적 경합관계가 아니라 실체적 경합관계로 봄이 상당할 뿐만 아니라, 그 기본적 사실관계에 있어서도 동일하다고 볼 수 없다.
(출처 : 대법원 2008. 2. 29. 선고 2007도10414 판결)

7. 사례 [사기 (오피스텔 분양)]

고 소 장

1. 고소인

    (1) 김○철 (000000-0000000)
         서울시 강남구 00동 000, 00아파트 000동 000호
         연락처 : 010-0000-0000

    (2) 이○수 (000000-0000000)
         경기도 의정부시 00동 000번지
         연락처 : 010-000-0000

    (3) 손○희 (000000-0000000)
         충청남도 00시 00동 000-0
         연락처 : 010-0000-0000

2. 피고소인

    주식회사 00건설   대표이사 양○철
    충청남도 00시 00동 000-00
    연락처 : 010-000-0000

3. 고소취지

    고소인들은 피고소인을 사기죄로 고소하오니 조사하시어 엄벌하여 주시기 바랍니다.

4. 범죄사실

피고소인은 충청남도 00시 00동 000-00 소재 "주식회사 00건설"이라는 상호로 오피스텔 등 건설업을 영위하는 법인의 대표자이고, 고소인들은 피고소인이 분양한 충청남도 00시 00동 00 소재 "0000오피스텔"을 분양 받은 수분양자들입니다.

피고소인은 2000. 00. 00.부터 2000. 00. 00.까지 위 오피스텔 1층 모델하우스에 분양사무소를 차려놓고 위 오피스텔 000세대를 분양하면서 사실은 00시에서 단순히 용역업체에 의뢰하여 작성한 용역보고서에 불과한 "21세기 00시 장기종합개발계획", "슬로우 씨티 친환경민속마을 개발에 관한 기본구상"등의 자료를 근거로 확정되지도 않은 개발계획이 마치 확정된 것처럼 위 분양사무소에 "경축, 00시 장기종합개발계획 확정"이라는 현수막을 걸어 놓고, 분양사무소 내에 "00대학 00캠퍼스 설립계획확정", "00과학고등학교 2년 내 설립확정"이라는 등의 광고물을 게시하고, 피고소인 회사의 분양 직원들도 확정되지도 않은 위와 같은 계획들이 확정된 것인 양 수분양자들에게 설명하면서 같은 내용의 전단지 등을 배포하는 등의 방법으로 수분양자들을 속이고, 이에 속은 고소인 김○철에서 위 오피스텔 201호를 금 1억 원, 고소인 이○수에게 위 오피스텔 309호를 금 1억 원, 고소인 손○희에게 위 오피스텔 305호 금 1억 원에 분양하는 등 고소인들을 포함한 불상의 수분양자들에게 위 오피스텔을 분양받게 하여 액수불상의 금원을 편취하였습니다.

5. 고소이유

(1) 피고소인은 "주식회사 00건설"이라는 상호로 오피스텔 등을 시행 및 분양하는 건설업에 종사하는 회사의 대표자이고, 고소인들은 피고소인이 분양한 충청남도 00시 00동 00 소재 위 오피스텔을 분양 받은 수분양자들입니다.

(2) 피고소인은 2000. 00. 00.부터 2000. 00. 00.까지 위 오피스텔 1층 모델하우스에 분양사무소를 차려 놓고 피고소인 회사의 직원들을 시켜 위 오피스텔 000세대를 분양하였는데, 위 분양사무소 건물 정면에는 "경축, 00시 장기종합개발계획 확정"이라고 기재한 가로 약 10미터, 세로 약 1미터 가

량의 현수막이 걸려 있었고, 분양사무소 내 4면의 벽에는 "00시 장기종합 개발계획"의 구체적 내용들과 "슬로우 씨티 친환경민속마을"의 조감도와 주변 지역에 들어설 "00대학 00캠퍼스"및 "00과학고등학교"의 조감도가 전시되어 있었습니다.

(3) 또한 위 분양사무소 피고소인 회사의 직원들은 방문하는 고객들에게 위와 같은 전시물들이 나타나는 광고전단지 외의 유인물들을 배포하면서 "00시 장기종합개발계획에 따라 00대학 00캠퍼스와 00과학고등학교가 3~4년 내에 들어오면 현재의 인구가 2~3배로 늘어나게 되므로 지금 우리 회사에서 분양하는 오피스텔을 사두면 2~3년 후의 가격은 상상을 불허한다"라는 등의 말로 광고를 하면서 고객들에게 분양을 받을 것을 선전하였습니다.

(4) 피고소인 회사는 등기부 상 자본금이 50억 원에 이르고 회사의 연간 매출이 수백억 원에 이르는 등 지역에서 10년 이상 활동해 온 유력한 건설업체로 잘 알려져 있고, 피고소인 회사에서 00시 장기종합개발계획이 확정되었다는 등의 위와 같은 광고에 그 분양을 받으려는 고객들이 몰려들어 분양은 피고소인 회사에서 계획하였던 6개월이 아닌 불과 2개월 만에 완판되었습니다.

(5) 위 분양 당시에는 분양을 받으려고 사람들이 몰려들면서 고소인들은 피고소인 회사 직원들이 지시하는 서류들을 빨리 갖추고 돈을 준비하여 서둘러 오피스텔을 분양을 받았습니다. 그런데 2000. 00.초순경 고소인 중의 한 명으로 00시에 살고 있는 손0희가 우연한 기회에 시청을 방문하였다가 00시 장기종합개발계획이 확정된 사실이 없을 뿐 아니라 아직 기안조차도 되어있지 않다는 사실을 알게 되어 그 정보를 나머지 고소인들에게 알려주었습니다. 이에 놀란 고소인들이 모두 모여 00시청을 찾아가 고소인 손0희가 얻은 정보를 확인하였습니다.

(6) 즉 피고소인은 확정되지도 않은 00시 장기종합개발계획이 마치 확정된 것인 양 허위광고하고, 역시 확정되지도 않은 00대학 00캠퍼스와 00과학고등학교가 마치 00시로 들어오기로 확정된 것인 양 고객들을 속였다는 사실을 고소인들은 알게 되었습니다. 이에 고소인들은 피고소인 회사에 분양대금의 반환과 손해배상을 요구하였으나, 피고소인 회사에서는 곧 그 계획대로 될 것이라며 고소인들의 요구를 거절하고 있습니다.

(7) 이에 고소인들은 부득이 이 사건 고소에 이르게 되었으니 부디 엄정한 수사로 터무니없는 정보로 수분양자들을 속이고 엄청난 이득을 취한 피고소인을 엄벌하여 주시기 바랍니다.

6. 첨부자료

    (1) 광고전단지   10부
    (2) 분양계약서 사본   3부
    (3) 용역보고서 사본   1부
    (4) 법인등기부등본   1부
    (5) 분양현장 사진   10부

7. 관련사건의 수사 및 재판 여부

① 중복 고소 여부	본 고소장과 같은 내용의 고소장을 다른 검찰청 또는 경찰서에 제출하거나 제출하였던 사실이 있습니다 □ / 없습니다 ☑
② 관련 형사사건 수사 유무	본 고소장에 기재된 범죄사실과 관련된 사건 또는 공범에 대하여 검찰청이나 경찰서에서 수사 중에 있습니다 □ / 수사 중에 있지 않습니다 ☑
③ 관련 민사소송 유무	본 고소장에 기재된 범죄사실과 관련된 사건에 대하여 법원에서 민사소송 중에 있습니다 □ / 민사소송 중에 있지 않습니다 ☑

본 고소장에 기재한 내용은 고소인이 알고 있는 지식과 경험을 바탕으로 모두 사실대로 작성하였으며, 만일 허위사실을 고소하였을 때에는 형법 제156조 무고죄로 처벌받을 것임을 서약합니다.

2000. 00. 00.

고 소 인   김 ○ 철   ㉑
               이 ○ 수   ㉑
               손 ○ 희   ㉑

○○경찰서 귀중

【유사사건 판례요지】

사기죄의 요건으로서의 기망은 널리 재산상의 거래행위에 있어서 서로 지켜야 할 신의와 성실의 의무를 저버리는 모든 적극적 및 소극적 행위로서 사람으로 하여금 착오를 일으키게 하는 것을 말하며, 사기죄의 본질은 기망에 의한 재물이나 재산상 이익의 취득에 있고 상대방에게 현실적으로 재산상 손해가 발생함을 그 요건으로 하지 아니하는바, 일반적으로 상품의 선전, 광고에 있어 다소의 과장, 허위가 수반되는 것은 그것이 일반 상거래의 관행과 신의칙에 비추어 시인될 수 있는 한 기망성이 결여된다 할 것이나 거래에 있어서 중요한 사항에 관하여 구체적 사실을 거래상의 신의성실의 의무에 비추어 비난받을 정도의 방법으로 허위로 고지한 경우에는 과장, 허위광고의 한계를 넘어 사기죄의 기망행위에 해당한다.
(출처 : 대법원 2002. 2. 5. 선고 2001도5789 판결)

8. 사례 [특경 사기 (금융기관대출)]

고 소 장

1. 고소인

주식회사 0000 대표이사 ○○○
서울시 중구 00동 00-00
연락처 : 010-0000-0000

2. 피고소인

김○만 (0000000-0000000)
서울시 00구 00동 000, 000아파트 00동 0000호
연락처 : 010-0000-0000

3. 고소취지

고소인은 피고소인을 특정경제범죄 가중처벌 등에 관한 법률위반죄(사기)로 고소하오니 조사하시어 엄벌하여 주시기 바랍니다.

4. 범죄사실

피고소인은 연립주택을 건축 및 판매 사업을 하는 자이고, 고소인은 금융업을 영위하는 법인의 대표자입니다. 피고소인은 2000. 00. 00.경 서울시 00구 00동 00-00 소재 미분양연립주택인 "000연립주택" 31평형 20세대를 세대 당 금1억 5천만 원 도합 금 30억 원에 매입하여, 서울역과 영등포역 일대에서 노숙하는 자들을 건당 300만 원의 수고비를 준다는 명목으로 매수하여, 그 노숙자들이 위 연립주택 각 세대를 금 3억 원에 각 분양을 받는 허위의 분양계약서를 작성하여 그 계약서 등의 대출관련서류를 고소인 회사 00지점 대출담당 직원에게 제출하면서 세대당 금 2억 4천만 원씩 대출받아 그 금액을 편취하기로 계획하고,

2000. 00. 00.경 서울시 00구 00동 00 소재 고소인 회사 00지점에서 위 연립주택 1동 301, 302, 305, 402, 405호 도합 5세대의 대출금 12억 원을 교부받아 이를 편취하고,

2000. 00. 00.경 위 고소인 회사 00지점에서 위 연립주택 2동 302호, 303호, 305, 501, 505, 3동 101, 103, 204, 205, 301호 도합 10세대의 대출금 24억 원을 교부받아 이를 편취하고,

2000. 00. 00.경 위 고소인 회사 00지점에서 위 연립주택 4동 102, 203, 302, 403, 504호 도합 5세대의 대출금 12억 원을 교부받아 이를 편취하였습니다.

5. 고소이유

(1) 피고소인은 연립주택 사업을 하는 자이고, 고소인은 금융업을 영위하는 법인입니다.

(2) 피고소인은 연립주택을 건축하여 분양하는 연립주택업자들을 찾아다니면서 그 분양이 되지 않아 자금의 어려움을 겪고 있는 미분양연립주택의 소유자로부터 미분양연립주택 수십 세대를 통째로 매수하는 방법으로 헐값으로 사들인 후, 허위를 매수자를 구해 그 매수자가 위 연립주택을 고가에 분양받는 것으로 하는 허위의 분양계약서를 작성하고, 신규로 분양하는 주택의 경우 금융기관에서 매매대금의 약 80%까지의 금액을 대출하여 준다는 사실을 이용하여 거액의 대출금을 편취하기로 계획하였습니다.

(3) 즉 피고소인은 범죄사실의 000연립주택을 건축하고는 분양하지 못하고 있던 고소외 이O철을 찾아가 자금사정으로 애를 먹고 있던 이O철에게 현금 30억 원을 주는 조건으로 헐값인 세대 당 1억 5천만 원(정상 분양가 금 2억 5천만 원)에 30채를 매입한 후, 허위를 분양자를 구하기 위해 서울역과 영등포역에서 노숙하는 노숙자들을 찾아다니며 1건에 300만 원의 수고비

를 주기로 하여 노숙자들을 매수하고, 그 노숙자들과 위 연립주택 세대당 금 3억 원에 분양하는 허위의 분양계약서를 작성하여 정상적인 분양대금의 80%가량을 주택담보대출 해주는 금융기관의 대출관행을 악용하여 고소인 회사 00지점 대출담당직원에게 위와 같이 작성된 허위의 매매계약서와 관련 서류들을 제출하고 담보 대출을 받는 방법으로 범죄사실 기재와 같은 도합 금 48억 원을 편취하였습니다.

(4) 또한 피고소인은 위와 같은 대출을 받아간 후에도 금융기관에서 대출금의 이자가 3개월 연체되면 근저당설정을 근거로 법원경매에 들어간다는 사실을 알고, 그 경매가 이루어질 경우 일정금액 이하의 임대차계약은 임대차보호법 상의 최우선변제금을 받을 수 있다는 사실을 악용하기 위해 위 연립주택들을 서로 다른 노숙자들과 임대차계약을 체결(임대차보증금 4천만 원)한 것으로 만들어 놓고, 위 노숙자들을 위 연립주택들로 위장전입 시키는 등 각종 교활한 방법을 동원하여 금융시장과 경매시장의 질서를 어지럽히고 다녔습니다.

(5) 고소인 회사는 위와 같은 대출금의 이자는 고사하고 그 원금조차도 회수하기 어려운 막대한 손해를 입게 되었고, 부득이 위 연립주택들에 대한 경매절차를 시작하려고 하고 있으나 위와 같이 피고소인이 노숙자들과 허위의 임대차계약을 맺고 위장전입까지 해 놓아 고소인 회사의 피해는 더욱 늘어날 지경입니다.

(6) 이에 고소인은 더 이상 참을 수가 없어 부득이 이 사건 고소에 이르렀으니 죄질이 극히 불량한 피고소인을 법이 허용하는 최대한도의 처벌을 하여 주시길 바랍니다.

6. 첨부자료

(1) 000연립주택 매매계약서 사본　　　　　　　　　　　　　　30부
(2) 대출계약서 사본　　　　　　　　　　　　　　　　　　　　30부

(3) 법인등기부등본 1부
(2) 피고소인 명함 1부

7. 관련사건의 수사 및 재판 여부

① 중복 고소 여부	본 고소장과 같은 내용의 고소장을 다른 검찰청 또는 경찰서에 제출하거나 제출하였던 사실이 있습니다 □ / 없습니다 ☑
② 관련 형사사건 수사 유무	본 고소장에 기재된 범죄사실과 관련된 사건 또는 공범에 대하여 검찰청이나 경찰서에서 수사 중에 있습니다 □ / 수사 중에 있지 않습니다 ☑
③ 관련 민사소송 유무	본 고소장에 기재된 범죄사실과 관련된 사건에 대하여 법원에서 민사소송 중에 있습니다 □ / 민사소송 중에 있지 않습니다 ☑

본 고소장에 기재한 내용은 고소인이 알고 있는 지식과 경험을 바탕으로 모두 사실대로 작성하였으며, 만일 허위사실을 고소하였을 때에는 형법 제156조 무고죄로 처벌받을 것임을 서약합니다.

2000. 00. 00.

고 소 인   주식회사 0000

　　　　　　대표이사 0 0 0   ㊞

서울○○지방검찰청 귀중

【유사사건 판례요지】

사기죄는 타인을 기망하여 착오에 빠뜨리게 하고 그 처분행위를 유발하여 재물, 재산상의 이익을 얻음으로써 성립하는 것이고, 여기서 처분행위라고 하는 것은 범인 등에게 재물을 교부하거나 또는 재산상의 이익을 부여하는 재산적 처분행위를 의미하며, 피기망자는 재물 또는 재산상의 이익에 대한 처분행위를 할 권한이 있는 자임은 물론이다.
(출처 : 대법원 2001. 4. 27. 선고 99도484 판결)

9. 사례 [사기 등 (허위유치권신고)]

고 소 장

1. 고소인

주식회사 000000 대표이사 김O한
서울시 중구 000동 00-00
연락처 : 00-0000-0000

2. 피고소인

주식회사 00인테리어 대표이사 박O민
부산시 000구 00동 00-00, 00빌딩 1층
연락처 : 000-0000-0000

3. 고소취지

고소인은 피고소인을 사기죄로 고소하오니 조사하시어 엄벌하여 주시기 바랍니다.

4. 범죄사실

고소인은 대출업 등을 영위하는 법인이고, 피고소인은 건물 인테리어업을 주요 업무로 하는 법인의 대표자입니다.

피고소인은 2000. 00. 00.경 고소인 회사에서 채권최고액 금 60억 원(채권액 55억 원)의 근저당권을 근거로 경매를 신청하여 부산지방법원에서 진행 중인 동 법원 2000타경00000호 부동산임의경매사건에서 경매대상물인 "00주식회사" 소유인 부산시 00구 00동 000-00 근린상가 5층 건물 중 일부인 3층 소재 "0000레스토랑"(소유자인 00주식회사가 운영)의 인테리어 공사를 2000. 00.경 마감하면서 위 00주식회사로부터 그 총공사대금 2억 원 중 금 1억 5천만 원을 지급받아 미지급금이 5천만 원 가량임에도 공사대금 2억 원을 전혀 받지 못하였다며 공사대금 2억 원의 도급계약서를 위 법원 경매담당직원에게 제출하면서, 그 미지급금을 근거로 유치권을 행사하고 있다는 허위의 유치권 신고를 하였고, 2000. 00. 00. 위 경매대상물의 경락대금 48억 원 중 금 2억 원을 배당받는 방법으로 위 법원을 기망하여 동 금액을 편취하였습니다.

5. 고소이유

(1) 고소인은 대출업 등을 영위하는 법이고, 피고소인은 건물 인테리어 업을 주요 업무로 하는 법인의 대표자입니다. 고소인은 2000. 00. 00.경 고소 외 "00주식회사"에 금 45억 원을 대출해 주고 그 담보로 00주식회사의 소유인 부산시 00구 00동 000-00 근린상가 5층 건물을 채권최고액 55억 원의 근저당권설정을 하였습니다.

(2) 위 담보물은 고소 외 00주식회사에서 직영하는 상가 건물로 위 대출이 발생할 당시에는 연간 수익금이 100억 원대에 이르는 등 수익성이 높은 건물이었으나 2000. 00.경부터는 불경기로 위 상가의 수익금이 급감하였고, 2000. 00.경부터는 고소 외 00주식회사가 고소인에게 갚아야 할 원금은 고사하고 이자도 내지 못하는 사태가 발행하여 고소인은 부득이 위 상가 건물에 대한 임의경매를 신청하게 되었습니다.

(3) 그런데 피고소인은 2000. 00.경 위 근린상가 5층 건물 중 일부인 3층 소재 "0000레스토랑"(소유자인 00주식회사가 운영)의 인테리어 공사를 마감하면서 위 00주식회사로부터 그 총 공사대금 2억 원 중 금 1억 5천만 원을 지급 받았습니다(첨부 송금증 참조).

(4) 따라서 고소 외 00주식회사가 피고소인에게 주어야 할 나머지 공사대금 미지급금이 5천만 원 가량임에도 피고소인은 터무니없이 공사대금 2억 원을 전혀 받지 못하였다며 위 법원 경매담당 직원에게 신고하면서 공사대금 2억

원의 도급계약서를 제출하였고 위 미지급금으로 2억 원을 근거로 유치권을 행사하고 있다는 유치권 신고까지 하였습니다.

(5) 위와 같은 피고소인의 유치권 신고로 경매가 3차례 유찰되면서 경락대금이 급감하였고, 그 결과 위 경매물은 고소인의 채권에도 못 미치는 금 48억 원에 낙찰되었으며, 그 금액에서도 피고소인이 2억 원을 배당금으로 받아가 고소인의 피해는 더욱 커졌습니다.

(6) 이에 고소인 회사의 직원이 고소 외 00주식회사를 찾아가 나머지 채권액에 대하여 상의를 하던 중, 회사에 남아 잔무를 처리하고 있던 전 경리담당 직원이 피고소인이 인테리어 공사를 하고 금 1억 5천만 원을 받아갔다는 사실을 알려주면서 그 송금증까지 확인해 주어, 결국 고소인은 피고소인의 범행을 확인하고 이 사건 고소에 이르게 되었습니다. 부디 철저한 수사로 위와 같은 범행을 저지른 피고소인을 엄벌하여 주시기 바랍니다.

6. 첨부자료

(1) 배당신청서 사본   1부
(2) 00주식회사 금 1억 5천만 원 송금증사본   1부
(3) 위 경매사건 기록 사본   1부

7. 관련사건의 수사 및 재판 여부

① 중복 고소 여부	본 고소장과 같은 내용의 고소장을 다른 검찰청 또는 경찰서에 제출하거나 제출하였던 사실이 있습니다 □ / 없습니다 ☑
② 관련 형사사건 수사 유무	본 고소장에 기재된 범죄사실과 관련된 사건 또는 공범에 대하여 검찰청이나 경찰서에서 수사 중에 있습니다 □ / 수사 중에 있지 않습니다 ☑
③ 관련 민사소송 유 무	본 고소장에 기재된 범죄사실과 관련된 사건에 대하여 법원에서 민사소송 중에 있습니다 □ / 민사소송 중에 있지 않습니다 ☑

본 고소장에 기재한 내용은 고소인이 알고 있는 지식과 경험을 바탕으로 모두 사실대로 작성하였으며, 만일 허위사실을 고소하였을 때에는 형법 제156조 무고죄로 처벌받을 것임을 서약합니다.

2000. 00. 00.

고 소 인   주식회사 000000
           대표이사 김 ○ 한   ㊞

부산○○경찰서 귀중

【유사사건 판례요지】

유치권에 의한 경매를 신청한 유치권자는 일반채권자와 마찬가지로 피담보채권액에 기초하여 배당을 받게 되는 결과 피담보채권인 공사대금 채권을 실제와 달리 허위로 크게 부풀려 유치권에 의한 경매를 신청할 경우 정당한 채권액에 의하여 경매를 신청한 경우보다 더 많은 배당금을 받을 수도 있으므로, 이는 법원을 기망하여 배당이라는 법원의 처분행위에 의하여 재산상 이익을 취득하려는 행위로서, 불능범에 해당한다고 볼 수 없고, 소송사기죄의 실행의 착수에 해당한다고 할 것이다.
(출처 : 대법원 2012. 11. 15. 선고 2012도9603 판결)

10. 사례 [사기 (어음)]

고 소 장

1. 고소인

주식회사 0000   대표이사 최O철
서울시 00구 00동 00-00, 00빌딩 5층
담당자 : 박O남 (관리이사)
연락처 : 00-0000-0000

2. 피고소인

박O영 (000000-0000000)
서울시 00구 00동 000, 000아파트 000동 0000호
연락처 : 000-0000-0000

3. 고소취지

고소인은 피고소인을 사기죄로 고소하오니 조사하시어 엄벌하여 주시기 바랍니다.

4. 범죄사실

고소인은 컴퓨터 판매를 주요 업으로 하는 법인이고, 피고소인은 서울시 용산구 원효로 소재 용산전자상가에서 "000000"라는 상호로 컴퓨터 등을 소매하는 개인사업자입니다. 피고소인은 고소인으로부터 2000. 00. 00.부터 2000. 00. 00.까지 외상으로 매입해 간 "000컴퓨터" 등 외상대금 금 1억 2천만 원을 상환하기 위하여 피고소인이 발행한 약속어음의 지급일(2000. 00. 00.)이 다가오자,

2000. 00. 00. 고소인의 회사 대표이사실로 찾아와 고소인에게 사실은

피고소인이 고소인에게 주려던 약속어음은 속칭 딱지어음으로 그 결제가 되지 않을 것임을 피고소인이 잘 알고 있으면서, 고소인에게 "내일 모레 결제하여야 하는 약속어음을 막기가 어려울 것 같다."며 고소인이 그 약속어음을 돌려주면 자신이 거래처에서 물건 값으로 받은 액면금 1억 3천만 원, 00은행 00지점도, 약속어음 자다000000000호, 발행인 00주식회사 대표이사 김O영, 지급일 2000. 00. 00.의 약속어음 1매로 대체하여 주고 "차액은 이자금조로 지급하겠다"라고 거짓말하며 이에 속은 고소인에게 위 약속어음을 주고 위 지급일자 2000. 00. 00.자 약속어음을 받아가 액수불상의 금원을 편취하였습니다.

5. 고소이유

(1) 고소인은 컴퓨터를 제작 및 판매하는 법인이고, 피고소인은 서울시 용산구 원효로 소재 용산전자상가 0동 00호에서 각종 컴퓨터와 그 부품 등을 소매하는 개인사업자입니다.

(2) 피고소인은 2000. 00.말경에 고소인 회사 영업부장의 추천으로 고소인 회사와 거래를 하게 되었는데 거래조건은 물건 인수 후 1개 월 이내에 50%, 3개 월 이내에 50%를 결제하는 것이었습니다. 그 후 2000. 00. 00.에 약 3천만 원 어치의 물건을 가져가면서 거래가 시작되어 2000. 00. 00.까지 총 5회에 걸쳐 도합 금 1억 5천만 원 상당의 물건이 피고소인에게 납품되었으나 피고소인은 처음 가져간 3천만 원만 결제하고 나머지 금액이 외상으로 남게 되었습니다.

(3) 이에 2000. 00. 00.경 고소인 회사 관리이사가 피고소인의 찾아가 처음

약정한 것과 달리 외상대금이 밀리고 있으니 그 결제를 해주고 이후 물건을 가져갈 것을 요구하였고, 피고소인도 자신이 약속을 어겼다는 사실을 사과하고 결제일 2000. 00. 00., 액면금 1억 2천만 원, 00은행 00지점도, 발행인 박○영 발행 약속어음을 고소인 회사에 교부하였습니다.

(4) 그런데 위 약속어음 지급일 전인 2000. 00. 00.경 고소인은 찾아온 피고소인은 경기의 불황으로 사업이 어려우니 사정을 봐달라며, "약속어음을 막기가 어려울 것 같다." 고소인이 약속어음을 돌려주면 자신이 거래처에서 물건 값으로 받은 액면금 1억 3천만 원, 00은행 00지점도, 약속어음 자다000000000호, 발행인 00주식회사 대표이사 김○영, 지급일 2000. 00. 00.의 약속어음 1매로 대체하여 주고 "차액은 이자금조로 지급하겠다"라는 등의 말을 하며 사정을 했습니다. 이에 고소인은 피고소인이 지급일 전에 찾아와 부도를 막으려는 선의적인 뜻으로 이해하고 가지고 있던 피고소인 발행 약속어음을 돌려주고 피고소인이 가져온 약속어음을 받고 몇 개월을 더 기다려 보기로 하였습니다.

(5) 하지만 피고소인이 주고 간 약속어음은 부도 처리 되었고, 피고소인은 자신도 받은 어음이라 잘 모르겠다며 발뺌을 하며 책임을 지려고 하지 않아 이상한 생각이 든 고소인은 위 "액면금 1억 3천만 원, 00은행 00지점도, 약속어음 자다000000000호, 발행인 00주식회사 대표이사 김○영"의 어음이 피고소인의 말처럼 진성어음인지 확인해 보았습니다.

(6) 즉, 위 약속어음의 발행인인 00주식회사와 대표이사 김○영이라는 자가 실제로 존재하는 것인지 확인하기 위해 위 법인등기부등본을 발급받아 00주

식회사를 찾아가 보았으나, OO주식회사 주소지 사무실은 OO주식회사와는 전혀 무관한 창고의 용도로 사용되고 있었고, 위 OO은행 OO지점을 찾아가 OO주식회사 대표이사 김O영이 위 은행의 약속어음 용지를 받아간 사실이 있는지를 확인해 보았으나 위 OO지점 어음담당자는 김O영이란 자를 본 적도 없고, OO주식회사가 어떤 회사인지 전혀 거래를 해 본 적이 없다는 것이었습니다.

(7) 결국 고소인의 탐문 결과 위 약속어음은 진정어음이 아니었음은 물론 피고소인이 속칭 딱지어음을 어디선가 구해서 고소인에게 써 먹었다는 사실을 알게 되었습니다. 이에 부득이 이 사건 고소를 하오니 부디 철저한 수사로 피고소인을 엄벌하여 주시기 바랍니다.

6. 첨부자료

(1) 외상장부 및 전표　　　　　　　　　　　　　　　각 5부
(2) 약속어음 사본　　　　　　　　　　　　　　　　2부
(3) OO주식회사 등기부등본　　　　　　　　　　　1부
(4) 고소인 회사 등기부등본　　　　　　　　　　　1부

7. 관련사건의 수사 및 재판 여부

① 중복 고소 여부	본 고소장과 같은 내용의 고소장을 다른 검찰청 또는 경찰서에 제출하거나 제출하였던 사실이 있습니다 □ / 없습니다 ☑
② 관련 형사사건 수사 유무	본 고소장에 기재된 범죄사실과 관련된 사건 또는 공범에 대하여 검찰청이나 경찰서에서 수사 중에 있습니다 □ / 수사 중에 있지 않습니다 ☑
③ 관련 민사소송 유 무	본 고소장에 기재된 범죄사실과 관련된 사건에 대하여 법원에서 민사소송 중에 있습니다 □ / 민사소송 중에 있지 않습니다 ☑

본 고소장에 기재한 내용은 고소인이 알고 있는 지식과 경험을 바탕으로 모두 사실대로 작성하였으며, 만일 허위사실을 고소하였을 때에는 형법 제156조 무고죄로 처벌받을 것임을 서약합니다.

2000. 00. 00.

고 소 인   주식회사 0000
           대표이사 최 ○ 철   ㉑

서울○○경찰서 귀중

【유사사건 판례요지】

채무자가 채권자에 대하여 소정기일까지 지급할 의사와 능력이 없음에도 종전 채무의 변제기를 늦출 목적에서 어음을 발행 교부한 경우 사기죄가 성립한다.
(출처 : 대법원 1983. 11. 8. 선고 83도1723 판결)

11. 사례 [사기 (계)]

고 소 장

1. 고소인

    (1) 최O자 (000000-0000000)
        서울시 서초구 00동 00-00, 00빌라 201호
        연락처 : 02-0000-0000
    (2) 이O경 (000000-0000000)
        서울시 은평구 00동 000, 0000아파트 9동 901호
        연락처 : 010-0000-0000
    (3) 김O숙 (000000-0000000)
        서울시 마포구 00동 000-0
        연락처 : 010-0000-0000

2. 피고소인

    정O여 (000000-0000000)
    서울시 강남구 00동 000, 0000아파트 000동 0000호
    연락처 : 010-0000-0000

3. 고소취지

고소인들은 피고소인을 사기죄로 고소하오니 조사하시어 엄벌하여 주시기 바랍니다.

4. 범죄사실

피고소인은 서울시 00구 소재 00시장 00상가 0동 00호에 사무실을 두고 시장에서 유통되는 어음이나 수표 등을 할인해 주거나, 상인들에게 일수 혹은 급전을 빌려주는 등의 일종의 대부업을 수십 년 동안 하고 있는 자입니다.

피고소인은 2000. 00.초순경 위 시장에서 장사를 하는 고소인들에게 "순번계를 만들어 운영하고 있는데 들어와라", "이번에 만드는 순번계의 끝번은 그 이자가 7부가 넘는다", "너만 특별히 끝번을 줄테니 매달 80만원씩 내 통장으로 넣어라", "이자가 높은 끝번을 서로 달라고 아우성이다. 너만 끝번을 줄 테니 다른 사람에게는 일체 말하면 안 된다"라는 등의 거짓말로 고소인들을 속이고 이에 속은 고소인 최O자로부터 2000. 00.경부터 10개월 간 2구좌 계금 1,600만 원, 고소인 이O경으로부터 2000. 00.경부터 13개월 간 3구좌 계금 3,120만 원, 고소인 김O숙으로부터 2000. 00.경부터 12개월 간 2구좌 계금 1,920만 원 도합금 6,640만 원을 교부받아 이를 편취하였습니다.

5. 고소이유

(1) 고소인들은 서울시 00구 "00시장"에서 장사를 하는 자들이고, 피고소인은 수십 년 전부터 서울시 00구 00시장 00상가 0동 00호에 사무실을 두고 시장에서 유통되는 어음이나 수표 등을 할인해 주거나, 상인들에게 일수 혹은 급전을 빌려주는 등의 일종의 대부업을 해온 자로 00시장 일대에서는 알아주는 큰손으로 굴리는 자금이 수백억 원 대라고 알려질 정도로 막강한 자금을 가지고 있어 위 시장 일대에서는 모르는 사람이 없을 정도의 영향력이 있는 인물입니다.

(2) 그런 피고소인이 2000. 00.초순경부터 위 시장에서 장사를 하는 고소인들을 만나면 은밀하게 "순번계를 만들어 운영하고 있는데 들어와라", "이번에 만드는 순번계의 끝번은 그 이자가 7부가 넘는다", "너만 특별히 끝번을 줄테니 매달 80만 원씩 내 통장으로 넣어라", "이자가 높은 끝번을 서로 달라고 아우성이다. 너만 끝번을 줄 테니 다른 사람에게는 일체 말하면 안

된다"라는 등의 말을 하며 자신이 계주로 운영하는 순번계의 끝번을 받을 것을 권유하면서 "그러면 월 7부가 넘는 이자의 돈을 마지막에 탈 수 있다"라고 말하고 "이미 많은 사람들이 자신이 운영하는 순번계에 들어와 많은 돈들을 받아가고 있다"며 자랑처럼 말하였고 피고소인이 운영하는 순번계는 "아무나 들어올 수도 없고 자신이 오랜 시장 생활에서 알게 된 신용이 좋은 사람들만 들어올 수 있다"라는 등의 말도 수차 하였습니다.

(3) 피고소인은 위 시장 일대에서는 전설적인 인물로 크게 성공한 사람으로 알려져 있고, 고소인들도 거래를 해 본 경험상 신용이 탁월한 사람으로 알고 있었기에 고소인들을 피고소인의 말을 전혀 의심하지 못하고, 범죄사실의 기재와 같이 피고소인이 말한 대로 순번계에 가입하여 매월 곗돈을 피고소인이 알려준 피고소인의 은행 계좌로 보내고 편안하게 장사를 하고 있었습니다.

(4) 그런데 2000. 00.하순경부터 위 시장 내의 상인들 사이에 피고소인이 부도가 났다는 소문이 돌기 시작하였고 이를 이상하게 생각한 고소인 최O자가 피고소인을 찾아가 이상한 소문을 이야기하자 피고소인은 벌컥 화를 내며 내가 이 바닥에서 수십 년간 신용 하나로 살아온 사람인데 그런 소문을 믿느냐며 아무 걱정하지 말고 곗돈을 부으라고 말하였고, 피고소인을 하늘같이 생각하는 최O자는 한마디 토도 달지 못하고 그냥 돌아온 사실이 있습니다.

(5) 그런데도 시장 내에서는 피고소인이 망했다는 등의 이상한 소문이 끊이지 않았고, 결국 피고소인은 2000. 00.말경부터 시장에 나타나지도 않고 피고소인의 사무실에는 모르는 사람들이 들락거리는데 피고소인은 연락이 되지 않았습니다. 이에 고소인들도 수시로 피고소인의 사무실을 찾아가 분위

기를 살폈는데 그곳에 모인 사람들의 말이 피고소인이 평소 거래하던 명동 사채업자들과 2000. 00.경 주식시장 작전에 뛰어들었다가 단속이 되는 바람에 완전히 망했다는 것이었고, 피고소인은 계를 만들어 운영하지도 않으면서 고소인들과 같은 시장 내 상인들 수백 명에게 이자가 높은 순번계의 끝번을 주겠다고 속이고 돈을 받아갔는데 그 피해자나 피해금액이 얼마나 되는지 파악도 안 된다는 것이었습니다.

(6) 하루하루 생고생하면서 장사를 하여 모은 돈을 순식간에 날리게 된 고소인들은 그동안 어떻게 해서든지 피고소인을 만나 돈을 받아내려 하였으나 전혀 만날 수도 없고 전화 통화조차도 안 되는 피고소인을 더 이상 기다릴 수도 없어 부득이 이 사건 고소에 이르렀으니 부디 철저한 수사로 영세한 시장 상인들의 돈을 편취해 간 피고소인을 엄벌하여 주시기 바랍니다.

6. 첨부자료

(1) 송금내역서   3부
(2) 통장사본   3부

7. 관련사건의 수사 및 재판 여부

① 중복 고소 여부	본 고소장과 같은 내용의 고소장을 다른 검찰청 또는 경찰서에 제출하거나 제출하였던 사실이 있습니다 □ / 없습니다 ☑
② 관련 형사사건 수사 유무	본 고소장에 기재된 범죄사실과 관련된 사건 또는 공범에 대하여 검찰청이나 경찰서에서 수사 중에 있습니다 □ / 수사 중에 있지 않습니다 ☑
③ 관련 민사소송 유무	본 고소장에 기재된 범죄사실과 관련된 사건에 대하여 법원에서 민사소송 중에 있습니다 □ / 민사소송 중에 있지 않습니다 ☑

본 고소장에 기재한 내용은 고소인이 알고 있는 지식과 경험을 바탕으로 모두 사실대로 작성하였으며, 만일 허위사실을 고소하였을 때에는 형법 제156조 무고죄로 처벌받을 것임을 서약합니다.

2000. 00. 00.

고 소 인   최 ○ 자   ㉔
            이 ○ 경   ㉔
            김 ○ 숙   ㉔

서울○○경찰서 귀중

【유사사건 판례요지】

기망으로 인한 재물의 교부가 있으면, 그 자체로써 곧 사기죄는 성립하고, 상당한 대가가 지급되었다거나 피해자의 전체 재산상에 손해가 없다고 하여도 사기죄의 성립에는 영향이 없다.
(출처 : 대법원 1999. 7. 9. 선고 99도1040 판결)

12. 사례 [사기 (전세)]

고 소 장

1. 고소인

양○호 (000000-0000000)
경기도 평택시 00로 17, 000아파트 000동 0000호
연락처 : 010-0000-0000

2. 피고소인

강○현 (000000-0000000)
경기도 00시 00동 000, 00연립 000호
연락처 : 010-0000-0000

3. 고소취지

고소인은 피고소인을 사기죄로 고소하오니 조사하시어 법에 따라 엄벌하여 주시기 바랍니다.

4. 범죄사실

피고소인은 경기도 00시 00동 000, "000아파트" 00동 000호 소유자입니다.

피고소인은 2000. 00. 00. 위 아파트 인근 "000부동산중개사무소"에서 중개인의 소개로 고소인과 위 아파트에 대한 전세금 1억 5천만 원의 전세계약을 체결하면서 사실은 피고소인이 위 아파트에 설정되어 있는 채권최고액 금 1억 6,500만 원의 000금고 00지점 근저당설정을 말소하여 줄 의사나 능력이 없음에도 고소인에게 "000금고 채권최고액 1억 6,500만 원의 근저당설정을 잔금일 하루 전인 2000. 00. 00. 까지 말소하여 주겠다"고 거짓말하고 이에 속은 고소인으로부터 위 계약 당일

금 1,500만 원을, 2000. 00. 00. 금 3,500만 원을 피고소인의 00은행 00지점 000-000000-00-00 계좌로 각 송금 받아 도합 금 5천만 원을 편취하였습니다.

5. 고소이유

(1) 피고소인은 경기도 00시 00동 000, "000아파트" 00동 000호 소유자이고, 고소인은 위 아파트에 전세계약을 하였던 직장인입니다.

(2) 고소인은 2000. 00. 00.경 위 아파트 인근 "000부동산중개사무소"에서 중개사 김O철의 소개로 피고소인과 위 아파트를 전세금 1억 5천만 원의 전세계약을 하였는데 당시 기존의 세입자(전세금 1억 5천만 원) 외에 채권최고액 금 1억 6,500만 원의 000금고 00지점 근저당설정이 되어 있었습니다. 당시 고소인은 근저당설정이 되어 있는 위 아파트를 계약하지 않으려 하였으나, 위 아파트의 소유자인 피고소인은 그 근저당설정을 말소하면 아무 문제가 없는 것 아니냐며 계약을 하자고 하였고, 피고소인의 말대로 근저당설정이 말소되면 아무 문제가 없을 것으로 고소인도 생각하였습니다.

(3) 당시 피고소인은 계약금과 중도금, 잔금 일자를 고소인과 상의하여 결정하면서 중도금 이후 전금 지급일 전날까지 000금고 00지점 금 1억 6,500만 원의 근저당설정을 반듯이 말소할 것이니 아무 걱정하지 말라고 말하였고, 자신이 사는 집도 따로 있다며 경제적 능력이 있는 양 행세하였고, 중개인도 이런 경우가 종종 있는데 잔금 지급일 전까지 집주인이 문제가 되는 근저당설정을 말소하고 그 이후 세입자가 잔금을 치루고 입주하는 것이 보통이라며 별 문제가 없을 듯이 말하였습니다.

(4) 이에 고소인은 피의자의 말을 믿고 전세계약을 하였고, 위 범죄사실과 같이 계약금과 중도금을 지급하였습니다. 그런데 피고소인은 자신의 약속과 달리 잔금일이 다 되어도 위 근저당설정을 말소하지 않았고, 고소인은 잔

금을 지급하지 않고 계약금과 중도금을 돌려줄 것을 요구하였습니다. 하지만 피고소인은 차일치일 미루기만 하고 위 계약을 한 지가 1년이 넘은 현재까지도 위 5천만 원을 반환하지 않았고, 위 아파트는 기존에 살던 세입자가 경매를 신청하여 약 3개월 전에 금 1억 7천만 원에 낙찰되었으나 ○○○금고에서 1억 5천만 원을 배당받고, 경매를 신청한 세입자는 2천만 원도 안되는 금액만 배당 받아 피고소인은 기존 세입자에게 1억 3천만 원을 더 주어야 하는 채무가 남아 있는 것입니다.

(5) 더욱이 피고소인은 고소인으로부터 받은 금 5천만 원을 위 근저당을 말소하는데 사용하지도 않았고, 기존 세입자에게 주지도 않았습니다. 즉 피고소인은 처음부터 고소인을 속여서 받는 돈을 다른 용도에 사용하려고 마음을 먹고 고소인을 속이려고 계획하였고, 이 사건 근저당설정을 말소할 돈도 없고 그 의사도 없으면서 고소인에게는 잔금일 전까지 반듯이 말소하겠다는 거짓말로 고소인을 속이고 고소인으로부터 계약금과 중도금 금 5천만 원을 편취해 간 것입니다.

(6) 이에 더 이상 기다릴 수도 없게 된 고소인은 부득이 이 사건 고소에 이르렀사오니, 부디 철저한 수사로 남의 돈을 우습게 알고 가난한 세입자를 피눈물 나게 만드는 피고소인을 엄벌하여 주시길 간절히 소망합니다.

6. 첨부자료

(1)	전세계약서	1부
(2)	각서	3부
(3)	등기사항전부증명서	1부

7. 관련사건의 수사 및 재판 여부

① 중복 고소 여부	본 고소장과 같은 내용의 고소장을 다른 검찰청 또는 경찰서에 제출하거나 제출하였던 사실이 있습니다 □ / 없습니다 ☑
② 관련 형사사건 수사 유무	본 고소장에 기재된 범죄사실과 관련된 사건 또는 공범에 대하여 검찰청이나 경찰서에서 수사 중에 있습니다 □ / 수사 중에 있지 않습니다 ☑
③ 관련 민사소송 유무	본 고소장에 기재된 범죄사실과 관련된 사건에 대하여 법원에서 민사소송 중에 있습니다 ☑ / 민사소송 중에 있지 않습니다 □

본 고소장에 기재한 내용은 고소인이 알고 있는 지식과 경험을 바탕으로 모두 사실대로 작성하였으며, 만일 허위사실을 고소하였을 때에는 형법 제156조 무고죄로 처벌받을 것임을 서약합니다.

2000. 00. 00.

고 소 인   양 ○ 호   (인)

○○경찰서 귀중

【유사사건 판례요지】

사기죄 등 재산범죄에서 동일한 피해자에 대하여 단일하고 계속된 범의 하에 동종의 범행을 일정기간 반복하여 행한 경우에는 각 범행은 통틀어 포괄일죄가 될 수 있다. 다만 각 범행이 포괄일죄가 되느냐 경합범이 되느냐는 그에 따라 피해액을 기준으로 가중처벌을 하도록 하는 특별법이 적용되는지 등이 달라질 뿐 아니라 양형 판단 및 공소시효와 기판력에 이르기까지 피고인에게 중대한 영향을 미치게 되므로 매우 신중하게 판단하여야 한다. 특히 범의의 단일성과 계속성은 개별 범행의 방법과 태양, 범행의 동기, 각 범행 사이의 시간적 간격, 그리고 동일한 기회 내지 관계를 이용하는 상황이 지속되는 가운데 후속 범행이 있었는지, 즉 범의의 단절이나 갱신이 있었다고 볼 만한 사정이 있는지 등을 세밀하게 살펴 논리와 경험칙에 근거하여 합리적으로 판단하여야 한다.
(출처 : 대법원 2016. 10. 27. 선고 2016도11318 판결)

13. 사례 [사기 (비트코인 투자)]

고 소 장

1. 고소인

장O남 (000000-0000000)
경기도 용인시 00구 00면 000로 000, 0000아파트 000동 0000호
연락처 : 010-0000-0000

2. 피고소인

(1) 주식회사 0000000 명예회장 박O수
서울시 00시 00구 000로 000, 000빌딩 00층
연락처 : 010-0000-0000
(2) 주식회사 0000000 대표이사 이O철
서울시 00시 00구 000로 000, 000빌딩 00층
연락처 : 010-0000-0000

3. 고소취지

고소인은 피고소인들을 사기죄로 고소하오니 조사하시어 법에 따라 엄벌하여 주시기 바랍니다.

4. 범죄사실

피고소인 박O수는 서울시 00시 00구 000로 000, 000빌딩 00층 소재 "주식회사 0000000"의 명예회장인 자이고, 피고소인 이O철은 같은 회사 대표이사인 자입니다. 피고소인들은 공모 공동하여,

2000. 00. 00. 11:00경 위 회사 00층 소재 제3호 세미나실에서 고소인의 포함한 약 200여 명의 고객들에게 위 회사에서 발행하는 가상화폐인 "M 비트코인에 투자하면 회사에서 원금을 보장함은 물론 3개월에 투

자금의 30%의 수익을 보장한다", "비트코인에 투자할 사람들을 회사에 추천만 하여도 추천수당을 주고, 그 사람을 투자하게 하면 투자수당을 지급한다"라는 등의 거짓말로 고소인을 포함한 고객들을 속이고, 이에 속은 고소인으로부터 당일 금 3천만 원, 2000. 00. 00. 금 4천만 원 도합 금 7천만 원을 투자 받는 방법으로 이를 편취하였습니다.

5. 고소이유

(1) 피고소인 박O수는 서울시 OO시 OO구 OOO로 OOO, OOO빌딩 25층 소재 "주식회사 0000000"의 명예회장인 자이고, 피고소인 이O철은 같은 회사 대표이사인 자이고, 고소인은 지인의 소개로 피고소인들의 회사 투자설명회에 참석하였던 200여 명의 고객들 중의 한 사람입니다.

(2) 피고소인들을 막대한 자금을 들어 위 회사를 꾸며 놨는데 그 화려한 정도는 오성급 호텔보다도 더 고급스러운 정도입니다. 위 회사 투자설명회에 참석한 고소인을 비롯한 사람들은 위 설명회가 시작되기 전에 피고소인 회사의 젊은 남녀직원들에게 극진한 대접을 받고 위 세미나 실로 안내받아 입장하였습니다.

(3) 위 설명회에서는 위 회사 상무라는 자의 진행에 따라 먼저 영상화면을 보게 되었는데 그 내용은 위 회사의 투자활동에 대한 것으로 투자연구원들의 연구하는 모습, 투자대상을 선정하기까지의 과정, 그 투자의 성과 등이었고, 위 회사에서 발행하는 비트코인에 투자하였다가 5개 월 만에 300%이상의 수익을 올렸다는 여러 사람들의 인터뷰 장면도 있었습니다. 그리고 그 영상이 끝나자 상무라는 자가 명예회장과 대표이사를 소개하였습니다.

(4) 명예회장인 피고소인 박O수는 자신이 미국에서 경제학 공부를 한 사실, 미국의 투자자문회사에서 근무하였던 경력, 자신의 투자성과 등을 장황하게 이야기 한 후에 대표이사라는 피고소인 이O철을 소개하였고, 이O철은

자신들의 회사는 브라질커피사업, 유럽의 프로축구사업 등에 투자를 한다면서 위 회사에서 한시적으로 발행하여 판매하는 M비트코인(가상화폐) 투자는 금융전산망에 포착되지 않아 그 수익에 대한 세금을 낼 필요가 없을 뿐더러 투자하면 회사에서 원금은 물론 3개월에 30%의 수익을 보장한다면서 여기 투자설명회에 나오신 분들은 정말 은혜를 받은 분들이라며 그 투자를 종용하였습니다.

(5) 위와 같은 대표이사의 설명을 옆에서 들으며 고개를 끄덕이던 피고소인 박0수는 여기 오신 분들이 주위에 아는 사람들에게 우리 회사의 M비트코인을 많이 선전해 달라면서 아는 분들을 회사에 추천만 해주어도 추천수당을 드리고 투자할 분을 소개해 주면 투자금의 1%를 매월 투자수당으로 지급해 준다면서 광고와 투자를 권유하였고 특별히 오늘 설명회에 참석하신 분들이 위 상품에 투자를 하시면 특별수익을 기본 수익 외에 월 1%의 추가수익을 준다면서 그 투자를 종용하였습니다.

(6) 이에 고소인을 포함한 많은 사람들이 참석자들의 투자금을 접수하던 세미나실 앞 테이블에서 줄을 서서 기다리다가 순서가 되면 투자금을 접수하였는데, 당시 고소인은 00은행에 있던 3천만 원을 핸드폰으로 위 회사의 00은행 00지점 000-0000-000-00-0 계좌로 송금하고 그 투자증서를 받았습니다.

(7) 그후 첫 달에는 1%의 수익금 30만 원이 고소인이 통장으로 들어왔고, 고소인이 회사에 추천해 준 4사람에 대한 추천수당 20만 원 역시 고소인의 통장으로 입금되었습니다. 당시 3개월에 30%의 수익을 보장하였는데 왜 첫 달에는 1%의 수익밖에 나지 않았는지 고소인이 위 회사로 전화를 하여 문의하였으나 위 회사에서는 첫 달은 수익률이 1~2% 정도 되지만 그 이후로는 수익률이 누적적으로 증가하게 되고 3개월이 되면 30%이상 어떤 경우는 300%가 되는 경우도 많다면서 기다려 보라고하여 고소인은 그런

줄만 알고 있었습니다.

(8) 그런데 두 번째 달에도 2%의 수익금이 나와 약간은 실망하고 있었으나 이 역시 상당이 많은 수익률이었기에 고소인은 00은행에서 마이너스 통장을 만들어 4천만 원을 추가로 위 회사에 투자하였습니다. 그런데 세 번째 달 말일경에 들어와야 할 수익금이 통장으로 입금되지 않아 위 회사로 전화를 하였으나 전화통화가 되지 않아 의아하게 생각하던 고소인은 위 회사로 찾아가 보았으나 위 회사는 온데간데 없이 사라져 버렸고, 피고소인들을 비롯한 직원들도 전혀 없었습니다. 그리고 위 회사가 있던 자리에는 고소인이 모르는 생수기회사가 들어와 있었습니다.

(9) 이에 피고소인들과 전혀 연락도 되지 않는 고소인은 더 이상 기다릴 수도 없어 부득이 이 사건 고소에 이르렀으니 부디 철저한 수사로 고소인 외에 많은 피해자들이 있는 이 사건 피고소인들을 법이 정하는 최고의 형으로 다스려 주시기 바랍니다.

6. 첨부자료

(1) 송금증　　　　　　　　　　　　　　　　　　　　　　　2부
(2) 투자약정서　　　　　　　　　　　　　　　　　　　　　2부
(3) 입금내역서　　　　　　　　　　　　　　　　　　　　　1부

7. 관련사건의 수사 및 재판 여부

① 중복 고소 여부	본 고소장과 같은 내용의 고소장을 다른 검찰청 또는 경찰서에 제출하거나 제출하였던 사실이 있습니다 □ / 없습니다 ☑
② 관련 형사사건 수사 유무	본 고소장에 기재된 범죄사실과 관련된 사건 또는 공범에 대하여 검찰청이나 경찰서에서 수사 중에 있습니다 □ / 수사 중에 있지 않습니다 ☑
③ 관련 민사소송 유 무	본 고소장에 기재된 범죄사실과 관련된 사건에 대하여 법원에서 민사소송 중에 있습니다 ☑ / 민사소송 중에 있지 않습니다 □

본 고소장에 기재한 내용은 고소인이 알고 있는 지식과 경험을 바탕으로 모두 사실대로 작성하였으며, 만일 허위사실을 고소하였을 때에는 형법 제156조 무고죄로 처벌받을 것임을 서약합니다.

2000. 00. 00.

고소인　　장 ○ 남　　(인)

서울○○경찰서 귀중

【유사사건 판례요지】

사기죄의 요건으로서의 기망은 널리 재산상의 거래관계에 있어서 서로 지켜야 할 신의와 성실의 의무를 저버리는 모든 적극적 또는 소극적 행위를 말하는 것으로서, 반드시 법률행위의 중요부분에 관한 허위표시임을 요하지 아니하고, 상대방을 착오에 빠지게 하여 행위자가 희망하는 재산적 처분행위를 하도록 하기 위한 판단의 기초가 되는 사실에 관한 것이면 충분하므로, 거래의 상대방이 일정한 사정에 관한 고지를 받았더라면 당해 거래에 임하지 아니하였을 것이라는 관계가 인정되는 경우에는 그 거래로 인하여 재물을 수취하는 자에게는 신의성실의 원칙상 사전에 상대방에게 그와 같은 사정을 고지할 의무가 있다 할 것이고, 그럼에도 불구하고 이를 고지하지 아니한 것은 고지할 사실을 묵비함으로써 상대방을 기망한 것이 되어 사기죄를 구성한다.
(출처 : 대법원 2005. 10. 28. 선고 2005도5774 판결)

14. 사례 [사기 (보험)]

고 소 장

1. 고소인

주식회사 0000보험   대표이사 ○○○
서울시   00구 000로 000-00, 00빌딩 00층(00동, 00빌딩)
연락처 : 02-0000-0000

2. 피고소인

이○순 (000000-0000000)
인천시 00구 00로 000, 00동 000호 (00동, 00아파트)
연락처 : 000-0000-0000

3. 고소취지

고소인은 피고소인들을 사기죄로 고소하오니 조사하시어 법에 따라 엄벌하여 주시기 바랍니다.

4. 범죄사실

피고소인은 서울시 00구 00동 000번지 소재 "000금은방"을 운영하는 자이고, 고소인은 보험업을 주요 업무로 하는 법인입니다.

피고소인은 2000. 00. 00. 23:00경 위 금은방에 진열대에 전시되어 있던 이태리 "0000사" 제조 핑크다이아몬드 1캐럿 반지(시가 1억 2천만 원 상당)를 도난당하지 않았음에도, 2000. 00. 00. 위 보험회사에 도난당하였다고 신고하면서 그 보험금을 받기 위한 서류들을 제출하고, 이후 위 반지가 도난당하지 않았음을 알면서도 2000. 00. 00. 위 보험회사로부터 위 반지 도난보험금 1억 2천만 원을 피의자의 00은행 00지점

000-000000-00-0 계좌로 송금 받아 이를 편취하였습니다.

5. 고소이유

(1) 고소인은 오랜 기간 보험업을 하고 있는 법인이고, 피고소인 서울시 00구 00동 000번지 소재 각종 귀금속을 취급하는 "000금은방"을 경영하는 자입니다.

(2) 피고소인의 위 금은방은 2000. 00. 00.경 고소 외 신0원이라는 자가 침입하여 각종 귀금속 등을 절도해 간 사실이 있습니다. 당시 피고소인은 영업을 마치고 귀가하여 있던 중 사고를 당하였고, 다음 날 출근한 피고소인은 바로 00경찰서에 이 사건 이태리 "000사" 제조 핑크다이아몬드 1캐럿 반지(시가 1억 2천만 원 상당)가 포함된 2억 원 가량의 도난품목들을 도난품목서에 기재하여 도난 신고를 하였습니다.

(3) 위 경찰서에서 위 도난 사건을 수사 중이던 2000. 00. 00.경 고소인 회사에 도난보험을 가입해 놓은 피고소인은 위 도난품목서 사본을 첨부하여 고소인 보험회사에 보험금청구를 신청하였고, 고소인 회사에서는 담당 직원들을 피고소인의 금은방과 위 경찰서에 보내 피고소인의 도난 사실을 확인하고, 그 보험금 지급을 위한 준비를 하였습니다.

(4) 이후 고소인 회사의 보험금지급을 위한 절차가 모두 끝났기에 2000. 00. 00. 피고소인이 위 도난 신고를 할 때 고소인 회사에 제출하였던 피의자 명의의 00은행 00지점 000-000000-00-0 계좌로 금 2억 원을 지급하였습니다.

(5) 그런데 2000. 00. 00. 위 도난 사건의 범인 신0원이 경찰에 자수하였고, 위 도난 사건을 수사한 경찰에서는 위 사건의 도난 품목 중 이 사건 이태리 000사 제조 핑크다이아몬드 1캐럿 반지는 도난당하지 않은 사실을 확인하였습니다. 즉 위 신0원이 위 금은방에 들어가 절도를 할 당시 위 핑

크다이아몬드 반지는 보지도 못하였고 훔쳐간 일도 없다고 진술하면서 나머지 절도한 물건들을 모두 제출하였는데 그 물건들 중에는 이 사건 핑크다이아몬드 반지를 없었던 것입니다.

(6) 이에 위 경찰서에서는 위 신O원과 피고소인 간에 대질심문을 하였고, 그 신문과정에서 피고소인은 당시 착각하여 위 핑크다이아몬드 반지를 도난당한 것으로 알고 신고를 하였다고 말하면서 1주일 정도 있다가 그 반지를 찾았는데 깜박 잊고 경찰에 신고를 하지 못하였다고 진술하였습니다.

(7) 사실 피고소인이 처음부터 도난당하지도 않은 물건을 도난당하였다고 경찰서에 신고하였는지, 아니면 도난당한 것으로 알고 신고하였다가 나중에 도난당하지 않은 사실을 알게 된 것인지는 고소인이 정확히 알 수는 없지만, 일단 도난당하였다고 고소인에게 신고하고 그 보험금의 청구를 하였으면 나중에라도 도난 신고한 물건을 찾았으면 그 사실을 고소인에게 알리고 그에 해당하는 보험금은 지급 받지 않아야 하는 것입니다.

(8) 한편, 위 신O원이 자수를 하였으니 망정이지 신O원이 잡히지 않았다면 고소인의 입장에서는 도난당하지도 않은 물건에 대한 보험금을 지급한 것이 되고 이는 고소인 회사는 물론 다른 많은 보험가입자에게 손해를 끼치는 것으로 마땅히 근절되어야 할 보험범죄입니다. 이에 보험사기가 만연한 우리사회에 불량한 보험가입자들에게 경종을 울린다는 차원에서 고소인은 이 사건 고소에 이르게 되었습니다.

6. 첨부자료

    (1) 도난신고서   1부
    (2) 보험계약서   2부
    (3) 보험금송금증   1부
    (4) 법인등기부등본   1부

7. 관련사건의 수사 및 재판 여부

① 중복 고소 여부	본 고소장과 같은 내용의 고소장을 다른 검찰청 또는 경찰서에 제출하거나 제출하였던 사실이 있습니다 □ / 없습니다 ☑
② 관련 형사사건 수사 유무	본 고소장에 기재된 범죄사실과 관련된 사건 또는 공범에 대하여 검찰청이나 경찰서에서 수사 중에 있습니다 □ / 수사 중에 있지 않습니다 ☑
③ 관련 민사소송 유무	본 고소장에 기재된 범죄사실과 관련된 사건에 대하여 법원에서 민사소송 중에 있습니다 ☑ / 민사소송 중에 있지 않습니다 □

본 고소장에 기재한 내용은 고소인이 알고 있는 지식과 경험을 바탕으로 모두 사실대로 작성하였으며, 만일 허위사실을 고소하였을 때에는 형법 제156조 무고죄로 처벌받을 것임을 서약합니다.

2000. 00. 00.

고소인   주식회사 0000보험

대표이사 ○ ○ ○   (인)

인천○○경찰서 귀중

【유사사건 판례요지】

사기죄의 요건으로서의 기망은 널리 재산상의 거래관계에 있어서 서로 지켜야 할 신의와 성실의 의무를 저버리는 모든 적극적 또는 소극적 행위를 말하는 것으로서, 반드시 법률행위의 중요 부분에 관한 허위표시임을 요하지 아니하고, 상대방을 착오에 빠지게 하여 행위자가 희망하는 재산적 처분행위를 하도록 하기 위한 판단의 기초가 되는 사실에 관한 것이면 충분하므로, 거래의 상대방이 일정한 사정에 관한 고지를 받았더라면 당해 거래에 임하지 아니하였을 것이라는 관계가 인정되는 경우에는 그 거래로 인하여 재물을 수취하는 자에게는 신의성실의 원칙상 사전에 상대방에게 그와 같은 사정을 고지할 의무가 있다 할 것이고, 그럼에도 불구하고 이를 고지하지 아니한 것은 고지할 사실을 묵비함으로써 상대방을 기망한 것이 되어 사기죄를 구성한다.
(출처 : 대법원 2004. 4. 9. 선고 2003도7828 판결)

횡령죄

15. 사례 [횡령 (대표이사 혹은 동업자)]

고 소 장

1. 고소인

남O기 (000000-0000000)
서울시 00구 00동 000-00, 00아파트 00동 0000호
연락처 : 010-0000-0000

2. 피고소인

박O수 (0000000-0000000)
인천시 00구 00동 0000아파트 000동 0000호
연락처 : 010-0000-0000

3. 고소취지

고소인은 피고소인을 업무상횡령죄[14]로 고소하오니 조사하시어 엄벌하여 주시기 바랍니다.

---

[14] 형법 제355조(횡령) ① 타인의 재물을 보관하는 자가 그 재물을 횡령하거나 그 반환을 거부한 때에는 5년 이하의 징역 또는 1천 500만원 이하의 벌금에 처한다.
형법 제356조(업무상의 횡령) 업무상의 임무에 위배하여 제355조의 죄를 범한 자는 10년 이하의 징역 또는 3천만원 이하의 벌금에 처한다.

4. 범죄사실

피고소인은 2000. 00. 경부터 인천시 00구 00동 000-0 소재 "주식회사 0000"의 대표이사로 동 회사의 거래은행 통장들과 현금 카드 등을 보관 및 관리하며 위 회사 전체의 자금을 운영하던 자로, 그 임무에 위배하여,

(1) 2000. 00. 00. 위 회사 통장인 00은행 000-000000-00-000 계좌에 입금되어 있던 회사공금 중 금 25,000,000원을 임의로 피고소인의 00은행 000-000000-000계좌로 송금하여 사용하는 방법으로 횡령하고,

(2) 2000. 00. 00. 위 회사 통장에 입금되어 있는 회사공금 중 현금 76,000,000원을 임의로 인출하여 개인적인 용도로 사용하는 방법으로 횡령하고,

(3) 2000. 00. 00. 위 회사 통장(마이너스통장)인 00은행 000-000000-00-000 계좌에서 금 20,000,000원을 피고소인의 00은행 000-000000-000계좌로 임의로 송금하여 사용하는 방법으로 횡령하고,

(4) 2000. 00. 00. 위 회사의 법인카드인 카드번호 0000-0000-0000-0000, 00은행 00카드는 회사 업무와 관련된 비용처리를 위하여 사용하여야 함에도 피고소인의 개인적 용도인 00유흥주점 술값 금 3,500,000원 결제하는데 사용하는 등 2000. 00. 00.부터 2000. 00. 00.까지 아래 표와 같이 도합 15회에 걸쳐 금 57,600,000원을 임의로 사용하는 방법으로 횡령하였습니다.

- 아 래 -

순번	일자	사용금액(원)	사용처
1	2000. 00. 00.	3,500,000	00유흥주점
2	2000. 00. 00.	5,200,000	0000유흥주점
3	2000. 00. 00.	2,500,000	00나이트클럽
4	2000. 00. 00.	2,800,000	000단란주점

순번	일자	사용금액(원)	사용처
5	2000. 00. 00.	4,200,000	000휴흥주점
6	2000. 00. 00.	3,200,000	00클럽
7	2000. 00. 00.	2,600,000	0000나이트클럽
8	2000. 00. 00.	3,700,000	000유흥주점
9	2000. 00. 00.	2,600,000	00유흥주점
10	2000. 00. 00.	4,100,000	0000나이트클럽
11	2000. 00. 00.	3,800,000	000유흥주점
12	2000. 00. 00.	6,200,000	클럽00
13	2000. 00. 00.	5,500,000	유흥주점0000
14	2000. 00. 00.	3,700,000	000단란주점
15	2000. 00. 00.	4,000,000	0000나이트클럽
	합계	57,600,000	

5. 고소이유

(1) 고소인은 오랜 기간 00제작업에 종사해온 자로 2000년경 "주식회사 00"에서 근무하고 있었고, 피고소인은 "주식회사 0000"의 직원으로 근무하다 퇴사하여 2000. 00.경 고소인이 근무하던 위 회사에 영업사원으로 입사하게 되면서 알게 된 자입니다.

(2) 그런데 고소인이 다니던 위 회사가 2000. 00. 말경에 폐업하게 되면서 고소인과 피고소인은 각자의 영업망을 바탕으로 동업을 하기로 의기투합하여, 2000. 00. 하순경 고소인과 피고소인은 각 금 1억 원씩 투자하여 인천시 00구 00동 000-0 소재 주식회사 0000를 설립하였는데 고소인은 50%의 지분을 가진 사내이사로 등재하였고, 피고소인은 역시 지분은 50%였으나 자신이 고소인 보다 나이가 많고 자신의 거래처의 영업을 위하여 자신이 대표이사로 되어야 한다고 강력히 요구하여 결국 대표이사로 등재가 되었습니다.

(3) 고소인과 피고소인은 50%씩 지분을 가진 동업자로서 회사를 공동으로 관리하였고, 월급도 똑같이 받기로 하였으며, 회사의 이익도 지분대로 절반씩 나누기로 하였습니다. 하지만 당시는 고소인과 피고소의 사이가 좋았기 때문에 동업계약을 서면으로 작성하지는 않았습니다.

(4) 사업 초기에 고소인과 피고소인이 각자의 영업을 하였지만 피고소인의 영업실적이 전혀 없어, 결국 동종업계에 경험이 많은 고소인이 외주업체관리 · 직원관리 · 현장관리 등을 하기로 하였고, 회사의 자금은 회계를 해 본 경험이 있다는 피의자가 대표이사를 하면서 자금도 관리하기로 하였습니다. 동업을 시작한 첫해에는 직원 5명과 같이 약 15억 원, 2년차에는 약 14억 원 가량의 적지 않은 매출을 올리면서 회사는 외형상 많은 성장을 하였으나, 피고소인이 고소인 모르게 회사의 통장과 법인카드 그리고 입출금보안카드(OTP카드) 등을 직접 관리하면서 회사의 자금을 계속적으로 빼내어 임의로 사용하면서 회사의 자금은 고갈되어 가고 있었습니다.

(5) 피고소인이 회사의 공금을 임의로 빼내면서 회사의 장부 등을 기장하는 세무사사무실에서 세무신고를 하는데 어려움을 겪게 되었고, 그런 사실을 세무사사무실 직원이 고소인에게 이야기 해 주었으나, 피고소인의 횡령금의 규모를 자세히 알 수 없었던 고소인은 2000. 00. 말경 수차례 피고소인에게 경고를 하고, 통장과 OTP카드 등을 고소인에게 넘길 것을 요구하였으나 피고소인은 이런저런 이유로 반납을 계속 거부하다가 회사의 자금사정이 극히 악화된 2000. 00. 말경에서야 반납하였습니다.

(6) 카드를 반납한 피고소인은 자신의 범행이 드러날 것이 두려웠는지 2000. 00.경 말도 없이 회사를 나오지 않았습니다. 피고소인의 범행 사실을 잘 모르고 있던 당시 고소인은 피고소인의 집으로 찾아가 회사로 나올 것을 부탁하기도 하였으나 피고소인은 다른 직업을 찾겠다는 등의 이야기를 하며 다시 회사로 나올 생각이 없음을 고소인에게 알렸습니다.

(7) 피고소인이 회사에 나오지 않으면서 그동안 고소인의 회사에서 거래처 등에 자금이 지급된 것으로 알고 있는 외상값 등이 결제가 되지 않았다는 사실이 확인되었고, 이에 고소인이 부득이 회사의 통장 등 자금을 직원들과 같이 자세히 살피면서 피고소인의 위 범행사실이 확인되었습니다.

(8) 위 범죄사실과 같이 엄청난 범행을 저질러 회사에 자금이 없어 직원들의 월급도 지급하지 못할 지경에 이르렀음에도 피고소인은 자신의 죄를 사과하기는 커녕 터무니없이 고소인을 횡령죄로 고소하겠다고 떠들고 다니는 등 적반하장의 행태를 보이고 있고, 이를 본 고소인은 이제 더 이상 참아봐야 아무런 의미가 없다는 것을 알게 되어 부득이 이 사건 고소에 이르게 되었으니 부디 철저한 수사로 피고소인을 엄벌하여 주시기 바랍니다.

6. 첨부자료

 (1) 회사 통장 사본   10부
 (2) 카드사용명세서사본   20부
 (3) 법인등기부등본   1부
 (4) 주주명부   1부

7. 관련사건의 수사 및 재판 여부

① 중복 고소 여부	본 고소장과 같은 내용의 고소장을 다른 검찰청 또는 경찰서에 제출하거나 제출하였던 사실이 있습니다 □ / 없습니다 ☑
② 관련 형사사건 수사 유무	본 고소장에 기재된 범죄사실과 관련된 사건 또는 공범에 대하여 검찰청이나 경찰서에서 수사 중에 있습니다 □ / 수사 중에 있지 않습니다 ☑
③ 관련 민사소송 유무	본 고소장에 기재된 범죄사실과 관련된 사건에 대하여 법원에서 민사소송 중에 있습니다 □ / 민사소송 중에 있지 않습니다 ☑

본 고소장에 기재한 내용은 고소인이 알고 있는 지식과 경험을 바탕으로 모두 사실대로 작성하였으며, 만일 허위사실을 고소하였을 때에는 형법 제156조 무고죄로 처벌받을 것임을 서약합니다.

2000. 00. 00.

고 소 인   남 ○ 기   ㉺

인천○○경찰서 귀중

【유사사건 판례요지】

업무상횡령죄에 있어서 불법영득의 의사라 함은 자기 또는 제3자의 이익을 꾀할 목적으로 업무상의 임무에 위배하여 보관하는 타인의 재물을 자기의 소유인 경우와 같이 처분하는 의사를 말하고, 여기서 '업무'란 법령, 계약에 의한 것뿐만 아니라 관례를 좇거나 사실상의 것이거나를 묻지 않고 같은 행위를 반복할 지위에 따른 사무를 가리키는 것으로서, 회사의 대표이사 혹은 그에 준하여 회사 자금의 보관이나 운용에 관한 사실상의 사무를 처리하여 온 자가 회사를 위한 지출 이외의 용도로 거액의 회사 자금을 가지급금 등의 명목으로 인출, 사용함에 있어서 이자나 변제기의 약정이 없음은 물론 이사회 결의 등 적법한 절차도 거치지 아니하는 것은 통상 용인될 수 있는 범위를 벗어나 대표이사 등의 지위를 이용하여 회사 자금을 사적인 용도로 임의로 대여, 처분하는 것과 다름없어 횡령죄를 구성한다고 볼 수 있다.
(출처 : 대법원 2006. 4. 27. 선고 2003도135 판결)

16. 사례 [횡령 (직원)]

고 소 장

1. 고소인

주식회사 0000   대표이사 ○○○
서울시 000구 00동 000-00
연락처 : 02-0000-0000
담당자 : 이○수(경리부장)
연락처 : 010-0000-0000

2. 피고소인

유○길 (0000000-0000000)
서울시 00구 00동 000, 0000아파트 000동 0000호
연락처 : 010-0000-0000

3. 고소취지

고소인은 피고소인을 횡령죄로 고소하오니 조사하시어 엄벌하여 주시기 바랍니다.

4. 범죄사실

피고소인은 2000. 00. 00. 서울시 000구 00동 000-00 "주식회사 0000"에 영업사원으로 입사하여 고소인 회사에서 생산 및 판매하는 약품 등을 서울 및 경기 지역의 약품도매상에 판매하는 영업에 종사하는 자입니다.

피고소인은 2000. 00. 00.경부터 고소인이 피고소인을 통하여 서울시 00구 00동 소재 "00약품"에 판매한 "00정" 등의 약품 수금액 3천만 원 중 금 1천만 원을 임의로 소비하여 횡령하는 등 아래 범죄일람표와 같이 2000. 00. 00.까지 총 12회에 걸쳐 도합 금 65,800,000원을 횡령하였습니다.

[범죄일람표]

순번	일자	횡령금액(원)	수금처
1	2000. 00. 00.	10,000,000	00약품
2	2000. 00. 00.	5,000,000	000약국
3	2000. 00. 00.	6,000,000	00약품
4	2000. 00. 00.	4,800,000	000약국
5	2000. 00. 00.	4,200,000	00약품
6	2000. 00. 00.	5,200,000	00약품
7	2000. 00. 00.	4,600,000	0000약국
8	2000. 00. 00.	5,700,000	000약국
9	2000. 00. 00.	3,600,000	00약품
10	2000. 00. 00.	4,500,000	0000약품
11	2000. 00. 00.	7,200,000	000약국
12	2000. 00. 00.	5,000,000	00약품
	합계	65,800,000	

5. 고소이유

(1) 고소인은 오랜 기간 제약업에 종사해 온 법인이고, 피고소인은 2000. 00. 00. 고소인 회사에 경력직 영업사원으로 입사하여 고소인의 거래처인 시중의 약품도매상 등에 고소인 회사의 제품을 선전 및 납품하고 그 납품된 약품들의 수금을 담당하는 업무를 맡아 왔습니다.

(2) 그런데 고소인이 영업을 다니는 거래처에서 수금되는 금액이 저조하다는 사실을 알게 된 고소인 회사의 영업부장이 생산부장을 통하여 확인된 출품 물량과 수금액이 차이가 많다는 것을 확인하고 이를 이상하게 생각하고 그 사실을 총괄이사에게 보고하였습니다.

(3) 제약업계의 경험이 풍부한 총괄이사는 위 사실을 보고받고 피고소인 수상하게 생각하여 피고소인이 영업하고 다녔던 거래처들을 찾아다니면서 수금 상황을 확인한 바, 피고소인이 회사에 입금한 수금액 보다 훨씬 많다는 사실을 알게 되었고 이를 피고소인에게 추궁하였더니 피고소인이 결국 수금한 돈을 임의로 사용하였다는 사실을 자백하였던 것입니다.

(4) 하지만 고소인은 피고소인이 회사의 피해를 어느 정도 복구하면 형사고소를 하지는 않으려 하였으나 피고소인이 회사에 출근도 하지 않고, 연락을 두절하여 불가피하게 이 사건 고소에 이르렀습니다. 부디 철저한 수사로 피고소인을 엄벌하여 주시기 바랍니다.

6. 첨부자료

(1) 고소인 회사 입금전표　　　　　　　　　　00부
(2) 거래처 입금장부　　　　　　　　　　　　00부
(3) 법인등기부등본　　　　　　　　　　　　　1부
(4) 인사기록표　　　　　　　　　　　　　　　1부

7. 관련사건의 수사 및 재판 여부

① 중복 고소 여부	본 고소장과 같은 내용의 고소장을 다른 검찰청 또는 경찰서에 제출하거나 제출하였던 사실이 있습니다 □ / 없습니다 ☑
② 관련 형사사건 수사 유무	본 고소장에 기재된 범죄사실과 관련된 사건 또는 공범에 대하여 검찰청이나 경찰서에서 수사 중에 있습니다 □ / 수사 중에 있지 않습니다 ☑
③ 관련 민사소송 유무	본 고소장에 기재된 범죄사실과 관련된 사건에 대하여 법원에서 민사소송 중에 있습니다 □ / 민사소송 중에 있지 않습니다 ☑

본 고소장에 기재한 내용은 고소인이 알고 있는 지식과 경험을 바탕으로 모두 사실대로 작성하였으며, 만일 허위사실을 고소하였을 때에는 형법 제156조 무고죄로 처벌받을 것임을 서약합니다.

2000. 00. 00.

고 소 인　　　　주식회사 0000
　　　　　　　　대표이사 ○ ○ ○　　㊞

서울○○경찰서 귀중

【유사사건 판례요지】

형법 제356조에서 말하는 업무는 직업 혹은 직무라는 말과 같아 법령, 계약에 의한 것뿐만 아니라 관례를 좇거나 사실상이거나를 묻지 않고 같은 행위를 반복할 지위에 따른 사무를 가리킨다고 할 것이다.
(출처 : 대법원 1982. 1. 12. 선고 80도1970 판결)

17. 사례 [특경 횡령 (공동추심금)]

고 소 장

1. 고소인

    (1) 박O기 (000000-0000000)
        인천시 00구 00동 00, 00아파트 000동 000호
        연락처 : 010-0000-0000

    (2) 이O철 (000000-0000000)
        서울시 00구 00동 000-00, 000연립주택 2동 101호
        연락처 : 010-0000-0000

2. 피고소인

    최O일 (0000000-0000000)
    서울시 00구 00동 000, 0000아파트 000동 0000호
    연락처 : 010-0000-0000

3. 고소취지

고소인들은 피고소인을 특정경제범죄 가중처벌 등에 관한 법률위반죄(횡령)로 고소하오니 조사하시어 엄벌하여 주시기 바랍니다.

4. 범죄사실

고소인들과 피고소인은 "00고등학교" 동창인 친구들로, 고소인들과 피고소인은 역시 고등학교 동창인 고소 외 양O철이 2000. 00.경 개업하였던 서울시 00구 00동 소재 "00000(유흥주점)"의 개업 및 운영자금으로 각 5억 원씩 도합

15억 원을 빌려주었고, 위 주점을 운영하던 위 양O철이 가정 문제로 위 유흥주점을 운영하지 않기로 하여 위 유흥주점을 고소 외 임O옥이란 여자에게 넘기게 되었으며, 고소 외 임O옥은 고소인들과 피고소인이 빌려주었던 금 15억 원에 대하여 병존적 채무인수를 하고 위 유흥주점을 2000. 00.경부터 인수하여 운영하면서 매월 금 1억 원을 고소인들이 지정한 피고소인의 00은행 00지점 000-000000-000계좌로 입금하기로 하였던 바, 피고소인은 위와 같이 입금된 돈을 균등하게 나누어 고소인들에게 송금해 주기로 약정하였음에도 그 임무에 위배하여,

2000. 00. 00.부터 2000. 00. 00.까지 위 임O옥이 위와 같은 약정에 따라 피고소인의 위 계좌로 송금한 금 15억 원을 피고소인이 5억원을 수령하고 나머지 10억 원은 고소인들에게 각 5억 원씩 균등하게 나누어 분배하여야 함에도 그 분배를 하지 않아, 고소인들이 수차에 걸쳐 내용증명을 보내거나 직접 만나 균등하게 분배하여 줄 것을 요구하여도 이를 무시하며 계속하여 반환을 거부하여 위 금 15억 원 중 금 10억 원을 횡령한 것입니다.

5. 고소이유

(1) 고소인들과 피고소인은 00고등학교 동기동창인 자들로 매우 친하게 지내던 자들입니다.

(2) 고소인들과 피고소인은 역시 고등학교 동창이며 절친인 고소 외 양O철이 2000. 00.경 강남에 좋은 자리가 있어 유흥주점업을 하기로 하였다는 이야기를 하면서 사업자금 약 40억 원이 준비되었는데 친구들도 여유 있는 자금이 있으면 그 돈을 빌려달라는 부탁을 하면서, 친구들이 사업자금을 빌려주면 이자는 연 20%로 계산해서 지급해 주겠다는 제안을 하였는데,

당시 같이 술을 마시던 친구들이 의기투합하여 각 5억 원씩 15억 원을 위 양O철에게 빌려주게 되었습니다.

(3) 그 후 위 양O철이 서울시 00구 00동에 "00000"이라는 상호의 유흥주점을 개업하여 사업을 하던 중, 교장선생님으로 정년퇴임하신 위 양O철의 부친께서 술집을 한다는 이유로 아들과 의절한다고 난리를 치시고, 위 양O철의 처 역시 아이들 교육문제를 제기하며 술집을 반대하여 결국 양O철은 개업한지 얼마 되지 않은 2000. 00. 00.경 위 유흥주점을 고소 외 임O옥이라는 여자에게 양도하게 되었으며, 고소인들과 피고소인의 대여금 15억 원에 대하여 병존적 채무인수를 한 임O옥은 2000. 00.부터 매월 1억 원씩을 고소인들과 피고소인이 상의하여 지정한 피고소인의 00은행 계좌로 송금키로 하였고, 피고소인은 그렇게 입금된 돈을 균분하여 고소인들에게 배분하기로 약속 하였습니다. 그런데 당시 사이가 좋던 고소인들과 피고소인은 서면의 약정서는 작성하지 않고 구두 상으로만 약정을 하였습니다.

(4) 이후 매월 1억 원 가량의 자금들이 피고소인의 통장으로 입금되었으나, 피고소인은 고소인들이 돈이 들어왔느냐고 물어보면 "장사가 어려운 지 돈을 보내오지 않고 있다"라는 등의 거짓말로 고소인들을 속였고, 약 2년 가량을 피고소인의 거짓말에 속았던 고소인들이 이상하다는 생각에 2000. 00.경 고소 외 임O옥을 직접 만나 확인하였더니 이미 15억 원을 모두 보냈다는 것이었습니다.

(5) 이에 피고소인에게 배신을 당하였다고 생각한 고소인들이 피고소인에게 전화하여 만날 것을 수차 요구하여도 피고소인은 이런저런 핑계를 대며 고소인들을 만나 주지 않아, 고소인들은 전화 상으로 입금된 돈을 균등하게 분

배하여 줄 것을 수차례 요구하였습니다. 그런데 무슨 배짱인지 피고소인은 막무가내 식으로 돈을 분배하지 않고 자기가 받아야 할 돈이 더 많다느니 하는 터무니없는 말을 계속하여 결국 고소인들을 내용증명을 보내어 입금된 돈을 배분하여 송금할 것을 수차례 독촉하였습니다만 피고소인은 고소인들에게 분배하여야 할 돈을 사용해 버렸는지 이 역시 아무 소용이 없었습니다.

(6) 이에 더 이상 참을 수 없게 된 고소인들은 부득이 이 사건 고소에 이르렀으니 부디 오랜 친구를 배신하고 친구에게 주어야 할 돈을 주지 않고 있는 피고소인을 엄벌하여 주시기 바랍니다.

6. 첨부자료

(1) 위 임O옥의 송금표　　　　　　　　　　　　　　　　00부
(2) 내용증명　　　　　　　　　　　　　　　　　　　　0부

7. 관련사건의 수사 및 재판 여부

① 중복 고소 여부	본 고소장과 같은 내용의 고소장을 다른 검찰청 또는 경찰서에 제출하거나 제출하였던 사실이 있습니다 □ / 없습니다 ☑
② 관련 형사사건 수사 유무	본 고소장에 기재된 범죄사실과 관련된 사건 또는 공범에 대하여 검찰청이나 경찰서에서 수사 중에 있습니다 □ / 수사 중에 있지 않습니다 ☑
③ 관련 민사소송 유무	본 고소장에 기재된 범죄사실과 관련된 사건에 대하여 법원에서 민사소송 중에 있습니다 □ / 민사소송 중에 있지 않습니다 ☑

본 고소장에 기재한 내용은 고소인이 알고 있는 지식과 경험을 바탕으로 모두 사실대로 작성하였으며, 만일 허위사실을 고소하였을 때에는 형법 제156조 무고죄로 처벌받을 것임을 서약합니다.

2000. 00. 00.

고 소 인   박 ○ 기   ㊞
            이 ○ 철   ㊞

서울○○지방검찰청 귀중

【유사사건 판례요지】

횡령죄에 있어서의 보관이라 함은 재물이 사실상 지배하에 있는 경우뿐만 아니라 법률상의 지배·처분이 가능한 상태를 모두 가리키는 것으로 타인의 금전을 위탁받아 보관하는 자는 보관방법으로 이를 은행 등의 금융기관에 예치한 경우에도 보관자의 지위를 갖는 것인바, 이 사건에 있어서 피고인이 망 OOO로부터 금전의 보관을 위탁받아 피고인 명의의 신탁예금을 개설하여 거기에 보관을 위탁받은 금전을 입금함으로써 위 금전은 피고인이 법률상 지배·처분할 수 있는 예금의 형태로 보관하고 있는 것이어서 피고인은 횡령죄에서 가리키는 타인의 재물을 보관하는 지위에 있다고 할 것이다.
(출처 : 대법원 2000. 8. 18. 선고 2000도1856 판결)

18. 사례 [횡령 (동창회비)]

고 소 장

1. 고소인

　　이O한 (000000-0000000)
　　부산시 00구 00동 00, 00아파트 000동 000호
　　연락처 : 010-0000-0000

2. 피고소인

　　최O일 (0000000-0000000)
　　부산시 000구 00동, 0000아파트 000동 0000호
　　연락처 : 010-0000-0000

3. 고소취지

고소인은 피고소인을 횡령죄로 고소하오니 조사하시어 엄벌하여 주시기 바랍니다.

4. 범죄사실

피고소인은 고소인과 부산시 00구 00동 소재 "00고등학교" 동기동창이며, 같은 고등학교 동창회 총무로 약 20년 전부터 동창회비를 적립해 놓은 00은행 00지점 000-000000-000계좌 통장을 관리하는 자입니다.

피고소인은 2000. 00. 00.경 불상의 장소에서 위 동창회비 통장에 적립되어 있던 금원 중 금 250만 원을 임의로 인출하여 개인적인 용도에 사용하는 등 아래 범죄일람표와 같이 2000. 00. 00.까지 총 10회에 걸쳐 도합금 3,470만 원을 횡령하였습니다.

[범죄일람표]

순번	일자	횡령금액(원)
1	2000. 00. 00.	2,500,000
2	2000. 00. 00.	3,000,000
3	2000. 00. 00.	4,000,000
4	2000. 00. 00.	3,800,000
5	2000. 00. 00.	3,200,000
6	2000. 00. 00.	3,200,000
7	2000. 00. 00.	5,000,000
8	2000. 00. 00.	3,000,000
9	2000. 00. 00.	3,000,000
10	2000. 00. 00.	4,000,000
	합계	34,700,000

5. 고소이유

(1) 고소인과 피고소인은 "00고등학교" 동창이며, 피고소인은 약 3년 전부터 동창회 총무직을 맡은 이후 동창회를 할 때마다 동창들이 납부한 동창회비를 적립하여 보관하는 00은행 00지점 000-000000-000계좌 통장을 관리하여 왔습니다.

(2) 위 동창회는 오래전에 결성되었고, 동창들이 일정한 금액을 납부하거나 특별히 기부하는 경우들이 종종 있어 동창회에서는 그 금액을 동창회장 개인 통장에 보관하였었으나 그 금액이 많아져 1억 원이 넘으면서 동창들의 뜻을 모아 동창회명의의 통장을 만들어 보관키로 하면서 그 통장과 거래 도장은 동창회 총무들이 관리하여 왔습니다.

(3) 동창회를 하다보면 회식 등의 자리에서 처음 생각한 금액을 초과하는 경우가 많아 그런 경우에는 동창들로부터 따로 돈을 갹출할 수가 없어 동창회 통장에 보관되어 있는 금액을 사용하는 경우도 있고, 동창들이 상을 당하

거나 자녀들의 결혼 등의 행사가 있는 경우에는 그때마다 동창들이 모여 의견을 모을 수가 없으므로 동창회 총무가 관련 자료를 모아두고 필요 금액들을 지급하는 형식으로 자금이 관리되어 왔는데 이전의 총무가 있을 때까지는 동창들이 동창회비에 대하여 왈가불가하는 경우가 없었습니다.

(4) 그런데 피고소인이 위 동창회 총무가 된 이후 동창 모임에서 동창회자금 운영에 대하여 이의를 제기하거나 문제를 제기하는 동창들이 늘어나면서 결국 위 동창회 회원이면서 감사인 고소인이 동창회비 감사를 하게 되었고, 그 감사를 하는 중에 피고소인이 위 범죄사실과 같은 범행을 저질렀다는 사실을 고소인이 알게 되었습니다.

(5) 그 후 고소인은 동창회에서 감사한 결과를 알리고 피고소인에게 피고소인이 임의로 사용한 동창회 자금을 반환할 것을 수차 요구하였으나, 피고소인은 계산이 잘못된 것이라는 변명을 늘어놓으면서도 범행 사실을 일부 인정하며 바로 반환을 하겠다고 말하기도 하여 고소인은 피고소인이 그 반환을 할 것으로 알고 있었으나, 피고소인은 고소인이 없는 자리에서는 고소인에 대한 사실이 아닌 온갖 험담을 동창들에게 퍼트려 동창회가 분열 직전까지 가는 형편이 되었습니다. 이에 동창들 간에 형사고소를 통하여 시시비비를 가리자는 의견이 다수를 이루게 되었습니다.

(6) 이에 고소인은 부득이 이 사건 고소에 이르렀으니 부디 철저한 수사로 피고소인을 엄벌하여 주시기 바랍니다.

6. 첨부자료

(1) 동창회 통장 사본   00부
(2) 동창회 회칙   0부

7. 관련사건의 수사 및 재판 여부

① 중복 고소 여부	본 고소장과 같은 내용의 고소장을 다른 검찰청 또는 경찰서에 제출하거나 제출하였던 사실이 있습니다 □ / 없습니다 ☑
② 관련 형사사건 수사 유무	본 고소장에 기재된 범죄사실과 관련된 사건 또는 공범에 대하여 검찰청이나 경찰서에서 수사 중에 있습니다 □ / 수사 중에 있지 않습니다 ☑
③ 관련 민사소송 유무	본 고소장에 기재된 범죄사실과 관련된 사건에 대하여 법원에서 민사소송 중에 있습니다 □ / 민사소송 중에 있지 않습니다 ☑

본 고소장에 기재한 내용은 고소인이 알고 있는 지식과 경험을 바탕으로 모두 사실대로 작성하였으며, 만일 허위사실을 고소하였을 때에는 형법 제156조 무고죄로 처벌받을 것임을 서약합니다.

2000. 00. 00.

고 소 인   이 ○ 한   ㊞

부산○○경찰서 귀중

【유사사건 판례요지】

횡령죄에 있어서 불법영득의 의사라 함은 자기 또는 제3자의 이익을 꾀할 목적으로 업무상의 임무에 위배하여 보관하는 타인의 재물을 자기의 소유인 경우와 같은 처분을 하는 의사를 말하고 사후에 이를 반환하거나 변상, 보전하는 의사가 있다 하더라도 불법영득의 의사를 인정함에 지장이 없다.
(출처 : 대법원 2005. 8. 19. 선고 2005도3045 판결)

Ⅱ. 고소장 작성 사례

배임죄

19. 사례 [특경 배임 (대주주)]

고 소 장

1. 고소인

박O호 (000000-0000000)
서울시 00구 00동 00, 00아파트 00동 000호
연락처 : 010-0000-0000

2. 피고소인

조O수 (0000000-0000000)
서울시 00구 00동 000, 0000아파트 000동 000호
연락처 : 010-0000-0000

3. 고소취지

고소인은 피고소인을 특정경제범죄 가중처벌 등에 관한 법률위반죄(배임)로 고소하오니 조사하시어 엄벌하여 주시기 바랍니다.

4. 범죄사실

피고소인은 "주식회사 0000" 주식 75%를 소유한 대주주이며, 동 회사의 회장인 자입니다. 피고소인은 그 임무에 위배하여,

2000. 00. 00.경 피고소인의 장녀인 조O숙이 운영하는 "주식회사 00000"은 자산이 거의 없는 회사로 주식회사 00000 명의로 약속어음

25억 원 권을 발행하여도 그 결제가 안 되어 부도처리 될 어음임을 잘 알면서도 같은 날 이사회결의를 거쳐 주식회사 00000 대표이사 조O숙 발행, 00은행 00지점도 약속어음 자가0000000000호, 액면금 25억 원, 지급일 2000. 00. 00.의 약속어음에 주식회사 0000 대표이사 명의의 배서를 하게 하여 주식회사 0000에 동액 상당의 손해를 끼쳤습니다.

5. 고소이유

(1) 피고소인은 "주식회사 0000" 주식 75%를 소유한 대주주이며, 동 회사의 회장인 자로 위 회사 외에도 여러 개의 회사들을 거느린 자이고, 고소인은 주식회사 0000의 주주인 자입니다.

(2) 피고소인은 피고소인의 장녀인 조O숙가 대표이사로 있는 "주식회사 00000"의 대주주이기도 합니다. 하지만 주식회사 0000과 주식회사 00000은 엄연히 다른 회사이고, 더욱이 주식회사 00000은 자본의 잠식으로 재산이 거의 남아 있지 않은 회사이며, 부채도 수십억 원에 이르는 등 부실하기 짝이 없는 회사임에도 피고소인 자신이 대주주이고 피고소인의 장녀가 대표이사로 있다는 이유로 범죄사실과 같이 액면금 25억 원의 약속어음에 주식회사 0000 대표이사의 배서를 하게 하였습니다.

(3) 피고소인은 고소인을 비롯한 주주들에게 자신은 이사회결의를 거쳐서 배서를 하였기 때문에 아무런 문제가 없다고 주장하나, 주식회사 0000의 75%의 주식을 소유하고 있으며 회장이기도 한 피고소인의 지시에 따르지 않을 이사는 아무도 없기에 이 사건 이사회결의는 의미가 없는 것으로 피고소인의 범행에 문제가 되지 않는 것입니다.

(4) 또한, 피고소인은 주식회사 00000의 대주주이며, 자신의 딸이 이 회사의 대표이사로 있기 때문에 피고소인의 변명과는 달리 주식회사 00000이 심한 자본잠식으로 부실하기 짝이 없는 회사라는 것을 누구보다도 잘 알고

있었습니다. 그럼에도 불구하고 주식회사 0000 발행의 25억 원 권 약속어음에 주식회사 0000 대표이사의 배서를 하게 하였고 결국 동액 상당의 손해를 주식회사 0000에 끼친 것입니다.

(5) 피고소인은 수천억 원의 재산을 가진 갑부인 자로 위 25억 원이라는 돈은 피고소인 재산에 비하면 보잘 것 없는 것임에도 피고소인은 자신의 재산으로 위 25억 원을 해결하지 않고 그 피해를 고스란히 주식회사 0000 주주들에게 끼치고 있으면서도 자신은 아무 잘못이 없다며 책임회피로 일관하고 있습니다.

(6) 주식회사 0000 임직원들과 주주들은 피고소인의 위와 같이 뻔뻔한 범행을 목격하고서도 피고소인이 워낙 영향력이 큰 인물이라는 이유로 지레 겁을 먹고 아무런 이의제기를 하지 못하고 있습니다. 이에 피고소인의 선의적인 해결이 불가능하다고 판단한 고소인은 부득이 이 사건 고소에 이르렀으니 부디 엄정한 수사로 피고소인을 엄벌하여 주시기 바랍니다.

6. 첨부자료

(1) 법인등기부등본   2부
(2) 약속어음 사본   1부

7. 관련사건의 수사 및 재판 여부

① 중복 고소 여부	본 고소장과 같은 내용의 고소장을 다른 검찰청 또는 경찰서에 제출하거나 제출하였던 사실이 있습니다 □ / 없습니다 ☑
② 관련 형사사건 수사 유무	본 고소장에 기재된 범죄사실과 관련된 사건 또는 공범에 대하여 검찰청이나 경찰서에서 수사 중에 있습니다 □ / 수사 중에 있지 않습니다 ☑
③ 관련 민사소송 유무	본 고소장에 기재된 범죄사실과 관련된 사건에 대하여 법원에서 민사소송 중에 있습니다 □ / 민사소송 중에 있지 않습니다 ☑

본 고소장에 기재한 내용은 고소인이 알고 있는 지식과 경험을 바탕으로 모두 사실대로 작성하였으며, 만일 허위사실을 고소하였을 때에는 형법 제156조 무고죄로 처벌받을 것임을 서약합니다.

2000. 00. 00.

고 소 인   박 ○ 호   ㉞

서울○○지방검찰청 귀중

【유사사건 판례요지】

배임죄의 주체로서 '타인의 사무를 처리하는 자'란 타인과의 대내관계에서 신의성실의 원칙에 비추어 그 사무를 처리할 신임관계가 존재한다고 인정되는 자를 의미하고, 반드시 제3자에 대한 대외관계에서 그 사무에 관한 대리권이 존재할 것을 요하지 않으며, 나아가 업무상 배임죄에서 업무의 근거는 법령, 계약, 관습의 어느 것에 의하건 묻지 않고, 사실상의 것도 포함한다.
(출처 : 대법원 2002. 6. 14. 선고 2001도3534 판결)

20. 사례 [특경 배임 (펀드회사)]

고 소 장

1. 고소인

조O숙 (000000-0000000)
서울시 00구 00동 00, 00아파트 000동 000호
연락처 : 010-0000-0000

2. 피고소인

0000 주식회사 대표이사 OOO
서울시 00구 00동 000, 00빌딩 00층
연락처 : 02-0000-0000

3. 고소취지

고소인은 피고소인을 특정경제범죄 가중처벌 등에 관한 법률위반죄(업무상배임)로 고소하오니 조사하시어 엄벌하여 주시기 바랍니다.

4. 범죄사실

피고소인은 각종 펀드 판매 및 운영을 업으로 하는 법인으로, 2000. 00.초순경 대대적인 매스컴 광고와 함께 코스피 200 우량종목에 투자하는 "000펀드" 가입자들을 모집하기 시작하였고, 2000. 00. 00.경부터 모집금액 약 2천억 원으로 펀드자금을 운영하기 시작하였으면, 주식투자 전문회사로 펀드 가입자들에게 알려준 "000펀드운영규정"에 맞추어 건전하게 펀드자금을 운영하여야 할 업무상 임무가 있음에도 그 임무에 위배하여,

    2000. 00. 00.부터 2000. 00. 00.까지 피고소인이 위 펀드가입자들에게 알려준 위 펀드 운영규정과는 달리 코스피 200종목이 아닌 코스닥 투기종목들에 약 500억 원을 투자하고, 역시 코스피 200종목이 아니면

서 피고소인 회사와 연관이 많은 코스피 부실 종목들에 약 500억 원을 투자하는 등 위 펀드자금을 부실하게 운영하여 약 600억 원 상당의 손실을 입혔습니다.

5. 고소이유

(1) 피고소인은 각종 펀드 운영과 주식 거래중개 등을 영업으로 하는 회사이고, 고소인은 피고소인 회사 "000펀드"에 금 1억 원을 가입하였던 자입니다. 피고소인은 2000. 00.경 대대적인 매스컴 광고와 함께 코스피 200 우량 종목에 투자하는 "000펀드"가입자들을 모집하기 시작하였고, 그 후 모집금액 약 2천억 원으로 2000. 00. 00.부터 펀드운영을 본격적으로 시작하였습니다.

(2) 피고소인이 000펀드 가입자들의 자금으로 펀드운영을 시작하였으면, 피고소인 회사가 펀드 가입자들에게 알려준 000펀드운영규정에 맞게 코스피 200 우량종목에 펀드자금을 투자하여야 할 업무상의 임무가 있음에도 그 임무에 위배하여, 고객들에게 계속적으로 광고하고 위 펀드를 계약할 때 고객들에게 제시하였던 "000펀드투자운영규정"에 맞게 펀드자금을 운영하지 않고, 2000. 00. 00.부터 2000. 00. 00.까지 코스피 200종목이 아닌 코스닥 투기종목들에 약 500억 원을 투자하였고, 역시 코스피 200종목이 아니면서 피고소인 회사와 연관이 많은 코스피 소형주 부실종목들에 약 500억 원을 투자하는 등 위 펀드자금을 부실하게 운영하여 약 600억 원 상당의 손실을 입혔습니다.

(3) 이에 고소인을 비롯한 위 펀드가입자들이 피고소인 회사를 찾아가 펀드운영 담당자와의 면담을 요청하여도 이를 거부하고, 투자자들이 왜 펀드자금 운영규정이나 피고소인 회사에서 광고시 가입자들에게 알려준 대로 코스피 200 우량종목에 투자하지 않았는지를 따지자 피고소인 회사의 직원들은 광고는 광고일 뿐이고, 펀드자금운영규정 역시 지침적인 규정으로 펀드자금 운영자가 반드시 따라야 하는 것을 아니라는 등의 터무니없는 말로 펀

드 가입자들을 현혹시키며 책임을 회피하기에 급급하였습니다.

(4) 또한, 피고소인 회사가 오직 자신만을 위하여 회사 수익에 유리한 방향으로 위 펀드자금을 운영하였다는 정황들이 나타나고 있는 바, 이는 피고소인이 피고소인 회사와 관련이 많거나 오직 피고소인의 수익만을 위하여 코스피 200종목 외의 투기성이 강한 부실 소형주들을 위 펀드자금으로 대량 매입하였다는 사실입니다. 즉 피고소인은 위 펀드가입자들의 이익이 아닌 피고소인 자신의 이익만을 위하여 위 펀드자금을 마음대로 운영하였다는 것입니다.

(5) 고소인을 비롯한 많은 이 사건 펀드가입자들이 위와 같은 투기성이 강한 코스닥 종목들과 피고소인 회사와 관련이 많은 부실한 코스피 소형주들을 매입하는데 이 사건 펀드자금을 사용할 것이란 것을 알았다면 위 펀드에 가입할 하등의 이유가 없습니다. 즉 고소인을 비롯한 위 펀드가입자들은 피고소인 회사에서 위 펀드자금을 안전한 코스피 종목들 중에서도 더욱 안전한 코스피 200종목에 위 펀드자금을 투자한다고 하여 위 펀드에 가입한 것입니다. 그럼에도 불구하고 피고소인은 위 펀드자금을 위 범죄사실과 같이 마구 운영하였습니다.

(6) 위와 같이 피고소인이 고소인과 같은 위 펀드가입자들의 이익이 아닌 피고소인 회사의 이익을 위하여 위 펀드자금을 마음대로 운영하여 위 펀드에 약 600억 원의 손실을 입힌 행위는 명백한 배임행위로 이는 처벌받아야 마땅한 것이기에 고소인은 부득이 이 사건 고소에 이르렀습니다. 부디 엄정한 수사로 피고소인을 엄벌하여 주시기 바랍니다.

6. 첨부자료

(1) OOO펀드자금 운영실적　　　　　　　　　　　　　　　　20부
(2) 펀드가입증서　　　　　　　　　　　　　　　　　　　　　1부
(3) 법인등기부등본　　　　　　　　　　　　　　　　　　　　1부

7. 관련사건의 수사 및 재판 여부

① 중복 고소 여부	본 고소장과 같은 내용의 고소장을 다른 검찰청 또는 경찰서에 제출하거나 제출하였던 사실이 있습니다 ☐ / 없습니다 ☑
② 관련 형사사건 수사 유무	본 고소장에 기재된 범죄사실과 관련된 사건 또는 공범에 대하여 검찰청이나 경찰서에서 수사 중에 있습니다 ☐ / 수사 중에 있지 않습니다 ☑
③ 관련 민사소송 유무	본 고소장에 기재된 범죄사실과 관련된 사건에 대하여 법원에서 민사소송 중에 있습니다 ☐ / 민사소송 중에 있지 않습니다 ☑

본 고소장에 기재한 내용은 고소인이 알고 있는 지식과 경험을 바탕으로 모두 사실대로 작성하였으며, 만일 허위사실을 고소하였을 때에는 형법 제156조 무고죄로 처벌받을 것임을 서약합니다.

2000. 00. 00.

고 소 인   조 ○ 숙   ㊞

서울○○지방검찰청 귀중

【유사사건 판례요지】

배임죄에 있어 재산상의 손해를 가한 때라 함은 현실적인 손해를 가한 경우뿐만 아니라, 재산상 실해 발생의 위험을 초래한 경우도 포함되고, 재산상 손해의 유무에 대한 판단은 본인의 전 재산 상태와의 관계에서 법률적 판단에 의하지 아니하고 경제적 관점에서 파악하여야 하며, 따라서 법률적 판단에 의하여 당해 배임행위가 무효라 하더라도 경제적 관점에서 파악하여 배임행위로 인하여 본인에게 현실적인 손해를 가하였거나 재산상 실해 발생의 위험을 초래한 경우에는 재산상의 손해를 가한 때에 해당되어 배임죄를 구성한다.
(출처 : 대법원 2005. 9. 29. 선고 2003도4890 판결)

21. 사례 [배임 (부동산이중매매)]

고 소 장

1. 고소인

　　　최O철 (000000-0000000)
　　　서울특별시 00구 00동 00, 000연립 0동 000호
　　　연락처 : 010-0000-0000

2. 피고소인

　　(1) 남O호 (000000-0000000)
　　　　서울시 000구 00동 000, 00아파트 00동 000호
　　　　연락처 : 010-0000-0000
　　(2) 김O길 (000000-0000000)
　　　　서울시 00구 00동 000-00, 000공인중개사무소
　　　　연락처 : 010-0000-0000

3. 고소취지

고소인은 피고소인들을 특정경제범죄 가중처벌 등에 관한 법률위반죄(배임)로 고소하오니 조사하시어 엄벌하여 주시기 바랍니다.

4. 범죄사실

피고소인은 남O호는 강원도 평창군 00면 00리 산 000-00 소재 임야 5만 평의 소유자인 자이고, 피고소인 김O길은 서울시 000구 00동 000-00 소재 "000부동산중개사무소" 대표인 자로, 사실은 2000. 00. 00. 피고소인 남O호가 피고소인 김O길의 중개로 위 임야 5만 평을 매매대금 25억 원에 고소인과 매매계약을 체결하면서 계약금 2억 5천만 원을 수령하고, 같은 달 30. 중도금 10억 원을 수령하였으면 잔금일인 2000. 00. 00.에 잔금수령과 동시에 매수

인인 고소인 명의로의 소유권이전등기에 협력할 임무가 있음에도 그 임무에 위배하여, 피고소인들은 공모 공동하여,

　　2000. 00. 00. 위 부동산중개사무소에서 피고소인 남O호는 피고소인 김O길의 적극적인 중개로 위 임야 5만 평을 매수인인 "OO건설 주식회사"에 매매대금 50억 원에 매매하는 매매계약을 체결하고 당일 매매대금 전액을 수령하고, 그 다음날 소유권이전등기까지 해주어 배임의 죄를 범하였습니다.

5. 고소이유

(1) 피고소인은 남O호는 강원도 평창군 OO면 OO리 산 000-00 소재 임야 5만 평의 소유자인 자이고, 피고소인 김O길은 서울시 000구 00동 000-00 소재 000부동산중개사무소 대표인 자이며, 고소인은 피고소인 남O호의 위 임야를 매수한 자입니다.

(2) 즉, 피고소인 남O호는 2000. 00. 00. 위 부동산중개사무실에서 피고소인 김O길의 중개로 위 임야 5만 평을 평당 5만 원씩, 매매대금 25억 원에 고소인과 매매계약을 체결하면서 계약금 2억 5천만 원을 피고소인 남O호의 OO은행 000-000000-000-0계좌로 온라인 송금 받아 이를 수령하였고, 같은 달 30. 중도금 10억 원을 역시 위 계좌로 온라인 송금 받아 수령하였습니다. 때문에 피고소인 남O호는 잔금일인 2000. 00. 00.에 고소인으로부터 잔금을 수령 받음과 동시에 매수인인 고소인 명의로의 소유권이전등기에 협력할 임무가 있습니다.

(3) 위와 같은 사실을 잘 알고 있는 피고소인 김O길은 위 임야를 고소인 가격의 배를 준다는 OO건설 주식회사의 제안에 현혹되어 OO건설 주식회사를 피고소인 남O호에게 소개하면서 남O호에게 배임행위를 적극적으로 제안하고, 고소인의 잔금일인 2000. 00. 00. 이전에 OO건설 주식회사로 위 임야의 소유권이전등기를 마치기 위해 매매대금 50억 원의 일시지급을 꺼리

는 OO건설 주식회사 대표이사 이O영에게 일시금으로 전액을 지급하면 5천만 원을 깎아주겠다라는 등의 제안을 하고 이를 실행시키는 등 위 2중매매 행위를 적극적으로 중개 및 알선하였습니다.

(4) 위와 같은 이유로 결국 2000. 00. 00. 위 부동산중개사무소에서 피고소인 남O호는 피고소인 김O길의 중개로 위 임야 5만 평을 매수인 OO건설 주식회사와 매매대금 50억 원에 계약을 체결하고 할인해 주기로 한 5천만 원을 제외한 매매대금 전액을 당일 수령하고, 바로 그 다음날 소유권이전등기까지 마쳐 주었습니다.

(5) OO건설 주식회사에 위 임야가 소유권이전등기 된 사실을 모르고 있던 고소인은 잔금을 준비하는 과정에서 위 임야를 담보로 대출을 받기 위하여 2000. 00. 00. OO은행 OO지점을 방문하였는데 위 은행 대출담당 직원이 위 임야가 OO건설로 소유권이 이전등기 되었다는 사실을 알려주었고 이에 놀란 고소인이 위 부동산중개사무소를 찾아가 피고소인 김O길을 만나 위 임야 2중매매 사실을 항의하자, 피고소인 김O길은 자신은 모르는 일이라며 발뺌을 하면서 소유자에게 말하여 계약금과 중도금을 돌려주겠다는 말을 하였습니다.

(6) 이에 고소인은 위 임야의 소유자인 피고소인 남O호를 찾아가 역시 위 임야 2중 매매사실을 항의하자 피고소인 남O호는 미국에 있는 동생이 교통사고를 당하여 빨리 미국에 가야하기 때문에 빨리 이전등기를 마치려고 같은 가격에 다른 사람과 계약하고 처리하였다면서 고소인의 계약금과 중도금 그리고 위로금조로 금 5천만 원을 주겠다며 고소인의 계좌를 적어 달라고 말하였습니다.

(7) 고소인이 피고소인들을 만나는 과정에서 너무도 석연치 않은 점이 많아 결국 고소인은 OO건설 주식회사 대표이사 이O영을 찾아가 그간의 사정을 이야기하고 어떻게 위 임야의 소유권을 이전받게 되었는지 묻자, 이O영은 처음 듣는 이야기라며 OO건설에서 위 임야를 매입하게 된 이야기를 해주

었습니다.

(8) 결국 고소인은 피고소인들이 이미 고소인과 매매계약하고 중도금까지 받은 위 임야를 고소인의 가격에 배를 준다는 00건설이 나타나자 25억 원 가량의 돈을 더 받기 위해 고소인과의 계약을 무시하고 00건설에 위 임야를 넘겼고, 부동산중개인인 피고소인 김O길은 새로운 매수자 00건설이 위 임야의 가격을 50억 원에 매입할 의사가 있다는 사실을 알고 피고소인 남O호에게 위 임야를 00건설에 매도할 것을 적극적으로 설득하였고, 역시 25억 원의 이익에 탐이 난 남O호 역시 김O길에게 중개수수료를 3천만 원 더 주기로 하고 00건설과의 계약을 성사시킬 것을 부탁하였다는 사실도 고소인이 알게 되었습니다.

(9) 사실이 위와 같음에도 피고소인 김O길은 고소인에게 2중 매매사실을 전혀 모르는 척하며 숨겼고, 피고소인 남O호 역시 거짓말로 고소인을 속이려 하였습니다. 그동안 고소인은 위 임야를 매입하기 위해 오랜 기간 준비를 하였고, 위 임야에서 시작할 목장사업을 위해 많은 시간과 비용을 투입한 상태입니다. 피고소인들은 고소인이 위 임야를 매입하지 못하면 어떠한 손실을 입게 될 것인지도 전혀 생각하지 않고 오직 자신들의 이익을 위해서 고소인과의 계약을 무시하고 이 사건 부동산 2중 매매를 감행하였습니다.

(10) 이에 너무도 억울한 고소인은 부득이 이 사건 고소를 하오니 철저한 수사로 다른 사람의 손해는 무시하고 오직 자신들이 이익만을 위하여 배임행위를 저지른 피고소인들을 엄벌하여 주시기 바랍니다.

6. 첨부자료

(1) 매매계약서 사본   2부
(2) 부동산등기부등본   1부
(3) 송금확인서   2부
(4) 법인등기부등본   1부

7. 관련사건의 수사 및 재판 여부

① 중복 고소 여부	본 고소장과 같은 내용의 고소장을 다른 검찰청 또는 경찰서에 제출하거나 제출하였던 사실이 있습니다 □ / 없습니다 ☑
② 관련 형사사건 수사 유무	본 고소장에 기재된 범죄사실과 관련된 사건 또는 공범에 대하여 검찰청이나 경찰서에서 수사 중에 있습니다 □ / 수사 중에 있지 않습니다 ☑
③ 관련 민사소송 유무	본 고소장에 기재된 범죄사실과 관련된 사건에 대하여 법원에서 민사소송 중에 있습니다 □ / 민사소송 중에 있지 않습니다 ☑

본 고소장에 기재한 내용은 고소인이 알고 있는 지식과 경험을 바탕으로 모두 사실대로 작성하였으며, 만일 허위사실을 고소하였을 때에는 형법 제156조 무고죄로 처벌받을 것임을 서약합니다.

2000. 00. 00.

고 소 인   최 ○ 철   ㊞

서울○○지방검찰청 귀중

【유사사건 판례요지】

부동산의 매도인은 그 매매계약이 채권적으로라도 유효하여 그 매수인에 대하여 소유권이전등기절차에 협력할 의무를 지는 경우에 한하여 배임죄의 주체 즉 타인의 사무를 처리할 자의 지위에 있는 것이어서 매도인이 부동산을 이중으로 매도하는 등의 임무위배행위를 하면 이를 배임죄로 처벌할 수 있고, 그 임무위배행위 당시 부동산의 소유명의가 매도인 아닌 제3자 앞으로 되어 있다 하더라도 그 소유권이전등기를 매수인에게 경료하여 줄 수 있는 지위 즉, 매수인을 위한 등기협력임무가 이행가능한 지위에 있으면, 배임죄의 성립에 지장이 없다.
(출처 : 대법원 1993. 4. 9. 선고 92도2431 판결)

22. 사례 [배임 (계주)]

고 소 장

1. 고소인

　　　　지O숙 (000000-0000000)
　　　　서울시 00구 00동 00, 000아파트 00동 000호
　　　　연락처 : 010-0000-0000

2. 피고소인

　　　　최O자 (000000-0000000)
　　　　서울시 00구 00동 00, 000아파트 00동 0000호
　　　　연락처 : 010-0000-0000

3. 고소취지

고소인은 피고소인을 배임죄로 고소하오니 조사하시어 엄벌하여 주시기 바랍니다.

4. 범죄사실

피고소인은 서울시 00구 00동 00아파트 부녀회 회원들이 결성한 "00낙찰계"의 계주인 자로, 동 낙찰계에서 낙찰을 받은 계원에게 계금 2,000만 원을 주어야 할 임무가 있음에도 그 임무에 위배하여,

2000. 00. 00. 20:00경 위 아파트 부근 00식당에서 모인 위 계모임에서 고소인이 낙찰이 되었음에도 고소인에 대한 사적인 악감정으로 계금 2,000만 원을 지급하지 않았습니다.

5. 고소이유

(1) 피고소인은 위 00아파트 부녀회장으로 활동하면서 동 부녀회 회원들로 구

성된 "00낙찰계"의 계주를 맡고 있는 자이고, 고소인은 위 낙찰계의 계원입니다.

(2) 위 낙찰계는 계원들이 매월 말일경 계주가 정하는 00아파트 부근 식당에 모여 가장 적은 금액을 가져가면서 가장 많은 이자를 부담하는 조건을 써 내는 사람이 낙찰을 받으면, 계주가 계원들로부터 걷은 계금 2,000만 원 가량을 받아가는 방식으로 운영되는 낙찰계로 고소인은 위 낙찰계가 구성된 이후 20개월 간 매달 참석하여 월 80만 원 정도를 부담하여 왔습니다.

(3) 그런데 20번째 되는 계모임에서 위 범죄사실과 같이 고소인이 낙찰이 되었음에도 피고소인은 고소인에 대한 사적인 악감정으로 곗돈을 내지 않는 계원들이 많아 돈이 없다는 터무니없는 이유로 고소인에게 계금을 주지 않았던 것입니다.

(4) 즉, 고소인은 올해 3월경 00아파트 부녀회 전년도 결산보고를 하던 자리에서 부녀회의 방만한 공금사용과 그 회계서류들의 미비를 문제 삼아 투명한 회계처리를 요구한 사실이 있는데, 당시 피고소인은 많은 회원들 앞에서 고소인 때문에 망신을 당하였다고 생각하고 고소인과 언쟁을 한 사실이 있습니다. 이때의 악감정으로 피고소인은 고소인을 만날 때나 부녀회 활동을 할 때는 늘 고소인의 배제시키고, 부녀회원들에게 고소인은 혼자 사는 여자로 품행이 나쁘다는 등의 악담을 하고 다녀, 고소인이 피고소인을 찾아가 항의하는 과정에서 심한 다툼을 하여 경찰이 출동하는 불상사도 있었습니다.

(5) 이후 사사건건 피고소인은 고소인과 의견다툼을 해왔는데 이번 계모임에서도 낙찰된 고소인이 당연히 받아가야 할 계금을 주지 않는 방법으로 고소인에게 악행을 범하고 있는 것입니다. 위 계모임에서 계금이 없어 곗돈을을 줄 수 없다며 피고소인이 도망가듯이 자리를 박차고 나간 직후 고소인은 당시 모여 있던 계원들에게 곗돈을 내지 않거나 연체된 사람이 있는지

확인하였는데 당시 그런 사람은 한 사람도 없었습니다.

(6) 당시 계원들 모두는 이전과 같이 전날 피고소인이 핸드폰으로 계원들에게 알려준 피고소인 명의의 00은행 00지점 000-000000-000계좌로 곗돈을 전부 입금했었습니다. 즉 피고소인은 위 사건이 나던 날 이미 계금을 받아두었기 때문에 낙찰이 된 고소인에게 그 계금을 주어야 함에도 고소인과의 사적인 악감정으로 계주로 하여서는 안 될 범행을 저지른 것입니다.

(7) 위와 같은 사건 이후 고소인은 피고소인에게 전화하여 고소인이 낙찰 받은 계금을 줄 것을 강하게 요구하였으나, 피고소인은 계와는 관련이 없는 위와 같은 불미스러운 일들을 문제 삼아 고소인이 자신을 찾아와 무릎 꿇고 빌지 않으면 계금을 줄 수 없다며 막무가내 식으로 억지를 부리고 있어, 더 이상 선의적인 해결이 불가능하다고 판단한 고소인은 부득이 이 사건 고소에 이르렀습니다. 부디 공과 사를 구분하지 못하고 계주로서의 당연히 해야 할 일을 하지 않고 고소인에게 피해를 입히고 있는 피고소인을 엄벌하여 주시기 바랍니다.

6. 첨부자료

(1) 곗돈 불입 통장사본   00부
(2) 피고소인의 핸드폰문자출력분   00부

7. 관련사건의 수사 및 재판 여부

① 중복 고소 여부	본 고소장과 같은 내용의 고소장을 다른 검찰청 또는 경찰서에 제출하거나 제출하였던 사실이 있습니다 □ / 없습니다 ☑
② 관련 형사사건 수사 유무	본 고소장에 기재된 범죄사실과 관련된 사건 또는 공범에 대하여 검찰청이나 경찰서에서 수사 중에 있습니다 □ / 수사 중에 있지 않습니다 ☑
③ 관련 민사소송 유무	본 고소장에 기재된 범죄사실과 관련된 사건에 대하여 법원에서 민사소송 중에 있습니다 □ / 민사소송 중에 있지 않습니다 ☑

본 고소장에 기재한 내용은 고소인이 알고 있는 지식과 경험을 바탕으로 모두 사실대로 작성하였으며, 만일 허위사실을 고소하였을 때에는 형법 제156조 무고죄로 처벌받을 것임을 서약합니다.

2000. 00. 00.

고 소 인   지 ○ 숙   ㊞

서울○○경찰서 귀중

【유사사건 판례요지】

배임죄에 있어서 그 임무에 위배하는 행위라 함은 처리하는 사무의 내용, 성질 등 구체적 상황에 비추어 법률의 규정, 계약의 내용 혹은 신의칙상 당연히 할 것으로 기대되는 행위를 하지 않거나 당연히 하지 않아야 할 것으로 기대하는 행위를 함으로써 본인과 사이의 신임관계를 저버리는 일체의 행위를 포함하며, 재산상의 손해를 가한 때라 함은 현실적인 손해를 가한 경우뿐만 아니라 재산상 실해 발생의 위험을 초래한 경우도 포함되고, 재산상 손해의 유무에 대한 판단은 본인의 전재산 상태와의 관계에서 법률적 판단에 의하지 아니하고 경제적 관점에서 파악하여야 하며, 따라서 법률적 판단에 의하여 당해 배임행위가 무효라 하더라도 경제적 관점에서 파악하여 배임행위로 인하여 본인에게 현실적인 손해를 가하였거나 재산상 실해발생의 위험을 초래한 경우에는 재산상의 손해를 가한 때에 해당되어 배임죄를 구성하는 것이라고 볼 것이다.
(출처 : 대법원 1999. 6. 22. 선고 99도1095 판결)

23. 사례 [배임수증재 (아파트입주자대표)]

고 소 장

1. 고발인

홍O기 (000000-0000000)
부산시 000구 00동 00, 0000아파트 00동 000호
연락처 : 010-0000-0000

2. 피고발인

(1) 최O석 (000000-0000000)
부산시 000구 00동 00, 0000아파트 00동 000호
연락처 : 010-0000-0000

(2) 김O철 (주민등록번호불상)
주소불상
연락처 : 010-0000-0000

3. 고발취지

고발인은 피고발인 최O석을 배임수재죄[15], 피고발인 김O철을 배임증재죄로 각 고발하오니 조사하시어 엄벌하여 주시기 바랍니다.

---

[15] 형법 제357조(배임수증재)
① 타인의 사무를 처리하는 자가 그 임무에 관하여 부정한 청탁을 받고 재물 또는 재산상의 이익을 취득하거나 제3자로 하여금 이를 취득하게 한 때에는 5년 이하의 징역 또는 1천만원 이하의 벌금에 처한다.
② 제1항의 재물 또는 이익을 공여한 자는 2년 이하의 징역 또는 500만원 이하의 벌금에 처한다.
③ 범인 또는 정(情)을 아는 제3자가 취득한 제1항의 재물은 몰수한다. 그 재물을 몰수하기 불가능하거나 재산상의 이익을 취득한 때에는 그 가액을 추징한다.

4. 범죄사실

피고발인 최O석은 부산시 000구 00동 00, "000아파트" 입주자대표인 자이고, 피고발인 김O철은 노점상들의 연합체로 각 아파트 단지들을 찾아다니며 시장을 개장하는 "000 민속장"의 대표인 자이고, 고발인은 위 아파트 주변에서 청과상을 하는 자입니다.

피고발인 최O석은 2000. 00. 00.경 장소불상지에서 피고발인 김O철로부터 위 아파트 어린이 놀이터에 "000 민속장"을 매주 토요일 10:00부터 18:00까지 개장할 수 있도록 도와달라는 부당한 청탁과 함께 금 2,000만 원을 받고 그 승낙을 하여, 위 아파트에 매주 토요일 "000 민속장"을 개장할 수 있도록 해주었고,

피고발인 김O철은 위와 같이 부정한 청탁을 하면서 피고발인 최O석에게 금 2,000만 원을 제공하였습니다.

5. 고발이유

(1) 고발인은 위 아파트 부근에서 10년 이상 청과상 점포를 운영하는 자이고, 피고발인 최O석은 위 아파트 입주자대표를 연임하고 있는 자이며, 피고발인 김O철은 아파트 단지들을 옮겨 다니면서 생선 노점상을 하면서 "000 민속장"의 대표를 맡고 있는 자입니다.

(2) 위 아파트는 약 800세대가 입주한 6동의 건물과 부속 상가로 구성되어 있고 준공을 받을 당시 이미 각 부분별로 다른 기능을 하기로 되어 있기 때문에 위 아파트 단지 내의 어린이 놀이터에 노점상들의 연합체인 "000 민속장"을 개장하면 안 되는 것입니다. 또한 위 아파트 상가 외에 또 다른 상인들이 임의로 위 아파트 단지 내에서 장사를 한다면 위 아파트 단지 주변에서 정상적인 세금과 임대료를 내며 장사를 하는 사람들은 많은 지장을 받게 되고 생계에 막대한 지장을 받을 수밖에 없습니다.

(3) 그럼에도 불구하고 피고발인 최O석은 자신이 위 아파트에서는 상당한 영향력을 끼칠 수 있는 입주자대표를 맡고 있다는 이유로 피고발인 김O철로부터 위 아파트 단지 내의 어린이 놀이터에서 "OOO 민속장"을 개장할 수 있도록 해 달라는 부정한 청탁을 받으면서 금 2,000만 원을 받았고, 실제로 자신의 영향력으로 위 어린이 놀이터에 매주 토요일 "OOO 민속장"이 열리도록 해주었습니다.

(4) 위 아파트에서 매주 토요일 "OOO 민속장"이 개장되므로 인하여 위 아파트 주변의 상인들은 그야말로 죽을 맛입니다. 왜냐하면 위 "OOO 민속장"에서 주변의 상인들이 판매하는 물건들을 모두 팔고 있을 뿐만 아니라 오히려 더 많은 종류의 물건들을 팔고 있기 때문에 매상이 가장 많이 올라야 하는 토요일이면 주변 상가는 손님이 없어 한가한 지경입니다.

(5) 이에 고발인을 포함한 주변 상인들이 위 최O석을 찾아가 항의하고 "OOO 민속장"을 개장시키지 않도록 해 줄 것을 수차례 요구하였으나, 최O석은 주민들이 자치적으로 하는 일이라며 발뺌하고 계속적으로 "OOO 민속장"을 개장시켰습니다. 이에 위 아파트 주변 상인들 중에 "OOO 민속장"에서 장사를 하는 사람들과 친구인 자들이 몇몇 있어 탐문을 해본바, 위 "OOO 민속장"에서 장사를 하는 사람들은 피고발인 김O철의 지시로 장사를 하기 위해 100만 원씩 갹출하여 2천만 원을 만들어 김O철에게 주었고, 김O철은 그 돈을 피고발인 최O석에게 가져다주었다는 사실을 알게 되었습니다.

(6) 이에 더 이상 참을 수가 없게 된 고발인은 죽을 각오로 이 사건 고발을 하기에 이르렀으니, 부디 영세한 주변 상인들을 죽이고 자신의 부당한 이익만을 챙기는 피고발인들을 엄벌하여 주시기 바랍니다.

6. 첨부자료

(1) "OOO 민속장" 현장사진   OO부
(2) 녹취록   O부

7. 관련사건의 수사 및 재판 여부

① 중복 고소 여부	본 고소장과 같은 내용의 고소장을 다른 검찰청 또는 경찰서에 제출하거나 제출 하였던 사실이 있습니다 ☐ / 없습니다 ☑
② 관련 형사사건 수사 유무	본 고소장에 기재된 범죄사실과 관련된 사건 또는 공범에 대하여 검찰청이나 경찰서에서 수사 중에 있습니다 ☐ / 수사 중에 있지 않습니다 ☑
③ 관련 민사소송 유무	본 고소장에 기재된 범죄사실과 관련된 사건에 대하여 법원에서 민사소송 중에 있습니다 ☐ / 민사소송 중에 있지 않습니다 ☑

본 고소장에 기재한 내용은 고소인이 알고 있는 지식과 경험을 바탕으로 모두 사실대로 작성하였으며, 만일 허위사실을 고소하였을 때에는 형법 제156조 무고죄로 처벌받을 것임을 서약합니다.

2000. 00. 00.

고 발 인   홍 ○ 기   ㊞

부산○○경찰서 귀중

【유사사건 판례요지】

형법 제357조 제1항이 규정하는 배임수재죄는 타인의 사무를 처리하는 자가 그 임무에 관하여 부정한 청탁을 받고 재물 또는 재산상 이익을 취득하는 경우에 성립하는 범죄로서 재물 또는 이익을 공여하는 사람과 취득하는 사람 사이에 부정한 청탁이 개재되지 않는 한 성립하지 않는다고 할 것이다. 여기서 '부정한 청탁'이라 함은 반드시 업무상 배임의 내용이 되는 정도에 이를 것을 요하지 않으며, 사회상규 또는 신의성실의 원칙에 반하는 것을 내용으로 하는 것이면 족하고, 이를 판단함에 있어서는 청탁의 내용 및 이와 관련된 대가의 액수, 형식, 보호법익인 거래의 청렴성 등을 종합적으로 고찰하여야 한다.
(출처 : 대법원 2013. 10. 11. 선고 2012도13719 판결)

명예훼손 및 모욕죄

24. 사례 [명예훼손]

고 소 장

1. 고소인

이O희 (000000-0000000)
대구시 00구 00동 000, 0000아파트 00동 0000호
연락처 : 010-0000-0000

2. 피고소인

(1) 최O순 (000000-0000000)
대구시 00구 00동 000, 0000아파트 0동 000호
연락처 : 010-0000-0000
(2) 김O례 (000000-0000000)
대구시 00구 00동 00-0, 000연립주택 0동 000호
연락처 : 010-0000-0000

3. 고소취지

고소인은 피고소인들을 명예훼손죄[16]로 고소하오니 조사하시어 엄벌하여 주시기 바랍니다.

---

16) 형법 제307조(명예훼손) ① 공연히 사실을 적시하여 사람의 명예를 훼손한 자는 2년 이하의 징역이나 금고 또는 500만원 이하의 벌금에 처한다.
② 공연히 허위의 사실을 적시하여 사람의 명예를 훼손한 자는 5년 이하의 징역, 10년 이하의 자격정지 또는 1천만원 이하의 벌금에 처한다.

4. 범죄사실

고소인은 대구시 00구 00동 00-00 소재 00빌딩 2층에서 관광버스사업을 주요 업무로 하는 "00000 주식회사" 관리이사로 근무하는 자이고, 피고소인 최O순은 2000. 00.경부터 약 1년 간 위 회사의 경리사원으로 근무하던 자이며, 피고소인 김O례는 대구시 00구 00동 000, 000아파트 상가에서 "00분식"이라는 상호로 식당업을 하는 자입니다.

    피고소인 최O순은 2000. 00.초순경 불상의 장소에서 피고소인 김O례에게 고소인이 피고소인 최O순을 "일방적으로 해고하고 퇴직금, 연차수당 등을 모두 안 줘서 최O순이 노동청에 고발했다 .", "이O희는 관광버스 사업을 한다는 핑계로 온갖 남자들을 만나고 다닌다", "수시로 관광버스 기사들과 어울려 며칠씩 외박을 한다"라는 등의 사실이 아닌 말로 고소인의 명예를 훼손하였고,

피고소인 김O례는 2000. 00. 00. 18:30경 대구시 00구 00동 000, 000아파트 상가 내 '0000미용실'에서 고소인과 같은 아파트에 사는 고소 외 이O순(여, 43세)과 고소 외 박O순(여, 44세)에게 고소인을 지칭하며 "남의 남편을 뺏어서 사는 년", "관광버스 사업을 한다는 핑계로 온갖 남자들을 만나고 다닌다", "수시로 관광버스 기사들과 어울려 며칠씩 외박을 한다", "월급을 안 줘서 최O순이 노동청에 고발해 작살났다"라는 등의 사실이 아닌 말로 고소인의 명예를 훼손하였습니다.

5. 고소이유

(1) 고소인은 대구시 00구 00동 00-00 소재 00빌딩 2층에서 관광버스사업을 주요 업무로 하는 '00000 주식회사' 관리이사로 근무하는 자이고, 피고소인 최O순은 고소인의 같은 아파트 친구로 고소인의 알선으로 2000. 00.경부터 약 1년 간 위 회사의 경리사원으로 근무하던 자이고, 피고소인 김

O례는 대구시 00구 00동 000, 000아파트 상가에서 '00분식'이라는 상호로 분식집을 하는 여자입니다.

(2) 고소인은 위 아파트 부근 "000찜질방"을 드나들면서 피고소인들을 알게 되었고, 2000. 00.경 피고소인 최O순이 이혼을 당하고 어렵게 산다는 사실을 알게 되어, 고소인에게 늘 친절하던 최O순을 고소인의 회사에 취직을 시켜 경리업무를 맡기기도 하였습니다. 그런데 고소인이 알고 있던 것과 달리 회사 업무를 처리하는 과정에서 최O순이 불성실한 태도를 자주 보이고, 나이 어린 직원들에게도 할 말과 안할 말을 가리지 못하고 마구 떠들고 다녔으나, 딱한 처지를 아는 고소인은 수차례 참으며 최O순이 성실한 자세로 근무하기를 기대하며 기다렸습니다.

(3) 그런데 관광버스를 운영하는 고소인의 회사의 운전기사가 2000. 00.경 큰 교통사고를 내는 바람에 회사가 폐업해야 할 지경에 이르렀고, 이에 회사에서는 직원들과의 상생을 방안을 찾기 위하여 모든 직원들과 월급을 한 달간 감봉하는 문제를 협의하여 그 결정이 되기도 하였습니다. 그런데 그 협의가 있은 지 1주일 정도가 지나 최O순은 고소인에게 급여감봉 때문에 회사를 그만두겠다는 의사를 밝히고, 고소인도 별 수가 없어 그렇게 하라고 알렸습니다.

(4) 한편, 피고소인 김O례는 고소인과 피고소인 최O순이 거주하는 아파트 단지 내 상가에서 분식업을 하는 사람으로 고소인과 피고소인 최O순을 모두 아는 자로, 위 세 사람은 모두 위 찜질방에서 만나 이야기를 나누며 친구가 된 사람들입니다. 그런데 피고소인 최O순이 범죄사실과 같은 터무니없는 거짓말을 피고소인 김O례에게 하였고, 이를 들은 김O례는 고소인에게 사실 확인도 하지 않고 자기가 들은 말에 덧붙여 범죄사실과 같은 험담을 고소인 모르게 하고 다녔던 것입니다.

(5) 위와 같은 사실이 있었음에도 고소인은 피고소인들을 다 아는 사람들이고,

특히 피고소인 최O순을 직원으로 데리고 있던 사정도 있고 하여 어떻게든 조용히 넘어가려고 하였으나, 날이 갈수록 피고소인들의 험담은 도를 더해가고 급기야 피고소인 김O례가 고소인에 대한 터무니없는 험담을 해대는 것을 다 들은 고소인과 같은 아파트 부녀회 회원인 이O순(여, 43세)과 박O순(여, 44세)이 고소인에게 그런 사실을 알려주기에 이르렀습니다.

(6) 이 사건 고소를 하기 전에도 고소인은 피고소인들을 위 찜질방에서 만났을 때, 피고소인들에게 사과할 것과 다시는 고소인을 모함하고 다니지 말 것을 요구하였으나, 피고소인들은 적반하장으로 그런 말을 하고 다닌 적이 없는데 제발이 저린 고소인이 난리를 친다고 고함고함 지르며 많은 사람들 앞에서 난동을 부리며 전혀 반성의 모습을 보이지 않아, 이제는 더 이상 참을 수가 없게 된 고소인이 부득이 이 사건 고소를 하기에 이르렀습니다. 부디 철저한 수사로 피고소인들을 엄벌하여 주시기 바랍니다.

6. 첨부자료

   (1) 사실확인서   2부

7. 관련사건의 수사 및 재판 여부

① 중복 고소 여부	본 고소장과 같은 내용의 고소장을 다른 검찰청 또는 경찰서에 제출하거나 제출하였던 사실이 있습니다 ☐ / 없습니다 ☑
② 관련 형사사건 수사 유무	본 고소장에 기재된 범죄사실과 관련된 사건 또는 공범에 대하여 검찰청이나 경찰서에서 수사 중에 있습니다 ☐ / 수사 중에 있지 않습니다 ☑
③ 관련 민사소송 유무	본 고소장에 기재된 범죄사실과 관련된 사건에 대하여 법원에서 민사소송 중에 있습니다 ☐ / 민사소송 중에 있지 않습니다 ☑

본 고소장에 기재한 내용은 고소인이 알고 있는 지식과 경험을 바탕으로 모두 사실대로 작성하였으며, 만일 허위사실을 고소하였을 때에는 형법 제156조 무고죄로 처벌받을 것임을 서약합니다.

2000. 00. 00.

고 소 인   이 ○ 희   ㉑

대구○○경찰서 귀중

【유사사건 판례요지】

명예훼손죄에 있어서 공연성은 불특정 또는 다수인이 인식할 수 있는 상태를 의미하므로 비록 개별적으로 한 사람에 대하여 사실을 유포하더라도 이로부터 불특정 또는 다수인에게 전파될 가능성이 있다면 공연성의 요건을 충족한다 할 것이지만, 이와 달리 전파될 가능성이 없다면 특정한 한 사람에 대한 사실의 유포는 공연성을 결한다 할 것이다.
(출처 : 대법원 2000. 2. 11. 선고 99도4579 판결)

25. 사례 [명예훼손 (인터넷)]

고 소 장

1. 고소인

　　　　전O식 (000000-0000000)
　　　　경기도 00시 000동, 00000아파트 000동　000호
　　　　연락처 : 010-0000-0000

2. 피고소인

　　　　신O철 (000000-0000000)
　　　　경기도 00시 000동, 00000아파트 000동 000호
　　　　연락처 : 010-0000-0000

3. 고소취지

고소인은 피고소인을 정보통신망이용촉진및정보보호등에관한법률[17])위반(명예훼손)죄로 고소하오니 조사하시어 엄벌하여 주시기 바랍니다.

4. 범죄사실

고소인은 경기도 00시 000동, "00000아파트" 노인회장 및 입주자대표회의 회장으로 맡고 있는 자이고, 피고소인은 위 아파트단지 내에 거주하는 자입니다.
　　피고소인은 2000. 00. 00. 20:00경부터 22:00경까지 위 아파트에서 운

---

17) 정보통신망이용촉진및정보보호등에관한법률 제70조(벌칙)
　① 사람을 비방할 목적으로 정보통신망을 통하여 공공연하게 사실을 드러내어 다른 사람의 명예를 훼손한 자는 3년 이하의 징역 또는 3천만원 이하의 벌금에 처한다.
　② 사람을 비방할 목적으로 정보통신망을 통하여 공공연하게 거짓의 사실을 드러내어 다른 사람의 명예를 훼손한 자는 7년 이하의 징역, 10년 이하의 자격정지 또는 5천만원 이하의 벌금에 처한다.
　③ 제1항과 제2항의 죄는 피해자가 구체적으로 밝힌 의사에 반하여 공소를 제기할 수 없다.

영하는 인터넷 카페에 "우리 아파트 노인회장이 부녀회 임원 3명과 송도로 놀러가서 별 짓을 다하고 왔다", "그 경비는 아파트 입주자대표회의 공금으로 사용하였다", "입주자대표회의 회장은 이미 아파트공금을 빼먹는 데는 도통한 사람이다", "얼마 남지도 않은 것 같은데 왜 저리 욕심이 많을까"라는 등의 사실이 아닌 글을 약 10분간 위 사이트 인터넷 게시판에 올렸다가 다시 10분 가량은 같은 글을 내렸다가 하는 방법으로 불특정 다수에서 6~7회 게시하여 고소인의 명예를 훼손하였습니다.

5. 고소이유

(1) 고소인은 교육직 공무원을 정년퇴임하고 현재는 경기도 OO시 OOO동 소재 OOOOO아파트 노인회장 및 입주자대표회의 회장으로 맡고 있는 자이고, 피고소인 신O철은 위 아파트단지 내 상가에서 부동산중개소를 하며 위 아파트 OOO동 OOOO호에 거주하는 자입니다.

(2) 피고소인이 위 아파트의 노인회에서 자기보다 10년 이상 나이가 많은 노인들에게 화를 내고 심하게 다투기도 하여 고소인은 수차례 자중할 것을 권유하고 어떤 때는 황당한 말을 하는 피고소인을 나무라기도 하였습니다. 그런 이유로 위 노인회에도 나오지 않게 된 피고소인은 자신의 부동산사무소로 찾아오는 위 아파트 단지 내의 사람들에게 위 아파트 노인회와 입주자대표회의를 모함하더니 최근에는 피고소인 보다 7살이나 더 많은 고소인을 노골적으로 비방하고 다녔습니다.

(3) 하지만 고소인은 노인회 회장이라는 이유로 피고소인을 설득하고 타일러 원만한 노인회가 될 수 있도록 자중해 달라고 수차례 만나 이야기도 나누었으나 오히려 피고소인은 고소인을 더욱 만만히 보고 허위의 사실로 피고소인을 모함하다가 급기야 고소인은 물론 노인회에서 위 아파트 부녀회 임원들과 송도나 그 어디도 놀러간 사실이 없는데도 위 아파트 인터넷 카페에 위 범죄사실과 같이 "우리 아파트 노인회장이 부녀회 임원 3명과 송도

로 놀러가서 별 짓을 다하고 왔다"라는 터무니없이 고소인을 모함하는 글을 올렸는데 그 내용 속에는 고소인이 마치 여자들을 좋아해서 부정한 짓을 하고 다니는 사람으로 위 아파트 주민들에게 알리려는 뜻이 들어있습니다.

(4) 또한 피고소인은 위 사이트에 "그 경비는 아파트 입주자대표회의 공금으로 사용하였다", "입주자대표회의 회장은 이미 아파트공금을 빼먹는 데는 도통한 사람이다", "얼마 남지도 않은 것 같은데 왜 저리 욕심이 많을까"라는 글을 몰려 고소인이 마치 위 아파트 입주자대표회의 공금을 마음대로 횡령하는 사람일 뿐 아니라 그 전문가인 양 비난하고, 나이가 많아 살날이 얼마 남지 않은 고소인이 욕심이 많아 아파트 공금을 빼 먹는 사람인 것으로 위 아파트 주민들에게 고소인을 모함하고 있습니다.

(5) 그러면서도 피고소인은 교활하게 위와 같은 글을 위 사이트에 계속적으로 올려놓으면 고소인에게 발각 될까봐 약 10분간은 위 사이트 인터넷 카페에 올렸다가 다시 10분간은 같은 글을 내렸다가 하는 방법으로 6~7회 게시하여 고소인의 명예를 크게 훼손하였습니다.

(6) 고소인은 위와 같은 피고소인의 범행을 모르고 있었는데 위 아파트 인터넷 사이트를 관리하는 분이 첨부자료와 같이 피고소인이 위와 같은 글을 위 아파트 인터넷 사이트에 올려놓은 것을 캡쳐하여 고소인에게 건네주면서 그 사실을 알려주어 결국 고소인이 피고소인의 범행을 알게 되었습니다.

(7) 하지만 고소인은 같은 아파트 주민이고 같은 노인회 소속인 피고소인을 한 번 더 설득해 보려고 피고소인에게 전화를 하여 왜 고소인을 모함하는 글을 인터넷 사이트에 올렸는지 물어보고 만나서 이야기 하자고 권하였으나, 피고소인은 자신은 그런 글을 올린 적도 없고, 고소인을 만나고 싶지도 않다며 발뺌만 하며 억지를 부려 고소인은 부득이 이 사건 고소에 이르렀습니다.

(8) 부디 바쁘시더라도 철저한 수사로 피고소인을 엄벌하여 다시는 다른 사람의 명예를 함부로 훼손하지 못하도록 해주시기를 소망합니다.

6. 첨부자료

(1) 인터넷 사이트 캡쳐 장면   10부

7. 관련사건의 수사 및 재판 여부

① 중복 고소 여부	본 고소장과 같은 내용의 고소장을 다른 검찰청 또는 경찰서에 제출하거나 제출하였던 사실이 있습니다 □ / 없습니다 ☑
② 관련 형사사건 수사 유무	본 고소장에 기재된 범죄사실과 관련된 사건 또는 공범에 대하여 검찰청이나 경찰서에서 수사 중에 있습니다 □ / 수사 중에 있지 않습니다 ☑
③ 관련 민사소송 유무	본 고소장에 기재된 범죄사실과 관련된 사건에 대하여 법원에서 민사소송 중에 있습니다 □ / 민사소송 중에 있지 않습니다 ☑

본 고소장에 기재한 내용은 고소인이 알고 있는 지식과 경험을 바탕으로 모두 사실대로 작성하였으며, 만일 허위사실을 고소하였을 때에는 형법 제156조 무고죄로 처벌받을 것임을 서약합니다.

2000. 00. 00.

고 소 인   전 ○ 식   ㊞

인천○○경찰서 귀중

【유사사건 판례요지】

직장의 전산망에 설치된 전자게시판에 타인의 명예를 훼손하는 내용의 글을 게시한 행위가 명예훼손죄를 구성한다고 한 사례.
(출처 : 대법원 2000. 5. 12. 선고 99도5734 판결)

26. 사례 [모욕]

<h2 style="text-align:center">고 소 장</h2>

1. 고소인

　　한O미 (000000-0000000)
　　서울시 00구 000로 000, 000동 000호(00동, 0000아파트)
　　연락처 : 010-0000-0000

2. 피고소인

　　신O숙 (000000-0000000)
　　서울시 00구 00로 00,　00동 000호(00동, 00연립주택)
　　연락처 : 010-0000-0000

3. 고소취지

고소인은 피고소인을 모욕죄[18]로 고소하오니 조사하시어 엄벌하여 주시기 바랍니다.

4. 범죄사실

고소인은 서울시 00구 00동 소재 "00시장" 0동 00호에서 과일가게를 하는 자이고, 피고소인은 고소인의 가게 옆 점포에서 건어물장사를 하는 자입니다.

　피고소인은 2000. 00. 00. 14:30경 고소인의 점포와 피고소의 점포 앞 진열대에서 상품들을 전시하는 과정에서 고소인의 진열대 상품들이 피고소인의 진열대 상품들을 가리지도 않는데 가린다는 이유로 손님들이 오가는 가게 앞에서 고소인에게 시비를 걸고 화가 난 고소인과 말다툼을

---

[18] 형법 제311조(모욕) 공연히 사람을 모욕한 자는 1년 이하의 징역이나 금고 또는 200만원 이하의 벌금에 처한다

하던 중 "미친년", "어린년", "환향년", "시발년"이라는 등의 욕을 하여 고소인을 모욕하였습니다.

5. 고소이유

(1) 고소인은 위 시장에서 10년째 과일 장사를 하고 있고, 피고소인은 1년 전에 고소인의 점포 옆 점포에 입주하여 건어물가게를 하고 있는 자입니다.

(2) 고소인과 피고소인의 점포는 서로 이웃하고 있는데 장사를 하기 위하여 피고소인이나 고소인이나 다른 점포들과 같이 점포 앞에 진열대를 내놓고 그곳에 상품들을 전시해 놓고 판매를 합니다. 그런데 피고소인은 고소인이 고소인 점포 앞 전시대에 내놓은 물건들이 자기 가게의 경계를 넘어왔다는 이유로 고소인의 상품들을 내던지고, 어떤 때는 고소인의 점포를 찾아온 손님들에게도 화를 내는 등 행포가 심하였습니다.

(3) 고소인이 위 시장에서 피고소인 보다 장사를 오래는 하였으나 피고소인이 고소인 보다는 5살이 많기 때문에 가능하면 다투지 않으려고 참으며 서로 편안하게 장사를 하려고 하였으나, 피고소인은 참기만 하는 고소인을 더욱 무시하고 고소인이 보고 있음에도 고소인의 진열대 상품들을 함부로 밀어 놓거나 옮겨놓는 등 안하무인격으로 행동하였습니다.

(4) 그런데 연말이라 손님이 많아 고소인이 한참 바쁜 때, 마침 손님이 없던 피고소인이 무슨 심술이 났는지 범죄사실과 같이 고소인의 진열대 상품이 피고소인의 진열대로 들어가지도 않았고, 고소인이 진열대에 많은 상품을 쌓아두어 피고소인의 진열대 상품을 가리지도 않았는데 마침 손님을 맞이하기 위해 가게 앞으로 나간 고소인에게 피고소인은 "왜 남의 가게에다 상품을 내놓느냐"라고 말하며 시비를 걸었으나, 손님에게 신경 쓰느라고 고소인이 피고소인의 말을 무시하고 손님과 이야기만 나누자, 피고소인은 고소인에게 손가락질을 하며 "남의 말이 말 같지 않느냐", "너만 장사 하냐"

라는 등 큰소리를 치며 고소인에게 비시를 걸었습니다.

(5) 그러자 고소인과 이야기를 나누던 손님들이 시끄럽다며 그냥 가버렸고 화가 난 고소인은 피고소인에게 "왜 남의 장사를 방해하느냐"고 따지자 피고소인은 가지고 있던 수건을 고소인 점포의 진열대에 내던지더니 "야이 미친년아", "너만 장사 하냐", "내가 이 바닥에서 30년째 장사하는데 어린 년이 누구한데 함부로 덤벼 이 시발 년아..."라고 욕을 하며 큰 소리를 치더니 "나이도 어린 환향년이... 겁도 없이 죽으려고..."라는 등의 욕을 해댔습니다. 너무 화가 난 고소인이 피고소인과 싸우려 하자 점포 안에 있던 고소인의 남편이 밖으로 나와 싸움을 말리며 고소인을 가게 안으로 끌고 들어왔으나, 피고소인은 고소인의 점포 앞에서 더욱 큰 소리로 고소인에게 욕지거리를 퍼붓자 피고소인의 소란에 현장으로 달려온 시장 경비 아저씨들이 피고소인을 가로 막고 피고소인을 피고소인의 가게 안으로 데리고 들어가면서 싸움은 진정이 되었습니다.

(6) 너무도 분한 마음에 고소인이 가게 안에서 펑펑 울고 있자, 고소인의 점포 맞은편에서 생선가게를 하시는 할머니께서 핸드폰으로 전부 촬영해 놓았다며 촬영장면들을 고소인의 핸드폰으로 넘겨주시면서 "저렇게 막가는 인간들은 법으로 혼내줘야 한다"고 일러주셨고, 고소인은 피고소인이 난동을 부린 장면이 고스란히 촬영된 첨부자료와 같은 사진들과 녹취서를 첨부하여 이 사건 고소를 하기에 이르렀습니다. 부디 피고소인을 엄벌하여 주십시오.

6. 첨부자료

(1) 현장장면사진   10부
(2) 녹취록   1부

7. 관련사건의 수사 및 재판 여부

① 중복 고소 여부	본 고소장과 같은 내용의 고소장을 다른 검찰청 또는 경찰서에 제출하거나 제출하였던 사실이 있습니다 □ / 없습니다 ☑
② 관련 형사사건 수사 유무	본 고소장에 기재된 범죄사실과 관련된 사건 또는 공범에 대하여 검찰청이나 경찰서에서 수사 중에 있습니다 □ / 수사 중에 있지 않습니다 ☑
③ 관련 민사소송 유무	본 고소장에 기재된 범죄사실과 관련된 사건에 대하여 법원에서 민사소송 중에 있습니다 □ / 민사소송 중에 있지 않습니다 ☑

본 고소장에 기재한 내용은 고소인이 알고 있는 지식과 경험을 바탕으로 모두 사실대로 작성하였으며, 만일 허위사실을 고소하였을 때에는 형법 제156조 무고죄로 처벌받을 것임을 서약합니다.

2000. 00. 00.

고 소 인   한 ○ 미   ㊞

서울○○경찰서 귀중

【유사사건 판례요지】

타인의 사회적 평가를 저하시키는데 충분한 구체적인 사실을 적시하지 아니하고 단지 모멸적인 언사를 사용하여 타인의 사회적 평가를 경멸하는 자기의 추상적 판단을 표시하는 것은 사람을 모욕한 경우에 해당하는 것이고, 명예훼손죄는 성립하지 아니한다 할 것이다.
(출처 : 대법원 1981. 11. 24. 선고 81도2280 판결)

업무방해 및 강제집행면탈죄

27. 사례 [업무방해]

고 소 장

1. 고소인

   (1) 김O순 (000000-0000000)
   인천시 00구 00동 000-00, 00아파트 109동 2004호
   연락처 : 010-0000-0000
   (2) 이O임 (000000-0000000)
   인천시 0구 00동 000-00, 000빌라 301호
   연락처 : 010-0000-0000
   (3) 최O희 (000000-0000000)
   인천시 0구 00동 000-00
   연락처 : 010-0000-0000

2. 피고소인

   (1) 주식회사 000백화점 대표이사 홍O호
   인천시 00구 00동 00-00, 000백화점 0층 000호
   연락처 : 031-000-0000
   (2) 000백화점 상인회장 김O우
   인천시 00구 00동 00-00, 000백화점 0층 000호
   연락처 : 010-0000-0000

3. 고소취지

고소인들은 피고소인들을 업무방해죄19)로 고소하오니 조사하시어 엄벌하여 주시기 바랍니다.

4. 범죄사실

피고소인 홍O호는 인천시 00구 00동 00-00, 000백화점 대표이사인 자이고, 피고소인 김O우는 위 백화점 상인회 회장인 자로, 피고소인들은 공모 공동하여, 2000. 00. 00. 10:30경부터 다음 날 22:00경까지 위 고소인들이 식당업을 하고 있는 위 백화점 5층 식당가의 식당들이 사용하는 수도시설에 단수조치하고, 같은 식당들이 전기시설을 사용할 수 없도록 단전조치하는 방법으로 그 영업을 할 수 없게 하여 고소인들의 식당 업무를 방해하였습니다.

5. 고소이유

(1) 고소인 김O순은 인천시 00구 00동 00-00, 000백화점 5층 식당가에서 "00비빔밥"이라는 상호로, 같은 이O임은 위 식당가 "00한정식"이라는 상호로, 같은 최O희는 "000레스토랑"이라는 상호로 각 식당업에 종사하는 자들이고, 피고소인 홍O호는 위 백화점 대표이사로, 같은 김O우는 위 백화점 상인회 회장인 자입니다.

(2) 위 백화점은 점포를 분양받은 소유자들이 직접 운영하는 가게들과 고소인들과 같이 점포를 임차하여 장사를 하는 가게들이 혼재되어 있는데 위 5층의 가게들은 모두 점포를 임차한 상인들이 장사를 하는 곳이고 백화점 건물과 시설 전체는 주식회사 000백화점에서 관리합니다.

(3) 한편, 위 백화점에 입주한 상인들은 상호 친목도모와 부조를 위하여 상인회를 만들어 활동해 왔는데 상인회에서는 백화점 측과 상인들 간의 충돌하는 의견을 조율하는 등의 역할을 하였습니다.

---

19) 형법 제314조(업무방해) ① 제313조(신용훼손)의 방법 또는 위력으로써 사람의 업무를 방해한 자는 5년 이하의 징역 또는 1천500만원 이하의 벌금에 처한다.
② 컴퓨터등 정보처리장치 또는 전자기록등 특수매체기록을 손괴하거나 정보처리장치에 허위의 정보 또는 부정한 명령을 입력하거나 기타 방법으로 정보처리에 장애를 발생하게 하여 사람의 업무를 방해한 자도 제1항의 형과 같다.

(4) 그런데 작년에 백화점 측에서 30%의 관리비 인상을 입주자들에게 요구하면서 입주자들을 대표하는 전 상인회장과 백화점 측의 의견대립으로 많은 갈등이 있었고 대화가 두절되자, 피고소인 김O우가 비상대책위원회를 만들어 위 백화점 입주한 상인들 중 점포를 소유하는 사람들과 임차로 장사를 하는 사람들 간의 의견 차이를 교묘하게 이용하여 회사에서 요구하는 30%의 인상안을 통과시켰고, 전 상인회장을 무능한 자로 몰아 상인회장 직에서 물러나게 하고 자신이 상인회장이 되었습니다.

(5) 그 후 위 상인회는 임차로 들어온 상인들과 점포를 소유한 자들로 편이 갈리면서 회원들 간에 사사건건 의견대립이 계속되었습니다. 그러던 2000. 00.경 상인회장인 피고소인 김O우는 점포 소유자들만 임원으로 앉히더니 위 백화점 입주상인들의 상인회비를 월 5만원에서 10만원으로 인상해 버렸습니다. 이에 임차상인들이 반대의 의사를 표하고 시정을 요구하였으나 피고소인 김O우는 10만원 인상안을 밀어 붙였고, 이에 임차상인들은 상인회비를 내지 않기로 의견을 모으고 계속 그 시정을 요구하였습니다.

(6) 이후 상인회를 완전히 장악한 피고소인 김O우는 더욱 기고만장하여 임차상인이든 소유자상인이든 상인회비를 내지 않는 점포에 대하여는 단전단수 조치 하겠다고 벽보를 써 붙이고 안내방송까지 해댔으나 임차상인들은 상인회비를 내지 않았습니다. 그런데 위 백화점 5층 식당가 상인들은 모두 임차상인들로 구성되어 있어 다른 층 사람들보다도 더 강하게 결속하여 현 상인회장의 횡포에 반발하고 있었습니다.

(7) 그러자 이 사건 전날 피고소인 김O우는 위 백화점 구내방송을 통해 오늘 오후 4시까지 상인회비를 내지 않으면 회비를 내지 않은 상인의 점포에 단전단수 하겠다고 엄포를 놓더니 급기야 사건 당일 임차상인들로만 구성된 위 백화점 5층 식당가에 단전단수 조치를 한 것입니다. 그런데 상인회장은 위 백화점 수도와 전기 등의 시설은 관리할 수 있는 사람이 아니므로

위 백화점 대표이사에게 단전단수를 요청하였고, 백화점 측에서는 상인회장의 말만 듣고 단전단수 조치한 것입니다. 즉 피고소인들은 공모공동하여 위와 같은 불법행위를 저지른 것입니다.

(8) 하지만 임차상인들이 부당하거나 부당하지 않거나 단지 상인회비를 내지 않는다는 이유만으로 상인회장이든 백화점 대표이사든 누구든지 고소인과 같은 사람들이 영업을 하는 점포에 단전단수를 하여서는 아니 되는 것입니다. 더욱이 백화점 측은 상인들로부터 받는 관리비도 아닌 단지 상인회 회비를 문제로 단전단수 조치를 취하는 것은 임차상인들을 무시한 것이며 입주상인들의 업무를 방해한 명백한 범죄행위인 것입니다.

(9) 아무리 법에 무지한 임차상인들이라 하지만 위와 같은 피고소인들의 범죄행위를 보고서도 후환이 두려워 누구도 고소를 하지 못하고 있는 현실이 너무도 안타까워 크게 용기를 낸 고소인들이 이 사건 고소를 제기하오니 부디 엄정한 법 집행으로 피고소인들을 엄벌하여 주시기 바랍니다.

6. 첨부자료

    (1) 단전단수 현장사진   20부
    (2) 벽보   1부
    (3) 구내방송 녹취록   1부

7. 관련사건의 수사 및 재판 여부

① 중복 고소 여부	본 고소장과 같은 내용의 고소장을 다른 검찰청 또는 경찰서에 제출하거나 제출하였던 사실이 있습니다 ☐ / 없습니다 ☑
② 관련 형사사건 수사 유무	본 고소장에 기재된 범죄사실과 관련된 사건 또는 공범에 대하여 검찰청이나 경찰서에서 수사 중에 있습니다 ☐ / 수사 중에 있지 않습니다 ☑
③ 관련 민사소송 유무	본 고소장에 기재된 범죄사실과 관련된 사건에 대하여 법원에서 민사소송 중에 있습니다 ☐ / 민사소송 중에 있지 않습니다 ☑

본 고소장에 기재한 내용은 고소인이 알고 있는 지식과 경험을 바탕으로 모두 사실대로 작성하였으며, 만일 허위사실을 고소하였을 때에는 형법 제156조 무고죄로 처벌받을 것임을 서약합니다.

2000. 00. 00.

고 소 인   김 ○ 순   ㊞
              이 ○ 임   ㊞
              최 ○ 희   ㊞

○○경찰서 귀중

【유사사건 판례요지】

업무방해죄에 있어서의 업무란 직업 또는 사회생활상의 지위에 기하여 계속적으로 종사하는 사무나 사업의 일체를 의미하고, 그 업무가 주된 것이든 부수적인 것이든 가리지 아니하며, 일회적인 사무라 하더라도 그 자체가 어느 정도 계속하여 행해지는 것이거나 혹은 그것이 직업 또는 사회생활상의 지위에서 계속적으로 행하여 온 본래의 업무수행과 밀접불가분의 관계에서 이루어진 경우에도 이에 해당한다 할 것이며, 한편 업무방해죄의 업무방해는 널리 그 경영을 저해하는 경우에도 성립하는데, 업무로서 행해져 온 회사의 경영행위에는 그 목적 사업의 직접적인 수행뿐만 아니라 그 확장, 축소, 전환, 폐지 등의 행위도 정당한 경영권 행사의 일환으로서 이에 포함된다.
(출처 : 대법원 2005. 4. 15. 선고 2004도8701 판결)

28. 사례 [강제집행면탈]

고 소 장

1. 고소인

송O길 (000000-0000000)
대전시 0구 00동 00-0, 0000아파트 00동 0000호
연락처 : 010-0000-0000

2. 피고소인

이O영 (000000-0000000)
전라북도 00시 00구 00동 000-0, 00연립주택 000호
연락처 : 010-000-0000

3. 고소취지

고소인들은 피고소인을 강제집행면탈죄[20]로 고소하오니 조사하시어 엄벌하여 주시기 바랍니다.

4. 범죄사실

피고소인은 00시 00구 00동 000번지 소재 '00목재소'를 운영하던 자로, 고소인이 ○○지방법원 2000가단000000호 물품대금 청구소송에서 승소하여 그 청구금액 1억 2천만 원의 강제집행이 임박하자,

---

20) 형법 제327조(강제집행면탈) 강제집행을 면할 목적으로 재산을 은닉, 손괴, 허위양도 또는 허위의 채무를 부담하여 채권자를 해한 자는 3년 이하의 징역 또는 1천만원 이하의 벌금에 처한다.

2000. 00. 00.경 고소인의 강제집행을 피하기 위하여 피고소인 명의의 00은행 00지점 000-000000-000-0호 계좌에 입금되어 있던 금 5천만 원을 피고소인의 아들인 고소 외 이O기 명의의 00은행 00지점 000-000000-000계좌로 송금하고, 같은 날 피고소인 명의로 되어 있던 전라북도 00시 00구 00동 000-0, 00연립주택 000호 전세금 1억 5천만 원의 전세계약서를 피고소인의 사촌형인 고소 외 이O호 명의로 변경하는 방법으로 고소인의 강제집행을 면탈하였습니다.

5. 고소이유

(1) 고소인은 목재상으로 강원도 등지에서 원목을 매입하여 전국의 목재소에 공급하는 업을 하는 자이고, 피고소인은 00시 00구 00동 000번지 소재 00목재소를 운영하던 자로 고소인은 피고소인과 1년 전부터 목재거래를 하였습니다.

(2) 피고소인은 재작년 봄에 강원도 원주에 있던 고소인을 찾아와 자신이 전주에서 목재소를 하니 원목을 공급하여 줄 것을 부탁하여 고소인은 원목을 공급하면 한 달 이내에 결제하는 조건으로 피고소인에게 목재를 공급하기 시작하였습니다.

(3) 그런데 처음 한두 번은 약속대로 목재 공급일 한 달 이내에 결제를 하던 피고소인이 2000. 00.경부터는 외상 대금을 결제하지 않기 시작하더니 급기야 2000. 00.말경에 외상대금이 1억 2천만 원 가량이 되었으나 그 지급을 하지 않았고 고소인이 수차 독촉을 하여도 그 결제를 미루기만 하였습니다. 이에 고소인은 ○○지방법원에 물품대금 청구소송을 제기하여 승소하였고, 그 재판은 2000. 00. 00.에 확정되었습니다.

(4) 이에 고소인은 확정된 위 판결에 근거하여 강제집행을 하려고 하였으나, 피고소인이 살던 전셋집은 1주일 전 피고소인 명의에서 피고소인의 사촌

형의 명의로 바뀌어 있었고, 피고소인의 거래 통장에 남아 있던 5천만 원도 피고소인의 아들 명의의 통장으로 송금되었다는 사실을 알게 되었습니다. 이에 고소인이 피고소인을 찾아가 강력히 항의하고 따지자 피고소인은 전셋집이 원래 사촌형의 돈으로 얻은 것이고, 5천만 원도 아들의 돈이라며 범행을 부인하였습니다.

(5) 피고소인은 고소인과 처음 거래를 시작할 때 자신은 목재소 일을 오래하였고, 신용도 지역에서는 알아준다고 자랑을 하던 사람이었는데 지금은 고소인에게 강제집행을 당할 것 같으니까 황당한 거짓말을 늘어놓고 있습니다. 이에 승소 판결문은 가지고 있으나 강제집행을 할 수도 없게 된 고소인은 더 이상 어떻게 할 수도 없게 되었기에 부득이 이 사건 고소를 하오니 고소인의 강제집행을 피하기 위하여 자신의 재산을 빼돌린 피고소인을 엄벌하여 주시기 바랍니다.

6. 첨부자료

(1) 전세계약서   1부
(2) 판결문   1부

7. 관련사건의 수사 및 재판 여부

① 중복 고소 여부	본 고소장과 같은 내용의 고소장을 다른 검찰청 또는 경찰서에 제출하거나 제출하였던 사실이 있습니다 □ / 없습니다 ☑
② 관련 형사사건 수사 유무	본 고소장에 기재된 범죄사실과 관련된 사건 또는 공범에 대하여 검찰청이나 경찰서에서 수사 중에 있습니다 □ / 수사 중에 있지 않습니다 ☑
③ 관련 민사소송 유무	본 고소장에 기재된 범죄사실과 관련된 사건에 대하여 법원에서 민사소송 중에 있습니다 □ / 민사소송 중에 있지 않습니다 ☑

본 고소장에 기재한 내용은 고소인이 알고 있는 지식과 경험을 바탕으로 모두 사실대로 작성하였으며, 만일 허위사실을 고소하였을 때에는 형법 제156조 무고죄로 처벌받을 것임을 서약합니다.

2000. 00. 00.

고 소 인   송 ○ 길   ㊞

○○경찰서 귀중

【유사사건 판례요지】

강제집행면탈죄는 위태범으로서 현실적으로 민사소송법에 의한 강제집행 또는 가압류, 가처분의 집행을 받을 우려가 있는 객관적인 상태 아래 즉 채권자가 본안 또는 보전소송을 제기하거나 제기할 태세를 보이고 있는 상태에서 주관적으로 강제집행을 면탈하려는 목적으로 재산을 은닉, 손괴, 허위양도하거나 허위의 채무를 부담하여 채권자를 해할 위험이 있으면 성립하는 것이고, 반드시 채권자를 해하는 결과가 야기되거나 행위자가 어떤 이득을 취하여야 범죄가 성립하는 것은 아니며, 현실적으로 강제집행을 받을 우려가 있는 상태에서 강제집행을 면탈할 목적으로 허위의 채무를 부담하는 등의 행위를 하는 경우에는 달리 특별한 사정이 없는 한 채권자를 해할 위험이 있다고 보아야 한다.
(출처 : 대법원 1996. 1. 26. 선고 95도2526 판결)

공갈 및 협박죄

29. 사례 [공갈]

고 소 장

1. 고소인

김O현 (000000-0000000)
경기도 00시 00구 00로 00-0, 00동 000호(00동, 0000아파트)
연락처 : 010-0000-0000

2. 피고소인

강O주 (주민등록번호 불상)
주소불상
연락처 : 000-000-0000

3. 고소취지

고소인은 피고소인을 공갈죄[21]로 고소하오니 조사하시어 엄벌하여 주시기 바랍니다.

---

[21] 형법 제350조(공갈) ① 사람을 공갈하여 재물의 교부를 받거나 재산상의 이익을 취득한 자는 10년 이하의 징역 또는 2천만원 이하의 벌금에 처한다.
② 전항의 방법으로 제삼자로 하여금 재물의 교부를 받게 하거나 재산상의 이익을 취득하게 한 때에도 전항의 형과 같다.
형법 제350조의2(특수공갈) 단체 또는 다중의 위력을 보이거나 위험한 물건을 휴대하여 제350조의 죄를 범한 자는 1년 이상 15년 이하의 징역에 처한다.

4. 범죄사실

피고소인은 지역신문인 00일보 00지부장이라고 사칭하고 다니는 자로,

2000. 00. 00. 14:00경 00시 00구 00동 소재 고소인이 운영하는 가죽제조공장을 찾아와 피고소인의 이름이 기재된 00일보 000지부장이라는 명함을 고소인에게 보여주고 공장 이곳저곳을 다니며 준비해 온 고성능 카메라로 촬영을 하고, "이 공장의 악취가 심해서 민원이 많다", "약물처리한 오염물을 하천에 마구 버리는 장면을 촬영한 주민들이 신고를 했다", "공장은 크고 직원도 많은데 시설이 왜 이렇게 지저분하냐", "이런 사실을 고발하면 형사처벌과 영업정지를 당할 수밖에 없지 않느냐", "우리는 고발할 수밖에 없다"라는 등의 말로 고소인에게 겁을 주고, 이에 겁을 먹은 고소인으로부터 금 300만 원을 받아 이를 갈취하고,

2000. 00. 00. 17:30경 위 고소인의 공장으로 다시 찾아와 고소인에게 "잘 처리하려고 하였는데 민원이 너무 심해 아무래도 고발할 수밖에 없을 것 같다"라는 등의 말로 겁을 주고, 이에 겁을 먹은 고소인으로부터 금 500만 원을 받아 이를 갈취하였습니다.

5. 고소이유

(1) 고소인은 00시 00구 00동에서 가죽제조공장을 운영하는 자이고, 피고소인은 자신이 지역신문인 00일보 000지부장이라고 사칭하고 다니는 자입니다.

(2) 피고소인은 2000. 00. 00.경 고소인의 공장으로 전화하여 고소인에게 자신은 00일보 000지부장인데 민원문제로 내일 점심 먹고 찾아가겠다고 말하여 고소인은 2000. 00. 00. 13:00경부터 고소인의 공장 출입문 앞에서 피고소인을 기다리고 있었습니다. 검은색 정장 차림에 머리를 올백으로 넘긴 단정한 차림으로 검은색 고급승용차에 운전기사를 대동하고 나타난 피

고소인은 운전기사에게 밖에서 대기하라고 지시하고, 운전기사로부터 준비해 온 고성능 카메라를 건네받고는 고소인에게 ㅇㅇ일보 ㅇㅇㅇ지부장이라는 명함을 주었고, 고소인의 안내를 받으며 공장 안으로 들어 왔습니다.

(3) 당시 피고소인은 고소인의 공장 이곳저곳을 사진 촬영하더니 "이 공장의 악취가 심해서 민원이 많다", "약물 처리한 오염물을 하천에 마구 버리는 장면을 촬영한 주민들이 신고를 했다", "공장은 크고 직원도 많은데 시설이 왜 이렇게 지저분하냐", "이런 사실을 고발하면 형사처벌은 물론 영업정지를 당할 수밖에 없는 거 아니냐", "우리는 고발할 수밖에 없다"라는 등의 말로 고소인에게 겁을 주었고, 고소인은 피고소인에게 다가가 직원들하고 먹고 살라고 하는 일인데 잘 좀 봐달라고 부탁을 하였습니다. 그러자 피고소인이 머뭇머뭇하여 고소인은 얼른 사무실로 들어가 경리직원으로부터 300만 원을 받아 봉투에 담아 나와 피고소인에게 슬쩍 건네자 피고소인이 사양하는 척하여 고소인이 피고소인의 상의 주머니에 봉투를 넣어주며 선처해 줄 것을 사정하였습니다.

(4) 그러자 피고소인은 자신은 봐주고 싶은데 다른 사람들이 문제라며 아무튼 잘해보자고 말하며 고소인의 어깨를 다독여 주고 운전기사가 대기하는 출입문 밖으로 나갔고 고소인은 차를 타고 떠나는 피고소인을 배웅하였습니다. 그런데 이후 별 다른 말이 없어 고소인은 일이 잘되었는가 보다 생각하고 있는데 2000. 00. 00. 저녁 무렵에 피고소인으로부터 고소인 공장으로 다시 전화가 와 고소인이 받았는데 피고소인은 아무래도 민원이 너무 많은 게 문제라며 내일 퇴근 시간 전에 공장으로 가겠다고 말을 하였습니다.

(5) 고소인은 피고소인을 전혀 의심하지 못하였기 때문에 민원이 너무 많으면 피고소인도 어쩔 수 없는 것이 아닌가 생각하고 지난번 보다 많은 500만 원을 준비하여 다음날 공장에서 피고소인을 기다리고 있다가 다시 만났는데 그때 공장 마당으로 들어온 피고소인은 고소인에게 "잘 처리하려고 하

였는데 민원이 너무 심해 아무래도 고발을 할 수밖에 없을 것 같다"라는 등의 말을 하였고, 고소인은 피고소인에게 공장이 하루만 놀아도 그 손해가 이만저만이 아닌데 영업정지를 당하면 공장이 망할 수밖에 없다는 사정을 말하고 도와줄 것을 부탁하였습니다. 이때도 피고소인이 머뭇머뭇하여 고소인은 준비하고 있던 돈 봉투를 피고소인의 상의 주머니에 넣어 주었습니다.

(6) 그러자 피고소인은 아무튼 해보는 데까지 해보자며 운전기사가 대기하고 있는 공장 밖으로 나갔고 이번에도 역시 고소인이 배웅하였습니다. 그리고 3~4개월이 지나서 아무 문제가 없어 고마운 생각이 든 고소인은 피고소인에게 인사라도 하려고 피고소인이 주고 간 명함의 전화번호로 전화를 하였는데 그 전화번호가 없는 전화번호라는 안내가 나와 이상한 생각이 들었습니다. 그래서 아는 친지를 통하여 OO일보 OOO지부장 강O주라는 자가 있는지 확인해 보았더니 강O주라는 자는 OO일보 OOO지부에서 배달원으로 일하던 사람인데 그만 둔지가 3년이 넘었고, 고소인과 같은 사람들이 강O주를 찾는 전화가 자주 온다는 것이었습니다.

(7) 이에 고소인은 피고소인이 고소인에게 공갈치고 돈을 뺏어 먹었다는 사실을 알게 되어 이 사건 고소에 이르게 되었습니다. 부디 철저한 수사로 영세한 공장을 찾아와 교활한 공갈로 겁을 주고 돈을 갈취해 간 피고소인을 엄벌하여 주시기 바랍니다.

6. 첨부자료

(1) 피고소인 명함   1부
(2) 전화통화내역서   1부

7. 관련사건의 수사 및 재판 여부

① 중복 고소 여부	본 고소장과 같은 내용의 고소장을 다른 검찰청 또는 경찰서에 제출하거나 제출하였던 사실이 있습니다 □ / 없습니다 ☑
② 관련 형사사건 수사 유무	본 고소장에 기재된 범죄사실과 관련된 사건 또는 공범에 대하여 검찰청이나 경찰서에서 수사 중에 있습니다 □ / 수사 중에 있지 않습니다 ☑
③ 관련 민사소송 유무	본 고소장에 기재된 범죄사실과 관련된 사건에 대하여 법원에서 민사소송 중에 있습니다 □ / 민사소송 중에 있지 않습니다 ☑

본 고소장에 기재한 내용은 고소인이 알고 있는 지식과 경험을 바탕으로 모두 사실대로 작성하였으며, 만일 허위사실을 고소하였을 때에는 형법 제156조 무고죄로 처벌받을 것임을 서약합니다.

2000. 00. 00.

고 소 인　　김 ○ 현　　㊞

○○경찰서 귀중

【유사사건 판례요지】

공갈죄의 수단으로서 협박은 사람의 의사결정의 자유를 제한하거나 의사실행의 자유를 방해할 정도로 겁을 먹게 할 만한 해악을 고지하는 것을 말하고, 해악의 고지는 반드시 명시의 방법에 의할 것을 요하지 아니하며 언어나 거동에 의하여 상대방으로 하여금 어떠한 해악에 이르게 할 것이라는 인식을 갖게 하는 것이면 족한 것이고, 또한 직접적이 아니더라도 피공갈자 이외의 제3자를 통해서 간접적으로 할 수도 있으며, 행위자가 그의 직업, 지위 등에 기하여 불법한 위세를 이용하여 재물의 교부나 재산상 이익을 요구하고 상대방으로 하여금 그 요구에 응하지 아니한 때에는 부당한 불이익을 초래할 위험이 있다는 위구심을 야기하게 하는 경우에도 해악의 고지가 된다.
(출처 : 대법원 2003. 5. 13. 선고 2003도709 판결)

30. 사례 [협박]

고 소 장

1. 고소인

> 최O자 (000000-0000000)
> 인천시 0구 00동 00-0, 000아파트 000동 000호
> 연락처 : 010-0000-0000

2. 피고소인

> 이O철 (주민등록번호 불상)
> 서울시 00구 00동 00-0, 00빌딩 000호
> 연락처 : 010-0000-0000

3. 고소취지

고소인은 피고소인을 협박죄[22]로 고소하오니 조사하시어 엄벌하여 주시기 바랍니다.

4. 범죄사실

피고소인은 00용역 부사장이라고 자칭하는 자로,

> 2000. 00. 00. 20:00경 고소인이 장사를 하는 서울시 00구 00동 00-0 소재 "00순대집" 식당으로 찾아와 고소인에게 일수돈을 주었던 고

---

[22] 형법 제283조(협박, 존속협박) ① 사람을 협박한 자는 3년 이하의 징역, 500만원 이하의 벌금, 구류 또는 과료에 처한다.
② 자기 또는 배우자의 직계존속에 대하여 제1항의 죄를 범한 때에는 5년 이하의 징역 또는 700만원 이하의 벌금에 처한다.
③ 제1항 및 제2항의 죄는 피해자의 명시한 의사에 반하여 공소를 제기할 수 없다.
형법 제284조(특수협박) 단체 또는 다중의 위력을 보이거나 위험한 물건을 휴대하여 전조제1항, 제2항의 죄를 범한 때에는 7년 이하의 징역 또는 1천만원 이하의 벌금에 처한다.

소 외 최O석으로부터 고소인에 대한 채권 500만 원을 양도받았다며, 피고소인의 지갑에서 00용역 부사장 이O철이라고 기재된 명함을 주고, 돈을 갚을 것을 요구하였으나, 고소인이 장사가 안 되어 그러니 1달만 기다려 달라고 사정하자 "한 달 같은 소리하고 있네, 내가 000파 행동대장 하던 놈이다. 아이들 시켜 엎어 줄까?, 당신 장사 그만두고 싶어?"라는 등의 말로 겁을 주고 보름 있다가 다시 올 테니 돈을 준비해 놓으라고 말하며 "그때도 돈 준비가 안 되면 당신이나 당신 딸을 가만두지 않겠다"라는 등의 말로 협박하였습니다.

5. 고소이유

(1) 고소인은 서울시 00구 00동 00-0 소재 "00순대집"이라는 식당을 운영하는 가정주부인 자이고, 피고소인은 고소인에게 00용역회사 부사장이라는 명함을 주고 간 자입니다.

(2) 피고소인은 고소인이 모르는 사람인데 2000. 00. 00. 20:00경 고소인이 장사를 하고 있는 위 식당으로 찾아와 고소인에게 일수돈을 주었던 고소 외 최O석으로부터 고소인에 대한 채권 500만 원(고소인이 최O석에게 밀린 일수 돈은 420만 원 가량임)을 양도받았다며, 소지하고 있던 신사용 지갑에서 00용역 부사장 이O철이라고 기재된 명함을 주면서 돈을 갚을 것을 요구하였습니다.

(3) 그때 고소인은 지금은 돈이 없다고 말하자 피고소인은 인상을 쓰면서 "그러면 안 되지"라고 말하여 고소인은 두려운 생각에 장사가 안 되어 그러니 1달 만 기다려 달라고 사정하자 피고소인은 "한 달 같은 소리하고 있네, 내가 000파 행동대장 하던 놈이다. 아이들 시켜 엎어 줄까?, 당신 장사 그만두고 싶어?"라는 등의 말로 겁을 주어 고소인은 아무 말도 못하고 있는데 무서운 인상을 쓰며 "보름 있다가 다시 올테니 돈 준비해 놔, 안 그러면 당신이나 당신 딸을 가만두지 않겠다"라는 등의 말로 겁을 주었습니다.

(4) 이 사건 이후 고소인은 밀린 일수 돈을 내지 못해서 이런 일이 생겼나 보다 하는 생각에 어떻게 해서든지 정신을 차리려 하였으나, 식당에만 나가면 다리가 후들거리고 가슴이 떨려 식당일을 할 수가 없고, 피고소인 생각만 하면 끔찍한 생각만 들어 잠을 못자고 정신만 몽롱하여 아무일도 못하게 되었고, 결국 식당 영업도 할 수가 없어 가게 문을 닫아 두고 시골 남동생의 집으로 도망가서 있는데 저의 사정을 전해 들으신 동네 이장님께서 빨리 고소를 하라고 일러주어 죽을 각오로 이 사건 고소를 하게 되었습니다.

(5) 하루라도 빨리 장사를 다시 시작하여야 밀린 일수 돈도 갚을 수 있는데 이렇게 장사를 못하고 있으니 더욱 불안하고 걱정만 쌓입니다. 부디 고소인과 같이 영세한 상인이 빨리 장사를 하여 밀린 일수 돈을 갚을 수 있도록 피고소인을 엄벌하여 주시기 바랍니다.

6. 첨부자료

(1) 피고소인 명함 사본   1부
(2) ○○순대집 사업자등록증 사본   1부

7. 관련사건의 수사 및 재판 여부

① 중복 고소 여부	본 고소장과 같은 내용의 고소장을 다른 검찰청 또는 경찰서에 제출하거나 제출하였던 사실이 있습니다 □ / 없습니다 ☑
② 관련 형사사건 수사 유무	본 고소장에 기재된 범죄사실과 관련된 사건 또는 공범에 대하여 검찰청이나 경찰서에서 수사 중에 있습니다 □ / 수사 중에 있지 않습니다 ☑
③ 관련 민사소송 유무	본 고소장에 기재된 범죄사실과 관련된 사건에 대하여 법원에서 민사소송 중에 있습니다 □ / 민사소송 중에 있지 않습니다 ☑

본 고소장에 기재한 내용은 고소인이 알고 있는 지식과 경험을 바탕으로 모두 사실대로 작성하였으며, 만일 허위사실을 고소하였을 때에는 형법 제156조 무고죄로 처벌받을 것임을 서약합니다.

2000. 00. 00.

고 소 인   최 ○ 자   ㊞

서울○○경찰서 귀중

【유사사건 판례요지】

협박죄에 있어서의 협박이라 함은 일반적으로 보아 사람으로 하여금 공포심을 일으킬 수 있는 정도의 해악을 고지하는 것을 의미하므로 그 주관적 구성요건으로서의 고의는 행위자가 그러한 정도의 해악을 고지한다는 것을 인식, 인용하는 것을 그 내용으로 하고 고지한 해악을 실제로 실현할 의도나 욕구는 필요로 하지 아니하고, 다만 행위자의 언동이 단순한 감정적인 욕설 내지 일시적 분노의 표시에 불과하여 주위사정에 비추어 가해의 의사가 없음이 객관적으로 명백한 때에는 협박행위 내지 협박의 의사를 인정할 수 없으나 위와 같은 의미의 협박행위 내지 협박의사가 있었는지의 여부는 행위의 외형뿐만 아니라 그러한 행위에 이르게 된 경위, 피해자와의 관계 등 주위상황을 종합적으로 고려하여 판단해야 할 것이다.

(출처 : 대법원 1991. 5. 10. 선고 90도2102 판결)

31. 사례 [강요]

고 소 장

1. 고소인

　　　　이O환 (000000-0000000)
　　　　서울시 00구 00동 000-00, 000원룸 000호
　　　　연락처 : 010-0000-0000

2. 피고소인

　　　　강O수 (주민등록번호 불상)
　　　　서울시 00구 00동 00-0, 0000아파트 00동 000호
　　　　연락처 : 010-0000-0000

3. 고소취지

고소인은 피고소인을 강요죄[23]로 고소하오니 조사하시어 엄벌하여 주시기 바랍니다.

4. 범죄사실

피고소인은 서울시 00구 00동 소재 00대학교 00학과 4학년인 자이고, 고소인은 같은 대학교 같은 과 1학년인 자입니다

---

[23] 형법 제324조(강요) ① 폭행 또는 협박으로 사람의 권리행사를 방해하거나 의무없는 일을 하게 한 자는 5년 이하의 징역 또는 3천만원 이하의 벌금에 처한다.
② 단체 또는 다중의 위력을 보이거나 위험한 물건을 휴대하여 제1항의 죄를 범한 자는 10년 이하의 징역 또는 5천만원 이하의 벌금에 처한다.

피고인은 2000. 00. 00. 17:00경 위 대학교 00관 옥상에서 선배교육을 한다는 명목으로 고소인에게 선배들에게 인사를 잘하지 않는다는 이유로 30분간 머리박기 속칭 원산폭격을 시키고, 연이어 깍지 끼고 팔굽혀펴기를 50회 시킨 후, 맥주잔 글라스에 소주 절반과 맥주 절반을 넣은 혼합주 속칭 폭탄주 2잔을 마시도록 강요하였습니다.

5. 고소이유

(1) 고소인과 피고소인은 서울시 00구 00동 소재 00대학교 00학과 1학년과 4학년에 각 재학 중인 학생들입니다.

(2) 고소인은 고등학교를 졸업하고 3수를 한 후에 위 대학교 00학과에 입학하였으나, 입학 직후부터 피고소인을 포함한 같은 학과 선배들로부터 심한 기합을 받았는데 어떤 경우에는 피고소인을 포함한 선배들이 야구방망이로 엉덩이와 허벅지를 마구 내리쳐 속살이 시커멓게 멍이 들은 적도 있었습니다.

(3) 하지만 어렵게 시작한 대학생활인지라 고소인은 어떻게 해서든지 참으며 학교생활을 하려고 노력하였으나 피고소인을 제외한 다른 선배들은 고소인보다 오히려 나이가 1살 적거나 동갑 혹은 1살 정도 밖에 많지 않음에도 고소인을 쫄따구 취급하였고, 고소인과 동기생 여러 명이 기합을 받을 때도 선배들은 유독 고소인만 심하게 기합을 주었습니다.

(4) 같은 과 2학년이나 3학년 선배들은 고소인과 나이 차이가 없거나 오히려 고소인이 1살 더 많다는 사실을 알면서도 예비역인 피고소인의 힘을 믿고 고소인을 마구 대하였고, 고소인과 고소인의 동기들은 심한 매질과 기합에 반항을 하면 더 큰 체벌이 있을 것이라는 두려운 생각에 반항도 못하고 계

속되는 매질과 기합을 당하였습니다.

(5) 고소인이 입학을 한 지가 아직 2달이 못되었는데 그동안 선배교육이라는 명목으로 집합을 한 것이 5회가 넘습니다. 이 사건이 나던 날도 고소인은 수업시간에 선배들이 옥상으로 집합하란다는 연락을 받고 어쩔 수 없이 집합장소로 갔습니다. 당시 옥상에는 2학년생 2명, 3학년생 2명 그리고 피고소인이 있었고, 고소인을 포함한 동기생 5명이 불려와 부동자세로 집합을 했는데 처음에는 3학년생 선배가 "선배들을 보고도 인사를 하지 않는 나쁜 놈이 있는데 니들이 그런 식으로 하면 학교에서 생활하기 힘들다", "이번 기수 애들은 싸가지가 없다"라는 등의 말을 하였으나 기합을 주지는 않았습니다.

(6) 그런데 피고소인이 갑자기 앞으로 나오면서 "이 새끼들 다 죽어볼래"라고 고함을 지르더니 "엎드려 뻗쳐"라고 소리 질렀습니다. 이에 고소인을 포함한 동기생들이 엎드리자 약 10분 정도 있다가 모두 일어나라고 하더니 다시 고소인에게 "니가 동기들 대장이냐"라고 물어 아니라고 대답하자 바로 "대가리 박아"라고 소리쳤고 고소인이 대가리를 박고 약 30분 쯤이 되어서야 "일어나라"고 말하여 고소인이 일어나자 "이 새끼 쎈데"라고 말하며 다시 "깍지 끼고 팔굽혀펴기 50회"라고 말하여 고소인이 다시 엎드려 팔굽혀펴기를 했습니다.

(7) 그런데도 성이 안 찬 피고소인은 3학년생의 가방에 있던 소주와 맥주 그리고 술잔을 꺼내 절반씩 따른 폭탄주를 마시라고 말하여 고소인이 술을 못 먹는다고 말하자 "그런 게 어딨어"라고 소리 지르며 술을 마실 것을 강요하였고 고소인은 피고소인과 선배들이 무서워 어쩔 수 없이 한 잔 마셨습니다. 그랬더니 이번에는 고소인과 고소인 동기생 모두에게 폭탄주를 만들

어 주며 마시라고 강요하여 고소인은 또 다시 폭탄주 한 잔을 마셨으나 정신이 혼미해져 쓰러지고 말았습니다.

(8) 그렇게 약 1시간 동안 쓰러져 있던 고소인은 동기생들의 부축을 받아 학교 부근 숙소로 돌아왔으나 너무도 분한 마음에 한잠도 잘 수가 없었습니다. 이에 더 이상 학교에 가기가 두려운 고소인은 또 다시 대학시험을 보고 다른 학교로 갈 각오로 이 사건 고소에 이르렀습니다. 부디 같은 과 선배들의 폭력이 두려워 학교 가기가 무서운 고소인과 고소인의 동기생들의 어려운 처지를 생각하시어 피고소인이 다시는 후배들에게 폭력을 행사하지 못하도록 엄히 처벌하여 주십시오.

6. 첨부자료

(1) 동기생들의 진술서   3부
(2) 학생증 사본   1부

7. 관련사건의 수사 및 재판 여부

① 중복 고소 여부	본 고소장과 같은 내용의 고소장을 다른 검찰청 또는 경찰서에 제출하거나 제출하였던 사실이 있습니다 □ / 없습니다 ☑
② 관련 형사사건 수사 유무	본 고소장에 기재된 범죄사실과 관련된 사건 또는 공범에 대하여 검찰청이나 경찰서에서 수사 중에 있습니다 □ / 수사 중에 있지 않습니다 ☑
③ 관련 민사소송 유무	본 고소장에 기재된 범죄사실과 관련된 사건에 대하여 법원에서 민사소송 중에 있습니다 □ / 민사소송 중에 있지 않습니다 ☑

본 고소장에 기재한 내용은 고소인이 알고 있는 지식과 경험을 바탕으로 모두 사실대로 작성하였으며, 만일 허위사실을 고소하였을 때에는 형법 제156조 무고죄로 처벌받을 것임을 서약합니다.

2000. 00. 00.

고 소 인   이 ○ 환   ㊞

서울○○경찰서 귀중

【유사사건 판례요지】

강요죄나 공갈죄의 수단인 협박은 사람의 의사결정의 자유를 제한하거나 의사실행의 자유를 방해할 정도로 겁을 먹게 할 만한 해악을 고지하는 것을 말하는데, 해악의 고지는 반드시 명시적인 방법이 아니더라도 말이나 행동을 통해서 상대방으로 하여금 어떠한 해악에 이르게 할 것이라는 인식을 갖게 하는 것이면 족하고, 피공갈자 이외의 제3자를 통해서 간접적으로 할 수도 있으며, 행위자가 그의 직업, 지위 등에 기하여 불법한 위세를 이용하여 재물의 교부나 재산상 이익을 요구하고 상대방으로 하여금 그 요구에 응하지 않을 때에는 부당한 불이익을 당할 위험이 있다는 위구심을 일으키게 하는 경우에도 해악의 고지가 된다.
(출처 : 대법원 2013. 4. 11. 선고 2010도13774 판결)

폭행 및 상해

32. 사례 [폭행]

고 소 장

1. 고소인

한O호 (000000-0000000)
서울시 00구 00동 00, 00연립 201호
연락처 : 010-0000-0000

2. 피고소인

차O일 (주민등록번호 불상)
서울시 00구 00동 00시장 내 00제과점
연락처 : 00-0000-0000

3. 고소취지

고소인은 피고소인을 폭행죄[24]로 고소하오니 조사하시어 엄벌하여 주시기 바랍니다.

---

[24] 형법 제260조(폭행, 존속폭행) ① 사람의 신체에 대하여 폭행을 가한 자는 2년 이하의 징역, 500만원 이하의 벌금, 구류 또는 과료에 처한다.
② 자기 또는 배우자의 직계존속에 대하여 제1항의 죄를 범한 때에는 5년 이하의 징역 또는 700만원 이하의 벌금에 처한다.
③ 제1항 및 제2항의 죄는 피해자의 명시한 의사에 반하여 공소를 제기할 수 없다.

4. 범죄사실

피고소인은 서울시 00구 00동 00시장에서 00제과점이라는 상호로 장사를 하는 자로,

2000. 00. 00. 15:00경 고소인이 위 제과점 건너편에서 호떡을 팔던 호떡차(1톤 화물차)로 다가와 화물칸에 앉아 있던 고소인에게 피고소인이 들고 온 검정색 우산을 휘두르며 "왜 여기서 장사를 하느냐", "앞에 제과점이 안 보이느냐", "빨리 걷어서 다른 데로 가라"고 고함을 질러 고소인이 왜 그러시냐고 묻자 들고 있던 우산을 고소인 머리 위로 내던지고, 고소인의 멱살을 양손으로 잡아당기며 "좋은 말로 할 때 빨리 꺼져"라고 소리를 지르면서 고소인의 멱살을 수차례 흔들고, 고소인을 바닥에 쓰러트리는 폭행을 하였습니다.

5. 고소이유

(1) 고소인은 1톤 화물차 개조한 호떡차를 타고 다니면서 적당히 장사를 할 곳이 있는 곳에 차를 대놓고 호떡을 파는 자이고, 피고소인은 위 제과점의 사장인 자입니다.

(2) 고소인은 2000. 00. 00. 15:00경 평소와 같이 호떡차를 운행하고 다니던 중, 위 제과점 앞 4차선 도로 건너편에 공터가 있어 그곳에 차를 세워놓고 호떡을 팔고 있었습니다. 그런데 장사를 시작한 지 얼마 되지 않아 머리가 반백인 피고소인이 화물차 짐칸에 앉아서 호떡을 만드는 고소인에게 다가와 접혀있는 검은색 우산을 마구 휘두르며 "왜 여기서 장사를 하느냐", "앞에 제과점이 안 보이느냐", "빨리 걷어서 다른 데로 가라"고 고함을 질러 고소인이 차에서 내려와 피고소인에게 왜 그러시냐고 묻자 들고 있던 우산을 고소인 머리 위로 내던지고 양손으로 고소인의 멱살을 잡아당기고 "좋은 말로 할 때 빨리 꺼져"라며 수차례 고소인의 멱살을 마구 흔들더니

바닥에 내팽개쳤습니다.

(3) 너무도 분한 고소인이 바닥에서 일어나 옷을 털고 있는데 지나가던 순찰차에서 경찰관이 내려 호떡차 쪽으로 다가오자 피고소인은 제과점 쪽에서 빠른 걸음으로 도망갔고, 경찰관들은 저를 부축해 주었습니다. 그래서 고소인이 억울한 사정을 경찰관에게 말하자 젊은 사람이 참으라며 어디 다친 데는 없냐고 물었고, 고소인이 다친 데는 없어서 없다고 말하자, 경찰관은 순찰차를 타고 돌아갔습니다.

(4) 그날 가슴이 떨려 장사도 포기하고 집으로 돌아온 고소인은 너무도 억울하여 잠도 못자고 도저히 참을 수가 없어 이 사건 고소를 하게 되었습니다. 부디 없는 자를 깔보고 자기에게 피해를 준 것도 없는데 무작정 고함을 지르며 폭행을 자행한 피고소인을 엄벌하여 주시기 바랍니다.

6. 첨부자료

(1) 사진(피고소인이 도망가는 장면)   2부

7. 관련사건의 수사 및 재판 여부

① 중복 고소 여부	본 고소장과 같은 내용의 고소장을 다른 검찰청 또는 경찰서에 제출하거나 제출하였던 사실이 있습니다 □ / 없습니다 ☑
② 관련 형사사건 수사 유무	본 고소장에 기재된 범죄사실과 관련된 사건 또는 공범에 대하여 검찰청이나 경찰서에서 수사 중에 있습니다 □ / 수사 중에 있지 않습니다 ☑
③ 관련 민사소송 유 무	본 고소장에 기재된 범죄사실과 관련된 사건에 대하여 법원에서 민사소송 중에 있습니다 □ / 민사소송 중에 있지 않습니다 ☑

본 고소장에 기재한 내용은 고소인이 알고 있는 지식과 경험을 바탕으로 모두 사실대로 작성하였으며, 만일 허위사실을 고소하였을 때에는 형법 제156조 무고죄로 처벌받을 것임을 서약합니다.

2000. 00. 00.

고 소 인   한 ○ 호   ㊞

서울○○경찰서 귀중

【유사사건 판례요지】

폭행죄에 있어서의 폭행이라 함은 사람의 신체에 대하여 물리적 유형력을 행사함을 뜻하는 것으로서 반드시 피해자의 신체에 접촉함을 필요로 하는 것은 아니므로 피해자에게 근접하여 욕설을 하면서 때릴 듯이 손발이나 물건을 휘두르거나 던지는 행위를 한 경우에 직접 피해자의 신체에 접촉하지 않았다고 하여도 피해자에 대한 불법한 유형력의 행사로서 폭행에 해당한다.
(출처 : 대법원 1990. 2. 13. 선고 89도1406 판결)

33. 사례 [상해]

고 소 장

1. 고소인

이O호 (000000-0000000)
서울시 00구 00동 00-0, 00아파트 000동 0000호
연락처 : 010-0000-0000

2. 피고소인

왕O호 (000000-0000000)
서울시 00구 00동 000-00, 000연립 0동 000호
연락처 : 010-0000-0000

3. 고소취지

고소인은 피고소인을 상해죄[25]로 고소하오니 조사하시어 엄벌하여 주시기 바랍니다.

4. 범죄사실

고소인은 00대학교 00학과에 재학 중인 대학생이고, 피고소인은 직업을 알 수

---

[25] 형법 제257조(상해, 존속상해) ① 사람의 신체를 상해한 자는 7년 이하의 징역, 10년 이하의 자격정지 또는 1천만원 이하의 벌금에 처한다.
② 자기 또는 배우자의 직계존속에 대하여 제1항의 죄를 범한 때에는 10년 이하의 징역 또는 1천 500만원 이하의 벌금에 처한다.
③ 전 2항의 미수범은 처벌한다.

없는 자로 같은 동네에 살면서 길에서 가끔 보면 시비를 걸던 자입니다.

피고소인은 2000. 00. 00. 17:00경 고소인이 서울시 00구 00동 소재 "00마트" 앞을 걸어가고 있는데 뒤 따라와 고소인을 세우고, "오늘 기분 안 좋은데 한판 붙자", "왜 맨날 비겁하게 피해 다니냐"라는 등의 말로 시비를 걸어 고소인이 피고소인을 똑바로 쳐다 보면서 "시비 걸지 말라, 나도 화나면 무서운 놈이다"라는 말을 하고 돌아서 가려고 하자, 좌측 손으로 고소인의 우측 어깨를 잡아 돌리더니 우측 주먹으로 고소인의 우측 안면부를 때려 고소인이 주저앉자, 우측 구두 발을 들어 고소인의 좌측 어깨를 짓밟고, 고소인이 우측면으로 쓰러지자 고소인의 안면부위를 발로 1회 걷어차고, 배와 옆구리를 마구 발로 차 고소인이 비명을 지르자 지나가던 사람들이 몰려들어 피고소인을 말렸고, 고소인은 다른 사람들의 도움으로 사건 현장에서 100미터 가량 떨어진 "00의원"으로 후송되었습니다. 피고소인의 위와 같은 폭행으로 고소인은 두부 피하출혈, 안면 골절 및 찰과상, 배와 옆구리 등의 부종 및 찰과상 등으로 전치 5주 진단의 상해를 입었습니다.

5. 고소이유

(1) 고소인은 00대학교 00학과 3학년에 재학 중인 학생이고, 피고소인은 직업을 알 수 없는 자로 같은 동네에 살면서 길에서 가끔 보는데 어떤 때는 고소인에게 이유도 없이 시비를 걸기도 하던 자입니다.

(2) 피고소인은 어쩌다 길에서 고소인을 만날 경우 아무런 이유 없이 시비를 거는데 그런 경우 고소인은 빠른 걸음으로 도망을 가다시피 합니다. 동네 사람들은 피고소인을 좀 이상한 사람이라고 알고 피고소인을 만나면 그냥

피해 버리곤 하는 것을 고소인이 종종 보았습니다.

(3) 이 사건이 나던 날도 고소인이 학교를 마치고 귀가하는데 어디서부터인지는 몰라도 피고소인이 고소인을 따라와 뒤에서 고소인의 옷을 잡아 세우더니 고소인에게 "오늘 기분 안 좋은데 한판 붙자", "왜 맨날 비겁하게 피해다니냐"라는 등의 말로 시비를 걸었으나 고소인은 자리를 피하려 하였습니다. 그런데 피고소인이 자꾸 고소인의 상의를 뒤에서 잡아당기며 한판 붙자고 시비를 걸어 화가 난 고소인이 돌아서서 피고소인을 똑바로 쳐다 보면서 "시비 걸지 말라, 나도 화나면 무서운 놈이다"라는 말을 하고 돌아서 가려고 하였습니다.

(4) 그런데도 피고소인은 좌측 손으로 고소인의 우측 어깨를 잡아 돌리더니 우측 주먹으로 냅다 고소인의 우측 안면부를 때려 고소인이 풀썩 주저앉자 우측 구두 발을 들어 고소인의 좌측 어깨를 내리 찍었고 그 충격으로 고소인이 우측면으로 쓰러지자 고소인의 안면부위를 우측 발로 1회 걷어차 고소인이 코피가 터져 피가 쏟아지는 대도, 피고소인은 고소인의 배와 옆구리를 발로 마구 차 고소인이 비명을 지르자 지나가던 사람들이 몰려들어 피고소인을 붙잡아 말렸고, 다른 사람들의 도움을 받은 고소인은 사건 현장에서 100미터 가량 떨어진 ○○의원으로 후송되었습니다.

(5) 그리고 병원에서 치료를 받고 있는데 사건 현장에 계셨던 노인분이 사건현장에 떨어져 있던 주민등록증을 보고 인적사항을 적어 왔다며 쪽지를 고소인에게 건네주었고, 고소인은 그날 하루 병원에서 쉬고 다음날 퇴원하였습니다. 그런데 피고소인이 두부 피하출혈, 안면 골절 및 찰과상, 배와 옆구리 등의 부종 및 찰과상 등으로 전치 5주의 상처를 입고 집에서 치료를 하고 있는데도 피고소인이 사과를 오지도 않고 일체 연락도 없어 고소인은

부득이 이 사건 고소를 하기에 이르렀습니다. 부디 철저한 수사로 피고소인을 엄벌하여 주시기 바랍니다.

6. 첨부자료
   (1) 진단서   1부
   (2) 진술서(현장에 계셨던 노인 분)   1부

7. 관련사건의 수사 및 재판 여부

① 중복 고소 여부	본 고소장과 같은 내용의 고소장을 다른 검찰청 또는 경찰서에 제출하거나 제출하였던 사실이 있습니다 □ / 없습니다 ☑
② 관련 형사사건 수사 유무	본 고소장에 기재된 범죄사실과 관련된 사건 또는 공범에 대하여 검찰청이나 경찰서에서 수사 중에 있습니다 □ / 수사 중에 있지 않습니다 ☑
③ 관련 민사소송 유무	본 고소장에 기재된 범죄사실과 관련된 사건에 대하여 법원에서 민사소송 중에 있습니다 □ / 민사소송 중에 있지 않습니다 ☑

본 고소장에 기재한 내용은 고소인이 알고 있는 지식과 경험을 바탕으로 모두 사실대로 작성하였으며, 만일 허위사실을 고소하였을 때에는 형법 제156조 무고죄로 처벌받을 것임을 서약합니다.

2000. 00. 00.

고소인   이 ○ 호   ㊞

서울○○경찰서 귀중

【유사사건 판례요지】

형사사건에서 상해진단서는 피해자의 진술과 함께 피고인의 범죄사실을 증명하는 유력한 증거가 될 수 있다. 그러나 상해 사실의 존재 및 인과관계 역시 합리적인 의심이 없는 정도의 증명에 이르러야 인정할 수 있으므로, 상해진단서의 객관성과 신빙성을 의심할 만한 사정이 있는 때에는 증명력을 판단하는 데 매우 신중하여야 한다. 특히 상해진단서가 주로 통증이 있다는 피해자의 주관적인 호소 등에 의존하여 의학적인 가능성만으로 발급된 때에는 진단 일자 및 진단서 작성일자가 상해 발생 시점과 시간상으로 근접하고 상해진단서 발급 경위에 특별히 신빙성을 의심할 만한 사정은 없는지, 상해진단서에 기재된 상해 부위 및 정도가 피해자가 주장하는 상해의 원인 내지 경위와 일치하는지, 피해자가 호소하는 불편이 기왕에 존재하던 신체 이상과 무관한 새로운 원인으로 생겼다고 단정할 수 있는지, 의사가 상해진단서를 발급한 근거 등을 두루 살피는 외에도 피해자가 상해 사건 이후 진료를 받은 시점, 진료를 받게 된 동기와 경위, 그 이후의 진료 경과 등을 면밀히 살펴 논리와 경험법칙에 따라 증명력을 판단하여야 한다.

(출처 : 대법원 2016. 11. 25. 선고 2016도15018 판결)

주거침입 및 퇴거불응

34. 사례 [주거침입]

고 소 장

1. 고소인

황O철 (000000-0000000)
서울시 00구 00동 00, 0000아파트 25동 705호
연락처 : 010-0000-0000

2. 피고소인

권O명 (000000-0000000)
서울시 00구 00동 00-00, 0000빌라 C동 405호
연락처 : 010-0000-0000

3. 고소취지

고소인은 피고소인을 주거침입죄26)로 고소하오니 조사하시어 엄벌하여 주시기 바랍니다.

4. 범죄사실

피고소인은 서울시 00구 00동 "00시장" 0동 00호에서 "00냉면"이라는 상호로

---

26) 형법 제319조(주거침입) ① 사람의 주거, 관리하는 건조물, 선박이나 항공기 또는 점유하는 방실에 침입한 자는 3년 이하의 징역 또는 500만원 이하의 벌금에 처한다.
형법 제320조(특수주거침입) 단체 또는 다중의 위력을 보이거나 위험한 물건을 휴대하여 전조의 죄를 범한 때에는 5년 이하의 징역에 처한다.

식당업을 하는 자입니다.

　　피고소인은 2000. 00. 00. 15:00경 서울시 000구 00동 00시장 0동 00호 소재 고소인의 "000냉면"식당 주방에서 일을 하던 고소인을 찾아와 잡담을 나누던 중, 고소인이 화장실에 잠시 다녀오는 사이에 고소인 몰래 주방 대형 냉장고 위에 초소형 도청용 송신기를 설치하고 돌아가는 방법으로 고소인의 주거를 침입하였습니다.

5. 고소이유

(1) 고소인과 피고소인은 서울시 000구 00동 00시장 0동 00호와 00호에서 각자의 냉면식당을 운영하는 자들입니다. 고소인은 위 식당을 20년 이상 해왔으나 피고소인은 다른 곳에서 냉면식당을 하다가 고소인의 이웃 점포로 이사를 온 지는 5개월 정도 되었습니다.

(2) 피고소인은 고소인보다 나이가 2살 어렸기 때문에 이사를 온 직후부터 고소인을 찾아와 인사를 하고 고소인을 형이라 부르며 잘 따랐고, 2~3회 정도 저녁에 같이 나가 술을 마시기도 하며 비교적 절친하게 지냈습니다.

(3) 하지만 고소인은 같은 자리에서 오랜 기간 장사를 하였기 때문에 소문이 많이 나고 맛도 좋다고 하여 점심시간이면 손님들이 줄을 서야 할 정도로 장사가 잘되나, 이사를 온지가 얼마 안되는 피고소인의 식당은 점심시간에도 식당의 1/3 정도만 손님이 들어오는 정도로 장사가 되어 그리 잘되는 식당이라고는 할 수 없는 형편이었습니다.

(4) 그런데 언제부턴가 손님들 간에 피고소인의 냉면 보다 고소인의 냉면이 육수가 훨씬 맛있다는 소문이 났고, 고소인 식당 보다 장사가 안되는 피고소인은 고소인의 냉면 육수의 제조비법을 알고 싶어 한 것으로 보입니다. 때문에 피고소인이 이 사건 당일 평소와 같이 점심시간이 끝나고 한가한 시간에 고소인이 일하는 고소인 식당 주방으로 놀러 와서, 고소인 모르게 냉

면 육수 비법을 얻기 위해 주방 대형 냉장고 위에 도청장치를 살짝 놓고 간 것입니다.

(5) 이 사건 당일 고소인은 피고소인이 그냥 한가해서 놀러온 것으로 생각하고 잡담을 나누었고, 주방 의자에 앉아 고소인과 농담을 하며 놀던 피고소인은 고소인이 잠시 화장실에 다녀온 사이에 없어져 고소인이 의아하게 생각하고 있었는데, 당시 식당 홀에서 일하던 고소인의 처가 주방으로 들어와 고소인에게 왜 옆 집 아저씨가 저렇게 황급하게 가느냐고 물으며 피고소인이 고소인과 다투었냐고 물었습니다. 이에 이상한 생각이 들은 고소인이 홀에 설치된 CCTV를 돌려 봤더니 정말 피고소인이 놀란 사람처럼 황급히 식당 밖으로 나가는 것이었습니다.

(6) 당시 고소인은 피고소인이 고소인의 냉면 육수 비법을 알기 위해 고소인 식당 주방에 도청장치를 할 것이라는 생각을 전혀 못하고 있었기에 그냥 그런가보다 생각하고 지냈는데, 이틀 후 주방보조 일을 하는 아주머니가 아침에 주방 청소를 하다가 갑자기 고소인을 불러, 주방으로 가 봤더니 냉장고 위에 이상한 것이 있는데 혹시 고소인이 놔둔 거냐고 물어, 고소인은 그런 적이 없다고 말하고, 의자를 놓고 올라가 주방 대형냉장고 위를 보니 소형도청기가 있었습니다.

(7) 고소인은 정말 이상한 일이라고 생각하고 주방 일을 하는데 갑자기 피고소인이 황급히 식당을 나간 일과 도청기가 연관이 되면서 피고소인이 도청기를 설치해 놓고 갔다는 사실을 고소인이 알게 되었습니다. 그래서 피고소인을 불러 도청기를 보여주고 왜 이런 짓을 했는지 추궁하자 피고소인은 자신은 그런 사실이 없다고 딱 잡아떼며 생사람 잡지 말라고 악을 쓰고 온갖 욕을 하며 고소인에게 덤볐습니다.

(8) 이에 더 이상 참을 수가 없게 된 고소인이 부득이 이 사건 고소를 하오니 남의 집에 놀러온 척 들어와 남의 영업 비밀을 알기 위해 몰래 도청기를 설치한 피고소인을 주거침입죄로 엄벌하여 주시기 바랍니다.

6. 첨부자료

　(1) 도청기 사진　　　　　　　　　　　　　　　　　　　　　3부
　(2) CCTV장면사진　　　　　　　　　　　　　　　　　　　　5부

7. 관련사건의 수사 및 재판 여부

① 중복 고소 여부	본 고소장과 같은 내용의 고소장을 다른 검찰청 또는 경찰서에 제출하거나 제출하였던 사실이 있습니다 □ / 없습니다 ☑
② 관련 형사사건 수사 유무	본 고소장에 기재된 범죄사실과 관련된 사건 또는 공범에 대하여 검찰청이나 경찰서에서 수사 중에 있습니다 □ / 수사 중에 있지 않습니다 ☑
③ 관련 민사소송 유무	본 고소장에 기재된 범죄사실과 관련된 사건에 대하여 법원에서 민사소송 중에 있습니다 □ / 민사소송 중에 있지 않습니다 ☑

본 고소장에 기재한 내용은 고소인이 알고 있는 지식과 경험을 바탕으로 모두 사실대로 작성하였으며, 만일 허위사실을 고소하였을 때에는 형법 제156조 무고죄로 처벌받을 것임을 서약합니다.

2000. 00. 00.

고 소 인　　황 ○ 철　　㊞

서울○○경찰서 귀중

【유사사건 판례요지】

일반인의 출입이 허용된 음식점이라 하더라도, 영업주의 명시적 또는 추정적 의사에 반하여 들어간 것이라면 주거침입죄가 성립되는바, 기관장들의 조찬모임에서의 대화내용을 도청하기 위한 도청장치를 설치할 목적으로 손님을 가장하여 그 조찬모임 장소인 음식점에 들어간 경우에는 영업주가 그 출입을 허용하지 않았을 것으로 보는 것이 경험칙에 부합하므로, 그와 같은 행위는 주거침입죄가 성립한다.
(출처 : 대법원 1997. 3. 28. 선고 95도2674 판결)

35. 사례 [퇴거불응]

고 소 장

1. 고소인

  최O영 (000000-0000000)
  서울시 00구 00동 000-0, 다세대주택 000호
  연락처 : 010-0000-0000

2. 피고소인

  (1) 이O자 (000000-0000000)
    서울시 00구 00동 000-0, 다세대주택 000호
    연락처 : 010-0000-0000
  (2) 박O남 (000000-0000000)
    서울시 00구 00동 000-0, 다세대주택 000호
    연락처 : 010-0000-0000

3. 고소취지

고소인은 피고소인들을 퇴거불응죄[27]로 고소하오니 조사하시어 엄벌하여 주시기 바랍니다.

---

[27] 형법 제319조(퇴거불응) ② 전항의 장소(사람의 주거, 관리하는 건조물, 선박이나 항공기 또는 점유하는 방실)에서 퇴거요구를 받고 응하지 아니한 자도 전항의 형(3년 이하의 징역 또는 500만원 이하의 벌금)과 같다.

4. 범죄사실

피고소인들은 부부지간으로 서울시 00구 00동 000-0, 4층 다세대 주택의 소유자이며 위 주택 101호에 거주하고 있는 자들로,

2000. 00. 00. 15:00경 고소인이 세입자로 거주하고 있는 위 주택 2층 201호로 찾아와 고소인에게 할 말이 있다하여, 고소인의 안내로 원룸인 방으로 들어와서 고소인과 층간소음 문제와 음식물 쓰레기 수거 방법에 대하여 이야기를 하다가 말다툼을 하던 중, 피고소인들이 고소인에게 너무 큰소리를 지르고 두 사람이 합세하여 윽박질러 두려운 생각에 고소인이 피고소인들에게 이 집에서 나가 줄 것을 수차례 요구하여도 이를 무시하고 이 집이 내 집인데 왜 나가냐며 마구 화를 내며 약 50분간 고소인의 퇴거요구에 불응하였습니다.

5. 고소이유

(1) 피고소인들은 부부지간으로 서울시 00구 00동 000-0, 4층 다세대 주택의 공동소유자이며 위 주택 101호에 거주하고 있는 자들이고, 고소인은 약 3개월 전부터 위 다세대주택 2층 201호를 피고소인들로부터 임차를 받아 사용하고 있는 거주자입니다.

(2) 피고소인들은 고소인이 위 임차를 들어온 이후 종종 201호로 올라와 초인종을 누르고 고소인을 불러 "왜 쿵쿵거리느냐", "의자 끄는 소리에 신경이 쓰여 잠을 못잔다", "주의하라"라는 등의 말을 하여 고소인은 고소인이 부주의해서 그런가보다는 생각을 하고 피고소인들이 고소인의 부모님 나이쯤 되시는 분들이라 항상 주의하고 살아왔습니다. 그런데 위 다세대주택은 건축한 지가 오래된 노후 건물로 고소인이 보통걸음으로 걸어도 아래층에서 소리가 들리고, 침대에서 뒤척거려도 흔들리는 침대 때문에 아래층에서

소리가 들릴 정도로 층간 소음방지시설이 미비한 건물입니다.

(3) 사정이 이와 같음에 층간 소음 문제로 고소인을 자주 찾아오는 피고소인 이O자에게 고소인은 제가 주의를 해도 그러니 이사를 가도록 집을 빼달라고 말씀을 드렸더니 이O자는 벌컥 화를 내며 돌아갔고, 그 이후로는 피고소인들이 번갈아 고소인을 찾아와 왜 음식물 쓰레기에 물을 빼지 않고 버렸다느니, 쓰레기를 규격 봉투에 넣지 않았다느니 온갖 구실을 붙여 잔소리를 해댔고, 집 앞에서 만났을 때 고소인이 인사를 하여도 쳐다보지도 않고 지나치는 등 고소인을 대하는 태도가 매우 냉냉 하였습니다.

(4) 이 사건이 나던 날도 피고소인들은 201호로 찾아와 전날 철야근무를 하여 쉬고 있는 고소인에게 범죄사실과 같은 잔소리를 해대더니, 고소인이 매우 피곤해 함에도, 막무가내 식으로 화를 내는 피고소인들의 태도에 겁이 난 고소인이 피고소인들에게 집에서 나가 줄 것을 수차 부탁하였으나, 피고소인들을 더욱 사나운 기세로 고소인에게 화를 내었습니다.

(5) 도저히 안되겠다 싶은 고소인은 핸드폰을 동영상으로 해놓고 정중하게 피고소인들에게 이 집에서 나가 주실 것을 수차례 요구하였으나 피고소인들은 더욱 화를 내며 내가 왜 내 집에서 나가야 하느냐며 오히려 고소인에게 이 집에서 나가라고 떠들어 댔습니다. 그렇게 약 50분 가량의 소란을 피우던 피고소인들은 옆방인 202호 세입자가 시끄러워서 못살겠다고 경찰을 부르겠다고 떠들자 그때서야 201호에서 나와 아래층으로 내려갔습니다.

(6) 이에 더 이상 201호에서 살기가 무서워진 고소인은 피고소인들에게 이사를 가겠으니 집을 빼달라고 사정을 하여도 피고소인들은 기간 전에 나가려면 기간 말까지 월 30만 원의 월세를 모두 내고 나가라고 억지를 부려 더

이상은 참을 수가 없게 된 고소인은 부득이 이 사건 고소에 이르렀습니다. 부디 가난한 세입자라고 깔보고 마구 대하는 피고소인들을 엄벌하여 주시기 바랍니다.

6. 첨부자료
　(1) 현장 사진　　　　　　　　　　　　　　　　　　　5부
　(2) 녹취록　　　　　　　　　　　　　　　　　　　　1부

7. 관련사건의 수사 및 재판 여부

① 중복 고소 여부	본 고소장과 같은 내용의 고소장을 다른 검찰청 또는 경찰서에 제출하거나 제출하였던 사실이 있습니다 □ / 없습니다 ☑
② 관련 형사사건 수사 유무	본 고소장에 기재된 범죄사실과 관련된 사건 또는 공범에 대하여 검찰청이나 경찰서에서 수사 중에 있습니다 □ / 수사 중에 있지 않습니다 ☑
③ 관련 민사소송 유무	본 고소장에 기재된 범죄사실과 관련된 사건에 대하여 법원에서 민사소송 중에 있습니다 □ / 민사소송 중에 있지 않습니다 ☑

본 고소장에 기재한 내용은 고소인이 알고 있는 지식과 경험을 바탕으로 모두 사실대로 작성하였으며, 만일 허위사실을 고소하였을 때에는 형법 제156조 무고죄로 처벌받을 것임을 서약합니다.

2000. 00. 00.

고 소 인   최 ○ 영   ㊞

서울○○경찰서 귀중

【유사사건 판례요지】

건조물의 위요지가 되기 위해서는 건조물에 인접한 그 주변 토지로서 관리자가 외부와의 경계에 문과 담 등을 설치하여 그 토지가 건조물의 이용을 위하여 제공되었다는 것이 명확히 드러나야 하는 것이기는 하나, 근래 학교, 병원, 공공기관 등에 설치된 담장을 제거하고 화단의 설치, 수목의 식재 등으로 담장의 설치 등을 대체하는 추세를 감안하면, 건물에 인접한 주변 토지가 건물, 화단, 수목 등으로 둘러싸여 건조물의 이용에 제공되었다는 것이 명확히 드러나는 한 그 경계에 문과 담을 설치하지 아니하였다고 하더라도 달리 볼 것이 아니다. 그리고 일반적으로 개방되어 있는 장소라 하더라도 관리자가 필요에 따라 그 출입을 제한할 수 있는 것이므로 관리자의 퇴거요구에도 불구하고 건조물에서 퇴거하지 않는 것은 사실상의 건조물의 평온을 해하는 것으로서 퇴거불응죄를 구성한다 할 것이다.일반적으로 개방되어 있는 장소라 하더라도 관리자가 필요에 따라 그 출입을 제한할 수 있는 것이므로 관리자의 퇴거요구에도 불구하고 건조물에서 퇴거하지 않는 것은 사실상의 건조물의 평온을 해하는 것으로서 퇴거불응죄를 구성한다 할 것이다.

(출처 : 광주지방법원 2009. 10. 30. 선고 2009노1251 판결)

손괴 및 교통방해

36. 사례 [손괴]

고 소 장

1. 고소인

　　이O숙 (000000-0000000)
　　서울시 00구 00동 00, 000연립 0동 000호
　　연락처 : 010-0000-0000

2. 피고소인

　　박O만 (000000-0000000)
　　서울시 000구 000동 00-00, 000원룸 000호
　　연락처 : 010-0000-0000

3. 고소취지

　　고소인은 피고소인을 재물손괴죄[28]로 고소하오니 조사하시어 엄벌하여 주시기 바랍니다.

4. 범죄사실

　　피고소인은 서울시 00구 00동 00-0, 00빌딩 12층 "00보험회사" 텔레마케터로 근무하는 남성이고, 고소인 역시 위 보험회사 텔레마케터로 근무하는 여성입니다.

---

[28] 형법 제366조(재물손괴등) 타인의 재물, 문서 또는 전자기록등 특수매체기록을 손괴 또는 은닉 기타 방법으로 기 효용을 해한 자는 3년 이하의 징역 또는 700만원 이하의 벌금에 처한다.

피고소인은 2000. 00. 00. 20:00경 위 보험회사 고소인의 책상 위에 설치된 개인용 컴퓨터에 내장되어 있던 사무자료·개인 사진자료·각종연락처·개인문서 등의 파일들을 불상의 방법으로 복원할 수 없게 삭제하는 방법으로 손괴하였습니다.

5. 고소이유

(1) 고소인과 피고소인은 서울시 00구 00동 00-0, 00빌딩 12층 00보험회사 텔레마케터로 근무하는 자들도, 피고소인은 위 텔레마케터 업무경력이 5년 이상 되지만, 고소인은 입사한지 6개월 가량된 신입사원입니다.

(2) 피고소인은 고소인이 위 텔레마케터로 근무를 시작한 직후부터 사내 인터넷망을 통하여 점심을 같이 하자고 메시지를 보내고, 직장 복도나 엘리베이터에서 만날 경우에도 "저녁에 커피나 한 잔 하자", "주말에 데이트하자", "일 끝나고 영화구경 가자", "진지하게 사귀고 싶다"라는 등의 말을 하며 같이 사귀자고 하였으나, 신입사원인 고소인은 회사에서 이상한 소문이라도 나면 근무하는데 많은 문제가 있고, 피고소인이 별로 마음에 들지도 않아 피고소인에게 "애인이 있다"라는 거짓말을 하며 피고소인을 피해 다녔습니다.

(3) 이 사건 당일 날에도 피고소인은 오전부터 고소인의 자리로 찾아와 "오늘 저녁에 같이 식사를 하려고 회사 앞 양식집에 예약을 해 놓았다"라며 같이 저녁 식사를 하자고 말하였으나 고소인은 단호히 거절하였고, 퇴근 시간 전에도 피고소인이 역시 인터넷 메시지로 퇴근 후 회사 앞 커피숍에서 기다리고 있을 테니 꼭 나오라는 문자를 보내오기도 했습니다.

(4) 하지만 고소인은 퇴근을 하면서 바로 귀가하였고, 저녁 7시경에 피고소인으로부터 위 "커피숍에서 기다리고 있다"라는 문자가 왔으나 고소인은 아무런 답장을 해주지 않고 집에 있었습니다. 그러자 오후 7시 30분경 피고소인으로부터 "너 자꾸 이러면 나도 가만히 있지는 않겠다. 니가 회사 편

하게 다닐 것 같으냐"라는 협박성 문자가 피고소인으로부터 왔습니다.

(5) 하지만 고소인은 피고소인의 문자를 무시하였고, 다음 날 아침 회사에 출근하였습니다. 그런데 출근해 보니 누군가 고소인의 책상을 만진 것 같은 흔적이 있었고, 고소인이 컴퓨터를 작동하니 컴퓨터에 들어있던 위 범죄사실에 적시 된 파일 등이 모두 삭제되어 있었습니다. 그래서 본부장님께 누군가 내 책상을 건드린 것 같고, 파일들이 모두 없어졌다고 말씀 드리자 팀장님께서 본부장실 문을 닫고 전날 회사 퇴근 후 시간대의 CCTV를 확인하였습니다.

(6) 그런데 CCTV 화면에 피고소인이 전날 오후 8시경에 아무도 없는 회사로 들어와 고소인 책상에서 무언가를 하는 장면이 포착되었고 이에 고소인은 피고소인의 범죄사실을 알게 되었습니다. 이에 본부장님께 어떻게 해야 할지 상의를 드리자 본부장님께서는 일벌백계 차원에서 엄벌하여야 하니 피고소인을 고소하라는 말씀을 하셨고, 고소인 역시 무서운 생각에 회사 일도 못할 것 같아 부득이 이 사건 고소에 이르렀습니다.

6. 첨부자료

　　(1) 핸드폰 문자　　　　　　　　　　　　　　　　　　　　　2부
　　(2) CCTV장면사진　　　　　　　　　　　　　　　　　　　　5부

7. 관련사건의 수사 및 재판 여부

① 중복 고소 여부	본 고소장과 같은 내용의 고소장을 다른 검찰청 또는 경찰서에 제출하거나 제출하였던 사실이 있습니다 □ / 없습니다 ☑
② 관련 형사사건 수사 유무	본 고소장에 기재된 범죄사실과 관련된 사건 또는 공범에 대하여 검찰청이나 경찰서에서 수사 중에 있습니다 □ / 수사 중에 있지 않습니다 ☑
③ 관련 민사소송 유 무	본 고소장에 기재된 범죄사실과 관련된 사건에 대하여 법원에서 민사소송 중에 있습니다 □ / 민사소송 중에 있지 않습니다 ☑

본 고소장에 기재한 내용은 고소인이 알고 있는 지식과 경험을 바탕으로 모두 사실대로 작성하였으며, 만일 허위사실을 고소하였을 때에는 형법 제156조 무고죄로 처벌받을 것임을 서약합니다.

2000. 00. 00.

고 소 인   이 ○ 숙   ㉑

서울○○○경찰서 귀중

【유사사건 판례요지】

재물손괴의 범의를 인정함에 있어서는 반드시 계획적인 손괴의 의도가 있거나 물건의 손괴를 적극적으로 희망하여야 하는 것은 아니고, 소유자의 의사에 반하여 재물의 효용을 상실케 하는 데 대한 인식이 있으면 되고, 여기에서 재물의 효용을 해한다고 함은 그 물건의 본래의 사용목적에 공할 수 없게 하는 상태로 만드는 것은 물론 일시 그것을 이용할 수 없는 상태로 만드는 것도 역시 효용을 해하는 것에 해당한다.
(출처 : 대법원 1993. 12. 7. 선고 93도2701 판결)

37. 사례 [교통방해]

고 소 장

1. 고소인

(1) 한O철 (000000-0000000)
서울시 00구 00동 000-0
연락처 : 010-0000-0000

(2) 최O복 (000000-0000000)
서울시 00구 00동 000-00
연락처 : 010-0000-0000

2. 피고소인

홍O호 (000000-0000000)
서울시 00구 00동 000-00
연락처 : 010-0000-0000

3. 고소취지

고소인들은 피고소인을 교통방해죄[29]로 고소하오니 조사하시어 엄벌하여 주시기 바랍니다.

4. 범죄사실

피고소인은 서울시 00구 00동 000-00번지에 거주하는 자이고, 고소인들은 같은 동네에 거주하는 자입니다.

피고소인은 2000. 00. 00.경부터 같은 해 00. 00.까지 위 00동 000-0, 000-0, 000-0, 000-00번지 일대의 주민 약 50여명과 차량이

---

[29] 형법 제185조(일반교통방해) 육로, 수로 또는 교량을 손괴 또는 불통하게 하거나 기타 방법으로 교통을 방해한 자는 10년 이하의 징역 또는 1천 500만 원 이하의 벌금에 처한다.

통행하는 위 피고소인 집 앞 3미터 폭의 도로에 피고소인 소유인 경기 00 마 0000, 8톤 화물차량을 장기 주차하는 방법으로 위 주민들의 통행을 방해하였습니다.

5. 고소이유

(1) 고소인들과 피고소인들은 서울시 00구 00동 000-00번지 일대에 거주하는 주민들입니다.

(2) 위 동네는 단독주택과 연립주택들이 혼재하는 주거지역으로 오랜 세월 동안 별다른 계획도 없이 동네가 개발되면서 도로는 좁고 인구는 밀집되어 재개발이 필요한 지역으로, 약 3미터 가량의 좁은 통행로에 많은 차들이 주차하는 관계로 저녁 시간에는 주민들 간에 주차문제로 다툼이 자주 발생하는 곳이기도 합니다.

(3) 피고소인 집 앞 도로는 약 6미터 가량의 이면도로에서 3미터 가량의 좁은 길로 접어드는 코너길이고, 그 모퉁이 길에서부터 동네 안으로 약 30미터 가량의 도로가 더 형성되어 있고, 그 30미터의 길 양쪽으로는 20세대 가량의 주택들이 들어서 있는 지역으로 그곳에는 고소인들을 포함한 약 50명 가량의 주민들이 거주하고 있습니다.

(4) 때문에 피고소인 집 앞 길은 위 50명의 주민들이 항상 통행하는 곳으로 그곳을 통과하여야만 자기의 집 앞에 주차를 할 수 있는 곳이기도 합니다. 그런데 위에서 언급한 바와 같이 길은 좁고 주민들과 차량이 많은 위 동네는 저녁이면 주차 문제로 시끌시끌한데 이 사건이 발생하기 2일 전에도 피고소인이 피고소인의 집 앞에 주차를 하는 바람에 고소인들의 차들이 골목으로 들어오지 못하게 되어 고소인들이 피고소인에게 피고소인의 차를 빼달라고 요구하는 과정에서 심하게 말싸움을 하였고 그런 과정을 구경나온 동네 사람들이 목격한 적이 있었습니다.

(5) 당시 피고소인은 자기는 자기의 집 앞에 주차를 하는 것이기 때문에 아무런 문제가 없다며 골목길 안쪽에 사는 고소인들이 집 앞이 아닌 공영주차장을 이용하여야 한다고 주장하고, 고소인들은 골목길 안쪽에 사는 사람들도 주차를 하여야 하니까 피고소인이 길을 터 주어야 한다고 주장하여 그 해결은 안되고 심하게 말다툼만 하였는데 그날 피고소인은 싸움 구경을 하는 주민들에게 "앞으로 이 골목에 주차할 수 있는지 보자". "내 집 앞에 내가 차를 대는데 무슨 말들이 많냐"며 고함을 질러대기도 하였습니다.

(6) 이후 피고소인은 위 범죄사실과 같이 위 골목길 입구인 피고소인의 집 앞에 피고소인의 소유인 경기 00 마 0000, 대형 화물차량을 주차하기 시작하였고, 주민들이 차를 빼달라고 말하여도 피고소인은 자기의 차량이 아니라고 거짓말하며 위 차량을 한 달 이상 주차하였는데, 그 기간 동안 위 주민들은 위 도로를 통행하는데 막대한 지장을 받았고, 주민들의 승용차 역시 위 기간 동안 위 도로를 통행하지 못하였습니다.

(7) 하지만 더 이상 참을 수가 없게 된 고소인들을 포함한 주민들이 경찰서로 찾아가 위 화물차량의 번호로 화물차량의 소유자를 확인한 바, 그 소유자가 피고소인이란 것이 밝혀졌고, 이에 너무도 분한 마음에 고소인들이 이 사건 고소를 하기에 이르게 되었습니다. 부디 철저한 수사로 위 주민들과 주민들의 차량의 통행을 방해한 피고소인은 교통방해죄로 엄히 처벌하여 주시기 바랍니다.

6. 첨부자료

(1) 주차된 위 화물차량 사진   10부
(2) 피고소인이 위 화물차량을 주차하는 CCTV 화면사진   10부

7. 관련사건의 수사 및 재판 여부

① 중복 고소 여부	본 고소장과 같은 내용의 고소장을 다른 검찰청 또는 경찰서에 제출하거나 제출하였던 사실이 있습니다 □ / 없습니다 ☑
② 관련 형사사건 수사 유무	본 고소장에 기재된 범죄사실과 관련된 사건 또는 공범에 대하여 검찰청이나 경찰서에서 수사 중에 있습니다 □ / 수사 중에 있지 않습니다 ☑
③ 관련 민사소송 유무	본 고소장에 기재된 범죄사실과 관련된 사건에 대하여 법원에서 민사소송 중에 있습니다 □ / 민사소송 중에 있지 않습니다 ☑

본 고소장에 기재한 내용은 고소인이 알고 있는 지식과 경험을 바탕으로 모두 사실대로 작성하였으며, 만일 허위사실을 고소하였을 때에는 형법 제156조 무고죄로 처벌받을 것임을 서약합니다.

2000. 00. 00.

고소인   한 ○ 철   ㊞
         최 ○ 복   ㊞

서울○○경찰서 귀중

【유사사건 판례요지】

형법 제185조 소정의 육로라 함은 사실상 일반공중의 왕래에 공용되는 육상의 통로를 널리 일컫는 것으로서 그 부지의 소유관계나 통행권리관계 또는 통행인의 많고 적음 등은 가리지 않는 것이다.
(출처 : 대법원 1994. 11. 4. 선고 94도2112 판결)

위증 및 무고

38. 사례 [위증]

고 소 장

1. 고소인

최O수 (000000-0000000)
서울시 00구 00동 00, 0000아파트 28동 702호
연락처 : 010-0000-0000

2. 피고소인

남O호 (000000-0000000)
서울시 00구 000동 00-00, 000연립 502호
연락처 : 010-0000-0000

3. 고소취지

고소인은 피고소인을 위증죄30)로 고소하오니 조사하시어 엄벌하여 주시기 바랍니다.

---

30) 형법 제152조(위증, 모해위증) ① 법률에 의하여 선서한 증인이 허위의 진술을 한 때에는 5년 이하의 징역 또는 1천만원 이하의 벌금에 처한다.
② 형사사건 또는 징계사건에 관하여 피고인, 피의자 또는 징계혐의자를 모해할 목적으로 전항의 죄를 범한 때에는 10년 이하의 징역에 처한다.

4. 범죄사실

피고소인은 2000. 00. 00. 23:40경 서울시 00구 00동 00-0, "00빌딩" 앞 사거리에서 발생한 고소인 교통사고의 목격자라고 자칭하는 자로,

2000. 00. 00. 서울○○지방법원 000호 법정에서 있었던 2000고단 000000호 교통사고처리특례법위반 사건의 증인으로 출석하여 법률에 의하여 선서한 후, 위 교통사고 당시 고소인 차량 진행방향의 신호등이 녹색불인 직진 상황이었음에도 그 기억에 반하여 "적색불로 정지 상황이었다", 위 교통사고 당시 야간이긴 하였으나 비가 오거나 안개가 끼지 않은 날씨이었음에도 "안개가 심하게 끼었고, 자동차의 와이퍼를 작동할 정도로 비가 많이 왔다"라는 등의 허위의 진술로 위증하였습니다.

5. 고소이유

(1) 고소인은 2000. 00. 00. 23:40경 서울시 00구 00동 00-0, 00빌딩 앞 사거리에서 발생한 교통사고의 당사자이고, 피고소인은 위 교통사고를 목격하였다고 주장하는 자입니다.

(2) 피고소인은 2000. 00. 00. 고소인에 대한 교통사고처리특례법위반(사건번호 2000고단000000호)사건의 재판을 진행하고 있던 서울○○지방법원 제 000호 법정에 출석하여 법률에 의한 선서를 한 후, 위 교통사고 당시 고소인 차량 진행방향의 신호등이 녹색불인 직진 상황이었음에도 그 기억에 반하여 "적색불로 정지 상황이었다"라고 허위의 진술을 하고, 역시 위 교통사고 당시 야간이긴 하였으나 비가 오거나 안개가 끼지 않은 날씨이었음에도 "안개가 심하게 끼었고, 자동차의 와이퍼를 작동할 정도로 비가 많이 왔다"라는 허위의 진술을 하였습니다.

(3) 위 교통사고는 사거리에서 발생한 야간의 사망사고로 사고 당시는 너무 늦은 시간이라 위 사고현장 부근에는 지나다니는 사람이 거의 없었습니다.

그런데 위 교통사고 사망자의 유가족이 당시 도로를 무단 횡단하였던 피해자의 죽음이 억울하다는 이유로 위 교통사고 현장에 위 교통사고의 목격자를 찾는다는 내용의 현수막을 수개월 동안이나 붙여놓아도 목격자가 나타나지 않자, 현상금을 주겠다는 내용을 추가한 현수막을 설치하였고 그 직후 피고소인이 목격자라고 나타났습니다.

(4) 그런데 위 교통사고의 목격자라는 피고소인이 경찰에서 진술한 내용을 보면 위 사고당시의 상황을 전혀 모르고 있는 것으로 보여 고소인은 피고소인이 위 사고를 정말로 목격하였는지 많은 의심을 가지고 있었습니다. 위 교통사고로 경찰에서 진술하였던 다른 목격자들의 진술을 보면 고소인의 진술과 같이 위 교통사고 당시 고소인의 차량이 진행하던 방향의 신호등은 직진 신호였고, 야간이었지만 비가 오거나 안개가 끼지는 않았다고 되어 있습니다.

(5) 그럼에도 불구하고 피고소인은 무슨 연유에서인지 위 범죄사실과 같이 진실과 다른 허위의 증언을 하였습니다. 이에 고소인은 부득이 이 사건 고소에 이르렀으니 부디 철저한 수사로 피고소인의 범행을 밝혀 엄히 처벌하여 주시기 바랍니다.

6. 첨부자료

(1) 위 재판기록   1부
(2) 위 사고당시 CCTV장면사진   5부
(3) 위 현수막 사진   2부

7. 관련사건의 수사 및 재판 여부

① 중복 고소 여부	본 고소장과 같은 내용의 고소장을 다른 검찰청 또는 경찰서에 제출하거나 제출하였던 사실이 있습니다 □ / 없습니다 ☑
② 관련 형사사건 수사 유무	본 고소장에 기재된 범죄사실과 관련된 사건 또는 공범에 대하여 검찰청이나 경찰서에서 수사 중에 있습니다 □ / 수사 중에 있지 않습니다 ☑
③ 관련 민사소송 유무	본 고소장에 기재된 범죄사실과 관련된 사건에 대하여 법원에서 민사소송 중에 있습니다 □ / 민사소송 중에 있지 않습니다 ☑

본 고소장에 기재한 내용은 고소인이 알고 있는 지식과 경험을 바탕으로 모두 사실대로 작성하였으며, 만일 허위사실을 고소하였을 때에는 형법 제156조 무고죄로 처벌받을 것임을 서약합니다.

2000. 00. 00.

고 소 인   최 ○ 수   ㊞

서울○○경찰서 귀중

【유사사건 판례요지】

피고인이 3회에 걸쳐 법률에 의한 선서를 하고서 진술한 증언내용이 객관적 사실에 부합하지 아니하고 피고인 자신이 증언내용 사실을 잘 알지 못하면서도 잘 아는 것으로 증언했다는 것이므로 그렇다면 피고인의 증언은 기억에 반한 진술이 될 것이고 위증죄가 성립되는 것이다.
(출처 : 대법원 1986. 9. 9. 선고 86도57 판결)

39. 사례 [무고]

고 소 장

1. 고소인

주식회사 0000 대표이사 조O구
서울시 0구 00동 000-00, 0000빌딩 00층 0000호
연락처 : 00-0000-0000

2. 피고소인

주식회사 00 대표이사 권O호
서울시 00구 000동 00-00, 00빌딩 5층
연락처 : 00-0000-0000

3. 고소취지

고소인은 피고소인을 무고죄[31]로 고소하오니 조사하시어 엄벌하여 주시기 바랍니다.

4. 범죄사실

피고소인은 건설업 등을 영위하는 법인이고, 고소인 역시 건설업에 종사하는 회사입니다.

피고소인은 2000. 00. 00. 공정거래위원회에 사실은 고소인이 2000. 00. 00. 조달청에서 있었던 00시 000구 00동 소재 00항 0000공사 입찰에서 주식회사 00건설, 주식회사 000종합건설 등의 회사와 담합한 적이 없음에도 불구하고, 2000. 00. 00.경 필리핀국 000컨트리클럽에서

---

[31] 형법 제156조(무고) 타인으로 하여금 형사처분 또는 징계처분을 받게 할 목적으로 공무소 또는 공무원에 대하여 허위의 사실을 신고한 자는 10년 이하의 징역 또는 1천500만원 이하의 벌금에 처한다.

고소인과 위 주식회사 00건설, 위 주식회사 000종합건설 대표이사들이 함께 골프를 치면서 위 공사입찰에 고소인이 금 00,000,000,000원, 위 "주식회사 00건설"이 금 00,000,000,000원, 위 "주식회사 000종합건설"이 금 00,000,000,000원의 금액으로 각 입찰하기로 담합하였다"라는 등의 허위 사실의 내용의 신고서를 제출하여 고소인을 무고하였습니다.

5. 고소이유

(1) 고소인은 약 20년 전부터 국내외 건설 등을 업으로 하는 회사의 대표자이고, 피고소인 역시 건설업 등을 영위하는 법인의 대표자로, 고소인과 피고소인은 조달청에서 2000. 00. 00. 실시한 00시 00항 0000공사 입찰에 참여하였다가 피고소인은 탈락하고 고소인은 선정된 사실이 있습니다.

(2) 피고소인은 위 입찰에서 고소인에게 졌다는 이유로 동종 업계를 다니면서 고소인에 대한 험담을 하였고, 일전에는 탈세를 하지도 않은 고소인을 탈세하였다고 국세청에 신고하였으나 무혐의 결정을 받은 사실도 있습니다.

(3) 위와 같이 고소인에 대한 악감정을 가지고 있던 피고소인은 급기야 위 입찰에서 고소인이 주식회사 00건설이나 주식회사 000종합건설과 입찰담합을 한 적이 없음에도 불구하고 고소인으로 하여금 형사처벌을 받게 할 목적으로 고소인이 위 주식회사 00건설과 위 주식회사 000종합건설 대표이사들과 같이 2000. 00. 00.경 필리핀국 000컨트리클럽에서 함께 골프를 치면서 위 공사입찰에 고소인과 위 회사의 대표자들이 위 범죄사실의 금액으로 입찰하기로 담합하였다라는 등의 허위 내용의 신고서를 작성하고, 그 신고서를 위 범죄사실과 같이 공정거래위원회에 제출하였던 것입니다.

(4) 그런데 위 공정거래위원회 조사과정에서 고소인이나 위 주식회사 OO건설, 위 주식회사 OOO종합건설 대표이사들이 필리핀국은 물론 해외로 출국한 사실조차도 없음이 밝혀졌고, 위 주식회사 OO건설은 위 입찰에 참여하려다가 마지막에 입찰서를 내지 않고 포기하였고, 위 주식회사 OOO종합건설은 위 입찰에 참여는 하였으나 피고소인이 담합하였다는 금액 보다 훨씬 더 낮은 금액으로 입찰하였음이 밝혀졌습니다.

(5) 결국 피고소인은 위와 같은 고소인에 대한 악감정으로 허위의 사실로 공정거래위원회에 고소인을 무고한 것입니다. 이에 도저히 참을 수가 없게 된 고소인은 동종 업계의 신용을 회복하기 위해서라도 이 사건 고소를 하지 않을 수 없게 되어 부득이 이 사건 고소에 이르렀습니다. 부디 철저한 수사로 피고소인을 엄벌하여 주시기 바랍니다.

6. 첨부자료

(1) 위 입찰서 사본 　　　　　　　　　　　　　2부
(2) 피고소인의 신고서 사본 　　　　　　　　　1부
(3) 출국사실확인원 　　　　　　　　　　　　　3부

7. 관련사건의 수사 및 재판 여부

① 중복 고소 여부	본 고소장과 같은 내용의 고소장을 다른 검찰청 또는 경찰서에 제출하거나 제출하였던 사실이 있습니다 □ / 없습니다 ☑
② 관련 형사사건 수사 유무	본 고소장에 기재된 범죄사실과 관련된 사건 또는 공범에 대하여 검찰청이나 경찰서에서 수사 중에 있습니다 □ / 수사 중에 있지 않습니다 ☑
③ 관련 민사소송 유무	본 고소장에 기재된 범죄사실과 관련된 사건에 대하여 법원에서 민사소송 중에 있습니다 □ / 민사소송 중에 있지 않습니다 ☑

본 고소장에 기재한 내용은 고소인이 알고 있는 지식과 경험을 바탕으로 모두 사실대로 작성하였으며, 만일 허위사실을 고소하였을 때에는 형법 제156조 무고죄로 처벌받을 것임을 서약합니다.

2000. 00. 00.

고소인　　주식회사 0000
　　　　　대표이사　조 ○ 구　　㊞

서울○○경찰서 귀중

【유사사건 판례요지】

국세청장은 조세범칙행위에 대하여 벌금 상당액의 통고처분을 하거나 검찰에 이를 고발할 수 있는 권한이 있으므로, 국세청장에 대하여 탈세혐의사실에 관한 허위의 진정서를 제출하였다면 무고죄가 성립한다.
(출처 : 대법원 1991. 12. 13. 선고 91도2127 판결)

공연음란 및 음화반포등

40. 사례 [공연음란]

고 소 장

1. 고소인

　　　　박O자 (000000-0000000)
　　　　서울시 00구 00동 00, 0000아파트 00동 0000호
　　　　연락처 : 010-0000-0000

2. 피고소인

　　　　나O기 (000000-0000000)
　　　　서울시 00구 000동 00-00, 0000아파트 000동 000호
　　　　연락처 : 010-0000-0000

3. 고소취지

고소인은 피고소인을 공연음란죄[32]로 고소하오니 조사하시어 엄벌하여 주시기 바랍니다.

4. 범죄사실

피고소인은 서울시 00구 00동 00-00 소재 0000나이트클럽을 운영하는 자로,

---

[32] 형법 제245조(공연음란) 공연히 음란한 행위를 한 자는 1년 이하의 징역, 500만원 이하의 벌금, 구류 또는 과료에 처한다.

2000. 00. 00. 01:00경 위 성명불상의 20대 여성 2명(1명은 한국인, 1명은 러시아인으로 추정)에게 위 나이트클럽 홀 중앙에 설치된 무대에서 다른 곳은 모두 어둡게 하고 위 여성 2명만 스포트라이트를 받는 상태에서 음부와 유두부를 드러낸 완전 나체의 상태에서 속칭 "홀딱춤"를 약 20분 동안 추게 하는 등 공연히 음란한 행위를 하게 하였습니다.

5. 고소이유

(1) 피고소인은 서울시 00구 00동 00-00 소재 0000나이트클럽을 운영하는 자이고, 고소인은 동창회 모임에 갔다가 친구들과 함께 위 나이트클럽에 손님으로 갔던 중년 여성입니다.

(2) 고소인이 위 나이트클럽에 놀러갔던 2000. 00. 00. 01:00경 동창생들과 같이 한 자리에서 너무 창피하고 놀라운 광경을 목격하였습니다. 즉 위 나이트클럽에서는 손님들로 붐비는 심야에 사회자가 나와 손님들이 기다리는 홀딱쇼을 보여주겠다고 알리더니 끈적거리는 음악과 함께 성명불상의 20대 여성 2명이 위 나이트클럽 홀 중앙에 설치된 무대에서 스포트라이트를 받는 상태에서 여성의 음부와 유두부를 완전히 드러낸 나체의 상태에서 흐느적거리며 춤을 추는 속칭 홀딱쇼(홀딱춤)를 하기 시작하였습니다. 당시 흥분한 남자 동창들은 환호성을 지르며 난리를 치는데, 고소인을 포함한 여자 친구들은 너무 당황하여 얼굴이 화끈거렸고, 시선을 어디다가 두어야 할 지를 모를 정도로 황당하고 부끄러웠습니다.

(3) 이에 놀란 고소인이 남자 동창들에게 저런 춤을 추어도 되는지 묻자, 남자 동창들은 나이트클럽에서 홀딱쇼는 흔한 일이라며 아무렇지도 않은 것처럼

말하였습니다. 하지만 고소인과 같은 여자 동창들은 가정에서 주부로 있는 자들로 그 공연에서와 같은 수치스럽고 창피한 홀딱춤을 전혀 본 적이 없었기에 너무 당황스러워 일부 여자 동창들은 화장실을 간다며 자리를 피하기도 하였습니다.

(4) 참으로 창피하고 불편한 자리였으나 고소인은 동창들도 있고 하여 묵묵히 무대를 지켜보고 있었고, 술취한 남자들의 환호성에 더욱 흥이 난 무대 위의 여성들은 자위행위 흉내를 내기도 하면서 약 20분 가량의 질퍽거리는 춤을 추었습니다.

(5) 사건 당일 동창들과 헤어져 집에 돌아온 고소인은 얼굴이 화끈거리고 눈앞에 나체의 여인들이 자꾸 어른거려 잠을 이룰 수가 없었고, 당일 나이트클럽에는 대학생으로 보이는 어린 손님들도 많았기에 사회에 경종을 울린다는 차원에서 이 사건 고소에 이르렀습니다. 부디 철저한 수사로 피고소인을 엄벌하여 다시는 그런 음란한 쇼를 하지 못하도록 해 주시기 바랍니다.

6. 첨부자료

(1) 현장 사진   10부
(2) 사업자등록증 사진   1부

7. 관련사건의 수사 및 재판 여부

① 중복 고소 여부	본 고소장과 같은 내용의 고소장을 다른 검찰청 또는 경찰서에 제출하거나 제출하였던 사실이 있습니다 □ / 없습니다 ☑
② 관련 형사사건 수사 유무	본 고소장에 기재된 범죄사실과 관련된 사건 또는 공범에 대하여 검찰청이나 경찰서에서 수사 중에 있습니다 □ / 수사 중에 있지 않습니다 ☑

③ 관련 민사소송 유 무	본 고소장에 기재된 범죄사실과 관련된 사건에 대하여 법원에서 민사소송 중에 있습니다 □ / 민사소송 중에 있지 않습니다 ☑

본 고소장에 기재한 내용은 고소인이 알고 있는 지식과 경험을 바탕으로 모두 사실대로 작성하였으며, 만일 허위사실을 고소하였을 때에는 형법 제156조 무고죄로 처벌받을 것임을 서약합니다.

2000. 00. 00.

고 소 인   박 ○ 자   ㊞

서울○○경찰서 귀중

【유사사건 판례요지】

형법 제245조 소정의 '음란한 행위'라 함은 일반 보통인의 성욕을 자극하여 성적 흥분을 유발하고 정상적인 성적 수치심을 해하여 성적 도의관념에 반하는 것을 가리킨다고 할 것이고, 위 죄는 주관적으로 성욕의 흥분 또는 만족 등의 성적인 목적이 있어야 성립하는 것은 아니지만 그 행위의 음란성에 대한 의미의 인식이 있으면 족하다.
(출처 : 대법원 2000. 12. 22. 선고 2000도4372 판결)

41. 사례 [음화반포 등]

고 소 장

1. 고소인

전O우 (000000-0000000)
서울시 000구 00동 000-0
연락처 : 010-0000-0000

2. 피고소인

유O기 (000000-0000000)
주소불상
연락처 : 010-0000-0000

3. 고소취지

고소인은 피고소인을 음화반포 등[33])의 죄로 고소하오니 조사하시어 엄벌하여 주시기 바랍니다.

4. 범죄사실

피고소인은 서울시 종로구 00동 소재 "00상가" 일대에서 음란도서를 판매하는 자로,

2000. 00. 00. 17:30경 위 상가 공영주차장에서 주차를 하고 있는 고소인의 차량 뒷좌석으로 들어와 앉아 "좋은 그림 있는데 살래요", "완전 죽여주는 그림이 있다"라는 등의 말로 유인하여 고소인이 반응을 보이자, 소지하고 있던 남성용 사무용가방에서 한국·일본·미국 등 여러 나

---

[33]) 형법 제243조(음화반포등) 음란한 문서, 도화, 필름 기타 물건을 반포, 판매 또는 임대하거나 공연히 전시 또는 상영한 자는 1년 이하의 징역 또는 500만원 이하의 벌금에 처한다.

라의 여성들이 음부가 들어난 나체 상태로 남성들과 성교를 하는 장면이 촬영된 사진 약 20여 장이 철하여 진 책자를 고소인에게 금 3만 원에 판매하였습니다.

5. 고소이유

(1) 고소인은 일반 회사를 다니는 직장인이고, 피고소인은 서울시 종로구 00동 소재 "00상가" 일대에서 음란도서를 판매하는 자입니다.

(2) 이 사건 당일 고소인은 회사를 조퇴하고 컴퓨터를 사기 위하여 위 상가로 차를 운전하여 갔습니다. 그런데 위 상가 공영주차장에 고소인이 차를 주차하는데 피고소인이 무슨 말을 하며 고소인의 차량으로 다가와 고소인은 운전석 유리창을 열었습니다.

(3) 그때 피고소인이 오른 손에 들고 있던 책받침 크기의 사진을 고소인에게 보여주는데 그 사진은 여자의 음부가 적나라하게 드러난 음란물이었습니다. 당시 호기심에 고소인이 관심을 보이자 피고소인이 고소인의 차량 뒷좌석으로 들어와 운전석에 있는 고소인에게 "좋은 그림 있는데 살래요", "완전 죽여주는 그림이 있다"라는 등의 말을 하여 고소인이 보여 달라고 말하자 소지하고 있던 남성용 사무용가방에서 한국·일본·미국 등 여러 나라의 여성들이 음부가 들어난 나체 상태로 여러 남성들과 성교를 하는 장면이 촬영된 사진 약 100여 장이 철하여 진 책자를 고소인에게 보여주었습니다. 그래서 고소인이 얼마냐고 묻자 1권에 5만 원인데 고소인에게는 3만 원에 주겠다며 사라고 말하였습니다.

(4) 당시 피고소인이 고소인에게 보여준 사진들은 매우 선명하고 그 색깔도 좋아 고소인의 마음에 들었기에 고소인은 피고소인에게 한 권을 달라고 말하며 3만 원을 건네주었고, 그 돈을 받은 피고소인은 가지고 있던 남성용 사무용 가방에서 책 1권을 꺼내어 고소인에게 주고 차에서 내려 사라졌고,

고소인은 그 책자를 고소인의 승용차 조수석 방석 밑에 두고 차에서 내려 ○○상가 3층에 가서 컴퓨터를 구입한 후에 차를 몰고 귀가하였습니다.

(5) 귀가한 고소인은 컴퓨터를 옮겨 놓고 피고소인에게서 구입한 책을 들고 고소인의 방으로 들어가 그 책을 보는데 피고소인이 고소인에게 보여주었던 책과는 표지와 두께는 똑같고, 처음 5장의 사진 역시 같았으나 나머지 사진들은 일반 풍경사진으로 피고소인이 알려준 책과는 전혀 다른 책이었습니다.

(6) 이에 화가 난 고소인은 다음 날 퇴근시간에 다시 ○○상가를 찾아가 주차장에 있으니까 피고소인이 나타나 어제와 같은 말을 하면서 접근하였습니다. 고소인은 우선 피고소인의 인적사항이라도 알기 위하여 피고소인에게 그림을 찾는 친구들이 많이 있다고 말하고 명함이라도 한 장 달라고 말하자 피고소인은 흔쾌히 가지고 있던 지갑에서 피고소인의 명함을 꺼내 고소인에게 주었고, 고소인은 피고소인에게 친구들이 전화할 것이라고 알려주고 돌아와 피고소인의 인적사항을 확인하고 이 사건 고소를 하게 되었습니다.

6. 첨부자료

(1) 현장 사진   5부
(2) 명함   1부

7. 관련사건의 수사 및 재판 여부

① 중복 고소 여부	본 고소장과 같은 내용의 고소장을 다른 검찰청 또는 경찰서에 제출하거나 제출하였던 사실이 있습니다 □ / 없습니다 ☑
② 관련 형사사건 수사 유무	본 고소장에 기재된 범죄사실과 관련된 사건 또는 공범에 대하여 검찰청이나 경찰서에서 수사 중에 있습니다 □ / 수사 중에 있지 않습니다 ☑
③ 관련 민사소송 유무	본 고소장에 기재된 범죄사실과 관련된 사건에 대하여 법원에서 민사소송 중에 있습니다 □ / 민사소송 중에 있지 않습니다 ☑

본 고소장에 기재한 내용은 고소인이 알고 있는 지식과 경험을 바탕으로 모두 사실대로 작성하였으며, 만일 허위사실을 고소하였을 때에는 형법 제156조 무고죄로 처벌받을 것임을 서약합니다.

2000. 00. 00.

고 소 인   전 ○ 우   ㊞

서울○○경찰서 귀중

【유사사건 판례요지】

음란한 물건이라 함은 성욕을 자극하거나 흥분 또는 만족케 하는 물건들로서 일반인의 정상적인 성적 수치심을 해치고 선량한 성적 도의관념에 반하는 것을 의미하며, 어떤 물건이 음란한 물건에 해당하는지 여부는 행위자의 주관적 의도나 반포, 전시 등이 행하여진 상황에 관계없이 그 물건 자체에 관하여 객관적으로 판단하여야 한다.
(출처 : 대법원 2003. 5. 16. 선고 2003도988 판결)

문서위조

42. 사례 [사문서위조]

고 소 장

1. 고소인

    김○호 (000000-0000000)
    경기 고양시 00구 00동, 00아파트 00동 0000호
    연락처 : 010-0000-0000

2. 피고소인

    오○수 (000000-0000000)
    서울시 00구 00동 000-00, 000빌라 000호
    연락처 : 010-0000-0000

3. 고소취지

고소인은 피고소인을 사문서위조 및 동행사34)죄로 고소하오니 조사하시어 엄벌하여 주시기 바랍니다.

---

34) 형법 제231조(사문서등의 위조·변조) 행사할 목적으로 권리·의무 또는 사실증명에 관한 타인의 문서 또는 도화를 위조 또는 변조한 자는 5년 이하의 징역 또는 1천만원 이하의 벌금에 처한다.
형법 제232조(자격모용에 의한 사문서의 작성) 행사할 목적으로 타인의 자격을 모용하여 권리·의무 또는 사실증명에 관한 문서 또는 도화를 작성한 자는 5년 이하의 징역 또는 1천만원 이하의 벌금에 처한다.
형법 제234조(위조사문서등의 행사) 제231조 내지 제233조의 죄에 의하여 만들어진 문서, 도화 또는 전자기록등 특수매체기록을 행사한 자는 그 각 죄에 정한 형에 처한다.

4. 범죄사실

피고소인은 약 5년 전부터 고소인과는 같은 직장의 동료로 절친하게 지내온 자로,

2000. 00. 00.경 불상의 장소에서 채무자 오○수, 원금 금 45,000,000원, 변제기일 2000. 00. 00., 이자 연18%, 채권자 박○기의 차용증을 작성하면서 사실은 고소인이 위 채무에 대하여 그 연대보증을 하기로 한 사실이 없음에도 고소인의 동의를 받지 않고 임의로 위 차용증 연대보증인란에 성명 "김○호", 전화번호 "010-0000-0000", 주민등록번호 "000000-0000000", 주소 "경기 00시 00구 00동, 00아파트 00동 000호"라는 등의 내용을 기재하고 연대보증인 서명 란에 고소인의 필체와 유사한 서명을 하는 방법으로 권리에 관한 문서인 위 차용증을 위조하였고,

일자불상경, 불상의 장소에서 위와 같이 위조한 사문서인 위 차용증을 위 채권자 박○기에게 교부하여 행사하였습니다.

5. 고소이유

(1) 고소인과 피고소인은 약 5년 전부터 서울시 00구 00동 000-0 소재 "주식회사 0000"에서 영업사원으로 같이 근무한 직장 동료로 고소인과 피고소인은 절친하게 지냈고, 약 3년 전에는 직장 부근에 원룸을 얻어 같이 자취를 하기도 한 사이입니다.

(2) 피고소인은 약 1년 전부터 경마에 빠져 그동안 회사를 다니며 벌어두었던 얼마 않되는 돈을 모두 탕진하였고, 최근에는 속칭 꽁지돈이라는 도박 자금을 빌려 경마를 하였다는 사실도 고소인이 알게 되었습니다.

(3) 그런데 꽁지돈을 사용하여 사채업자에게 채무를 지게 된 피고소인은 그동안 얼마나 시달렸는지 사채업자로부터 연대보증이 있는 차용증을 만들어 올 것을 독촉 받고 고소인 모르게 위 범죄사실과 같이 차용증을 위조하여 가져다주었던 것입니다. 위와 같은 사실을 전혀 모르고 있던 고소인은 최근에 위 채권자가 연대 보증인인 고소인을 상대로 법원에 지급명령을 신청하여 그 지급명령문이 고소인에게 전달되어서야 위와 같은 사실을 피고소인을 통하여 알게 되었습니다.

(4) 고소인은 피고소인과는 친구이지만 위 채권자가 고소인에게 민사재판을 걸어와 친구를 도와줄 수도 없는 지경에 많은 고민을 하였습니다. 하지만 이 사건의 전모를 밝혀야만 고소인이 위 민사재판에서 패하지 않을 것이기에 부득이 이 사건 고소에 이르렀습니다.

6. 증거자료

(1) 차용증사본   1부
(2) 지급명령문 사본   1부

7. 관련사건의 수사 및 재판 여부

① 중복 고소 여부	본 고소장과 같은 내용의 고소장을 다른 검찰청 또는 경찰서에 제출하거나 제출하였던 사실이 있습니다 □ / 없습니다 ☑
② 관련 형사사건 수사 유무	본 고소장에 기재된 범죄사실과 관련된 사건 또는 공범에 대하여 검찰청이나 경찰서에서 수사 중에 있습니다 □ / 수사 중에 있지 않습니다 ☑
③ 관련 민사소송 유무	본 고소장에 기재된 범죄사실과 관련된 사건에 대하여 법원에서 민사소송 중에 있습니다 □ / 민사소송 중에 있지 않습니다 ☑

본 고소장에 기재한 내용은 고소인이 알고 있는 지식과 경험을 바탕으로 모두 사실대로 작성하였으며, 만일 허위사실을 고소하였을 때에는 형법 제156조 무고죄로 처벌받을 것임을 서약합니다.

2000. 00. 00.

고 소 인   김 ○ 호   ㊞

서울○○경찰서 귀중

【유사사건 판례요지】

사문서의 작성명의자의 인장이 찍히지 아니하였더라도 그 사람의 상호와 성명이 기재되어 그 명의자의 문서로 믿을 만한 형식과 외관을 갖춘 경우에는 사문서위조죄에 있어서의 사문서에 해당한다고 볼 수 있다.
(출처 : 대법원 2000. 2. 11. 선고 99도4819 판결)

43. 사례 [공문서변조]

고 소 장

1. 고소인

권○기 (000000-0000000)

서울시 00구 00동 000-0, 00연립 000호

연락처 : 010-0000-0000

2. 피고소인

신○민 (000000-0000000)

서울시 00구 00동 000-00, 000아파트 0동 000호

연락처 : 010-0000-0000

3. 고소취지

고소인은 피고소인을 공문서변조 및 동행사[35]죄로 고소하오니 조사하시어 엄벌하여 주시기 바랍니다.

---

[35] 형법 제225조(공문서등의 위조·변조) 행사할 목적으로 공무원 또는 공무소의 문서 또는 도화를 위조 또는 변조한 자는 10년 이하의 징역에 처한다.
형법 제226조(자격모용에 의한 공문서 등의 작성) 행사할 목적으로 공무원 또는 공무소의 자격을 모용하여 문서 또는 도화를 작성한 자는 10년 이하의 징역에 처한다.
형법 제229조(위조등 공문서의 행사) 제225조 내지 제228조의 죄에 의하여 만들어진 문서, 도화, 전자기록등 특수매체기록, 공정증서원본, 면허증, 허가증, 등록증 또는 여권을 행사한 자는 그 각 죄에 정한 형에 처한다.

4. 범죄사실

피고소인은 고소인 소유인 서울시 00구 00동 000-00 소재 00빌딩 1층 "000 편의점"에서 아르바이트를 하던 자입니다.

피고소인은 2000. 00. 00.경 위 편의점 소유자인 고소인이 아르바이트생을 모집한다는 사실을 알고 취직을 하기 위해 이력서를 제출하면서 피고소인의 주민등록증이 아닌 다른 자의 주민등록증에 피고소인의 사진을 부착하고, 그 성명과 주민등록번호를 변조하여 피고소인의 것인 양 만들어 이를 복사하는 방법으로 변조하고,

같은 날 위와 같이 변조한 주민등록증 복사본을 위 이력서와 같이 고소인에게 제출하여 행사하였습니다.

5. 고소이유

(1) 고소인은 서울시 00구 00동 000-00 소재 00빌딩 1층 000편의점을 약 5년 전부터 운영하는 자이고, 피고소인은 위 편의점에서 아르바이트생으로 근무하던 자입니다.

(2) 고소인은 작년 말경부터 위 편의점에서 근무할 아르바이트생을 모집하였는데 피고소인은 2000. 00. 00.경 고소인의 편의점으로 고소인을 찾아와 00대학교 학생인데 아르바이트를 하겠다고 하여 고소인은 내일부터 나와서 오후 1시부터 오후 5시까지 아르바이트를 하라고 일러주면서 바로 이력서와 주민등록증을 제출할 것을 요구하였습니다.

(3) 그리고 다음날부터 일을 하기 시작한 피고소인은 2000. 00. 00.경 고소인에게 이력서와 주민등록증을 제출하여, 고소인은 그 내용을 보았으나 별다

른 문제가 없어 보였습니다. 그런데 2000. 00. 00.경 피고소인이 편의점 매출금 100만 원 가량을 가지고 잠적해 버려 고소인은 피고소인이 제출한 주민등록증사본의 주소를 보고 피고소인을 찾아갔으나 주소지에는 전혀 다른 사람이 살고 있었고, 그 집 아들이 주민등록증을 분실하였던 적이 있다는 사실도 고소인이 알게 되었습니다.

(4) 이에 고소인은 피고소인이 이력서의 친구 란에 기재한 사람들을 찾아가 수소문 끝에 피고인의 인적사항을 알게 되었고, 피고소인이 다른 사람이 분실한 주민등록증을 변조하여 다른 사람 행세를 하고 다닌다는 사실도 알게 되었습니다. 하지만 고소인이 피고소인을 찾을 방법이 없고, 피고소인이 가져간 돈 100만 원도 되돌려 받을 수도 없어 부득이 이 사건 고소를 하게 되었으니 부디 철저한 수사로 피고소인을 엄벌하여 주시기 바랍니다.

6. 증거자료

(1) 위 주민등록증사본   1부
(2) 위 이력서   1부

7. 관련사건의 수사 및 재판 여부

① 중복 고소 여부	본 고소장과 같은 내용의 고소장을 다른 검찰청 또는 경찰서에 제출하거나 제출하였던 사실이 있습니다 □ / 없습니다 ☑
② 관련 형사사건 수사 유무	본 고소장에 기재된 범죄사실과 관련된 사건 또는 공범에 대하여 검찰청이나 경찰서에서 수사 중에 있습니다 □ / 수사 중에 있지 않습니다 ☑
③ 관련 민사소송 유 무	본 고소장에 기재된 범죄사실과 관련된 사건에 대하여 법원에서 민사소송 중에 있습니다 □ / 민사소송 중에 있지 않습니다 ☑

본 고소장에 기재한 내용은 고소인이 알고 있는 지식과 경험을 바탕으로 모두 사실대로 작성하였으며, 만일 허위사실을 고소하였을 때에는 형법 제156조 무고죄로 처벌받을 것임을 서약합니다.

2000. 00. 00.

고 소 인   권 ○ 기   ㉠

서울○○경찰서 귀중

【유사사건 판례요지】

문서위조 및 동행사죄의 보호법익은 문서자체의 가치가 아니고 문서에 대한 공공의 신용이므로 문서위조죄의 객체가 되는 문서는 반드시 원본에 한한다고 보아야 할 근거는 없고 문서의 사본이라 하더라도 원본과 동일한 의식내용을 보유하고 증명수단으로서 원본과 같은 사회적 기능과 신용을 가지는 것으로 인정된다면 이를 위 문서의 개념에 포함시키는 것이 상당하다 할 것이다. 그러므로 문서의 사본 중에서도 사진기나 복사기등을 사용하여 기계적인 방법에 의하여 원본을 복사한 문서 이른바 복사문서는 사본이라 하더라도 필기의 방법 등에 의한 단순한 사본과는 달리 복사자의 의식이 개재할 여지가 없고, 그 내용에서부터 모양, 형태에 이르기까지 원본을 실제 그대로 재현하여 보여 주므로 관계자로 하여금 그와 동일한 원본이 존재하고 있는 것으로 믿게 할 뿐만 아니라 그 내용에 있어서도 원본 그 자체를 대하는 것과 같은 감각적 인식을 가지게 하는 것이고, 나아가 오늘날 일상거래에서 복사문서가 원본에 대신하는 증명수단으로서의 기능이 증대되고 있는 실정에 비추어 볼 때 이에 대한 사회적 신용을 보호할 필요가 있다 할 것이므로 위와 같이 사진복사한 문서의 사본은 문서위조 및 동행사죄의 객체인 문서에 해당한다고 보아야 할 것이다.
(출처 : 대법원 1989. 9. 12. 선고 87도506 전원합의체판결)

뇌물죄

44. 사례 [수뢰 및 뇌물공여 (재건축조합장)]

고 발 장

1. 고발인

    김O규 (000000-0000000)
    경기 00시 00구 00동 000, 0000아파트 00동 000호
    연락처 : 010-0000-0000

2. 피고발인

    (1) 서O호 (000000- 이하불상)
    경기 00시 00구 00동 000, 0000아파트 00동 000호
    연락처 : 010-0000-0000

    (2) 주식회사 0000 대표이사 김O효
    서울시 00구 000길 000-00, 0층 (000동, 00빌딩)
    연락처 : 010-0000-0000

3. 고발취지

    고발인은 피고발소인은 서O호를 수뢰죄[36]로, 피고발인 주식회사 0000 대표이사

---

[36] 형법 제129조(수뢰, 사전수뢰)
    ① 공무원 또는 중재인이 그 직무에 관하여 뇌물을 수수, 요구 또는 약속한 때에는 5년 이하의 징역 또는 10년 이하의 자격정지에 처한다.

김O효를 뇌물공여죄37)로 각 고발하오니 조사하시어 엄벌하여 주시기 바랍니다.

4. 범죄사실

피고발인 서O호는 경기 00시 00구 00동 000, "0000아파트" 재건축조합 조합장인 자이고, 피고발인 "주식회사 0000" 대표이사 김O효는 창호공사를 전문으로 하는 회사의 대표자입니다.

피고발인 서O호는 2000. 00. 00.경 서울시 강남구 00동 소재 상호불상의 유흥주점에서 위 피고발인 김O효로부터 위 아파트 재건축 공사의 창호공사를 하도급 받도록 해달라는 부탁을 받으며 액수불상의 향응을 대접받고, 그 자리에서 현금 1,000만 원의 뇌물을 제공받았으며,

피고발인 주식회사 0000 대표이사 김O효는 위와 같이 0000아파트 재건축 조합장인 피고발인 서O호에게 액수불상의 향응과 현금 1,000만 원의 뇌물을 제공하였습니다.

5. 고소이유

(1) 피고발인 서O호는 경기 00시 00구 00동 000, 0000아파트 재건축조합장인 자이고, 피고발인 김O효는 아파트 건축의 창호공사를 전문으로 하는 회

---

② 공무원 또는 중재인이 될 자가 그 담당할 직무에 관하여 청탁을 받고 뇌물을 수수, 요구 또는 약속한 후 공무원 또는 중재인이 된 때에는 3년 이하의 징역 또는 7년 이하의 자격정지에 처한다.
37) 형법 제133조(뇌물공여등)
① 제129조 내지 제132조에 기재한 뇌물을 약속, 공여 또는 공여의 의사를 표시한 자는 5년 이하의 징역 또는 2천만원 이하의 벌금에 처한다.
② 전항의 행위에 공할 목적으로 제삼자에게 금품을 교부하거나 그 정을 알면서 교부를 받은 자도 전항의 형과 같다.

사의 대표자이며, 고발인은 위 아파트 주민으로 위 조합의 감사를 역임했던 자입니다.

(2) 위 아파트는 건축을 한 지가 30년 이상이 되어 작년 봄에 위 아파트를 재건축하기 위한 재건축조합이 결정되었고, 그 초대 조합장으로 피고발인 서O호가 당선되어 그 업무를 맡고 있습니다. 그런데 작년 가을경부터 위 재건축아파트 시공사 선정과 관련하여 잡음이 끊이지 않아 위 조합과 비상대책위원회 간에 민형사상 싸움이 벌어졌고 현재까지도 시공사 선정과 관련하여 민사소송이 진행되고 있습니다.

(3) 그런데 최근에는 위 시공사 선정과 관련된 문제가 아닌 새로운 잡음이 끊이질 않고 있는데 그중 하나가 이 사건 창호공사와 관련된 일들입니다. 시공사 문제로 주민들 간에도 의견이 나누어져 있는 상태에서 위 재건축아파트의 창호공사를 맡겠다는 업체들이 나타나 주민들에게 자기 회사를 안내하는 유인물을 살포하고 세대마다 찾아다니며 인사를 하고 선물도 나누어 주는 등 참으로 낯 뜨거운 일들이 벌어지고 있습니다.

(4) 그중 피고발인 회사는 가장 극심하게 자신의 회사를 선전하고 다니는 회사 중의 하나로 금년 들어 이상한 소문이 아파트 입주민들 간에 퍼졌습니다. 그 소문의 내용은 2000. 00. 00.경 위 아파트 재건축조합의 전체 임원들이 피고발인 김O효의 초청으로 서울 강남의 고급 룸싸롱에 가서 끝내주는 향응을 대접받았고, 조합장은 돈도 1,000만 원이나 받았다는 것입니다.

(5) 고발인은 그런 소문을 모르고 있었으나 위 아파트 부녀회에 다녀온 고발인의 처가 위와 같은 소문을 듣고 고발인에게 "나이는 들어서 철딱서니 없게 젊은 여자가 있는 룸에 다니냐"고 따졌고 그런 사실이 없는 고발인은 그런 적이 없다고 처에게 말해 주었으나 소문은 믿고 고발인은 믿지 않는 고발

인의 처는 매일 같은 잔소리를 해대어 고발인은 자식들 보기도 창피한 지경이 되었습니다.

(6) 이에 고발인은 위 재건축조합에 나가 이사들에게 피고발인 김O효의 초청을 받아 강남에 있는 룸에 다녀온 일이 있는지 물었으나 아무도 명확한 대답을 해주지 않고 얼버무려 감사인 고발인은 그 자리에서 조합장에게 감사직을 사임한다고 밝히고 나왔습니다. 하지만 위 아파트 주민들 간에 위와 같은 소문은 더욱 확대되어 급기야 고발인의 처가 창피해서 이 아파트에는 못살겠다며 이사를 가자고 난리를 치는 지경에 이르렀고 더 이상은 참을 수가 없게 된 고발인이 이 사건을 명백히 밝히고자 이 사건 고발을 하게 되었습니다.

6. 증거자료

(1) 주민등록등본   1부
(2) 위 아파트 주민 진술서   3부

7. 관련사건의 수사 및 재판 여부

① 중복 고소 여부	본 고소장과 같은 내용의 고소장을 다른 검찰청 또는 경찰서에 제출하거나 제출하였던 사실이 있습니다 □ / 없습니다 ☑
② 관련 형사사건 수사 유무	본 고소장에 기재된 범죄사실과 관련된 사건 또는 공범에 대하여 검찰청이나 경찰서에서 수사 중에 있습니다 □ / 수사 중에 있지 않습니다 ☑
③ 관련 민사소송 유무	본 고소장에 기재된 범죄사실과 관련된 사건에 대하여 법원에서 민사소송 중에 있습니다 □ / 민사소송 중에 있지 않습니다 ☑

본 고소장에 기재한 내용은 고소인이 알고 있는 지식과 경험을 바탕으로 모두 사실대로 작성하였으며, 만일 허위사실을 고소하였을 때에는 형법 제156조 무고죄로 처벌받을 것임을 서약합니다.

2000. 00. 00.

고 소 인   김 ○ 규   ㊞

○○경찰서 귀중

【유사사건 판례요지】

도시 및 주거환경정비법이 정한 설립 요건과 절차를 갖추어 법인 등기까지 마친 재건축조합은 같은 법에 따른 구체적인 조합활동이 없어도 같은 법이 정한 재건축조합으로 인정되므로, 구 주택건설촉진법에 의하여 설립인가를 받아 도시 및 주거환경정비법 부칙 제10조에 의하여 법인 등기를 마친 재건축조합의 조합장에게 같은 법상의 공무원 의제조항이 적용된다고 한 사례.
(출처 : 대법원 2006. 5. 25. 선고 2006도1146 판결)

특정범죄가중처벌등에관한법률 위반

45. 사례 [특정범죄 가중처벌 등에 관한 법률위반(도주차량)]

고 소 장

1. 고소인

　　유O숙 (000000-0000000)
　　경기 00시 00구 00동 00-0, 00아파트 0동 000호
　　연락처 : 010-0000-0000

2. 피고소인

　　김O수 (000000-0000000)
　　경기 00시 00구 00동 000-00, 00000아파트 000동 0000호
　　연락처 : 010-0000-0000

3. 고소취지

　　고소인은 피고소인을 특정범죄 가중처벌 등에 관한 법률위반[38](도주차량)으로

---

[38] 특정범죄가중처벌등에관한법률 제5조의3(도주차량 운전자의 가중처벌)

① 「도로교통법」 제2조에 규정된 자동차·원동기장치자전거의 교통으로 인하여 「형법」 제268조의 죄를 범한 해당 차량의 운전자(이하 "사고운전자"라 한다)가 피해자를 구호(救護)하는 등 「도로교통법」 제54조제1항에 따른 조치를 하지 아니하고 도주한 경우에는 다음 각 호의 구분에 따라 가중처벌한다.

1. 피해자를 사망에 이르게 하고 도주하거나, 도주 후에 피해자가 사망한 경우에는 무기 또는 5년 이상의 징역에 처한다.
2. 피해자를 상해에 이르게 한 경우에는 1년 이상의 유기징역 또는 500만원 이상 3천만원 이하의 벌금에 처한다.

고소하오니 철저히 조사하시어 엄벌하여 주시기 바랍니다.

4. 범죄사실

피고소인은 차량번호 00라0000호 승용차를 운전하는 자로,
    2000. 00. 00. 22:00경 경기도 00시 00구 00동 00-0 소재 "00프라자" 앞 도로 2차선에서 00대학교 사거리 진행방향의 신호등이 적색불임에도 정지하지 아니하고 달려오던 시속 약 40키로미터의 속도로 그대로 직진하다가 마침 횡단보도를 건너던 고소인을 발견하지 못하여 위 승용차 전방 우측범퍼로 고소인의 좌측 다리 무릎 부분을 들이받아 고소인이 도로 가장자리로 튕겨 나가 비명을 지르고 있음에도 이를 무시하고 그대로 도주하였습니다.

5. 고소이유

(1) 피고소인은 차량번호 00라0000호 승용차를 운전하는 자이고, 고소인은 피고소인의 차량에 치어 우측 다리 골절 등 전치 8주간의 치료를 요하는 부상을 당한 자입니다.

(2) 고소인은 2000. 00. 00. 친척들의 모임이 있어 그 모임에 갔다가 귀가하기 위해 22:00경 경기도 00시 00구 00동 00-0 소재 00프라자 앞 횡단보도를 건너고 있었는데 이 도로 2차선에서 00대학교 사거리 방향으로 진행하던 피고소인이 운전하던 위 차량은 진행방향의 신호등이 적색등임에도

---

② 사고운전자가 피해자를 사고 장소로부터 옮겨 유기하고 도주한 경우에는 다음 각 호의 구분에 따라 가중처벌한다.
1. 피해자를 사망에 이르게 하고 도주하거나, 도주 후에 피해자가 사망한 경우에는 사형, 무기 또는 5년 이상의 징역에 처한다.
2. 피해자를 상해에 이르게 한 경우에는 3년 이상의 유기징역에 처한다.

정지를 하지 아니하고 달려오던 속도로 그대로 직진하다가 고소인을 발견하지 못하고 위 승용차 전방 우측범퍼로 고소인의 좌측 다리 무릎 부분을 강하게 들이받았고, 고소인은 그 충격으로 도로 가장자리로 팅겨 나가 상처 부위가 너무 아파 비명을 지르고 있었습니다.

(3) 위 사고 당시에는 야간으로 가로등이 밝게 켜져 있었으나 안개가 비교적 심하게 끼어 있어 운전자로서는 충분히 조심 운전을 하여야 하고, 특히 사고지점인 횡단보도는 어떤 운전자든지 일단은 정지하여야 함에도 피고소인은 진행방향의 빨간불 신호등조차도 무시하고 운전을 하다가 고소인을 들이받았던 것입니다. 당시 피고소인이 술에 취해 있었는지는 고소인이 확인할 수 없었으나 상당한 속도로 과속운전을 했던 것으로 기억합니다.

(4) 한편, 위와 같이 인사사고를 낸 피고소인은 사고 현장에서 잠시 멈추는 것 같더니 멈추지 않고 더욱 가속하여 도주하였고, 위 피고소인의 차량의 뒤에서 오던 승용차의 운전자 고소 외 문O수가 고소인을 발견하고 경찰에 신고를 해주어 고소인이 병원으로 후송될 수 있었고, 위 문O수가 차량의 번호를 기억하였다가 고소인에게 메모로 알려주어 사고 차량의 번호를 알게 된 고소인이 수소문 후 이 사건 고소를 하기에 이르렀습니다.

(5) 당시 위 문O수가 고소인을 도와주지 않았으며 도로가에 쓰러져 있던 고소인은 더 큰 참사를 당할 수도 있었다는 것을 생각하면 지금도 아찔한 생각이 듭니다. 부디 철저한 수사로 차동차 사고로 고소인을 크게 다치게 하고서도 그대로 도주해 버린 피고소인을 엄벌하여 주시기 바랍니다.

6. 증거자료

(1) 진단서　　　　　　　　　　　　　　　　　　　　　　　1부
(2) 위 메모　　　　　　　　　　　　　　　　　　　　　　　1부

7. 관련사건의 수사 및 재판 여부

① 중복 고소 여부	본 고소장과 같은 내용의 고소장을 다른 검찰청 또는 경찰서에 제출하거나 제출하였던 사실이 있습니다 □ / 없습니다 ☑
② 관련 형사사건 수사 유무	본 고소장에 기재된 범죄사실과 관련된 사건 또는 공범에 대하여 검찰청이나 경찰서에서 수사 중에 있습니다 □ / 수사 중에 있지 않습니다 ☑
③ 관련 민사소송 유무	본 고소장에 기재된 범죄사실과 관련된 사건에 대하여 법원에서 민사소송 중에 있습니다 □ / 민사소송 중에 있지 않습니다 ☑

본 고소장에 기재한 내용은 고소인이 알고 있는 지식과 경험을 바탕으로 모두 사실대로 작성하였으며, 만일 허위사실을 고소하였을 때에는 형법 제156조 무고죄로 처벌받을 것임을 서약합니다.

2000. 00. 00.

고 소 인   유 ○ 숙   ㊞

○○경찰서 귀중

【유사사건 판례요지】

경미한 교통사고로서 사고현장에서 구호조치 등을 취하는 것이 교통에 방해가 되는 경우 피해자를 한적한 곳에 유도할 의사로 깜빡이등을 켜고 시속 10km의 저속으로 운전하여 갔다면 특정범죄가중처벌등에관한법률 제5조의3 제1호 소정의 "도주한 때"에 해당하지 않는다고 한 사례.
(출처 : 대법원 1994. 6. 14. 선고 94도460 판결)

부정수표단속법 위반

46. 사례 [부정수표 단속법위반 (당좌수표)]

고 소 장

1. 고소인

주식회사 0000 대표이사 신O호
경상북도 00시 00동 000, 0000빌딩 0층
연락처 : 000-0000-0000

2. 피고소인

0000 주식회사 대표이사 최O호
00시 00구 00동 00-0, 00상가 000호
연락처 : 053-0000-0000

3. 고소취지

고소인은 피고소인을 부정수표단속법 위반[39]으로 고소하오니 조사하시어 엄벌

---

[39] 부정수표단속법 제2조(부정수표 발행인의 형사책임)
  ① 다음 각 호의 어느 하나에 해당하는 부정수표를 발행하거나 작성한 자는 5년 이하의 징역 또는 수표금액의 10배 이하의 벌금에 처한다.
  1. 가공인물의 명의로 발행한 수표
  2. 금융기관(우체국을 포함한다. 이하 같다)과의 수표계약 없이 발행하거나 금융기관으로부터 거래정지처분을 받은 후에 발행한 수표
  3. 금융기관에 등록된 것과 다른 서명 또는 기명날인으로 발행한 수표
  ② 수표를 발행하거나 작성한 자가 수표를 발행한 후에 예금부족, 거래정지처분이나 수표계약의 해제 또는 해지로 인하여 제시기일에 지급되지 아니하게 한 경우에도 제1항과 같다.

하여 주시기 바랍니다.

4. 범죄사실

피고소인은 유통업 등에 종사하는 법인의 대표자로,

2000. 00. 00. 경상북도 00시 00동 000, 00빌딩 3층 고소인 회사로 찾아와 고소인 회사로부터 납품받은 "00현미" 등의 외상금 결제 명목으로 피고소인 회사 발행, 00은행 00지점도, 수표번호 00000000호, 지급기일 2000. 00. 00., 액면금 1억 2천만 원의 당좌수표 1매를 발행하여 고소인에게 교부하였음에도 위 지급기일에 예금부족으로 부도로 처리하게 하였습니다.

5. 고소이유

(1) 고소인은 경상북도 00시에서 농산물을 생산 및 판매하는 회사의 대표자이고, 피고소인은 대구시에서 유통 등의 업을 하는 법인의 대표자입니다. 피고소인은 약 2년 전부터 고소인과 외상 거래를 해 왔습니다.

(2) 피고소인은 고소인으로부터 외상으로 가져간 물건 값이 금 1억 5천만 원에 이르러 고소인은 피고소인에게 연락하여 외상값을 결제할 것을 독촉하였고, 피고소인은 위 사건 당일 외상대금 중 금 1억 2천만 원을 위 범죄사실과 같이 결제하고, 그날도 약 2천만 원 상당의 00현미 등의 상품을 외상으로 가져갔습니다.

(3) 그러나 피고소인이 발행한 피고소인 회사 발행, 00은행 00지점도, 수표번

---

③ 과실로 제1항과 제2항의 죄를 범한 자는 3년 이하의 금고 또는 수표금액의 5배 이하의 벌금에 처한다.

④ 제2항과 제3항의 죄는 수표를 발행하거나 작성한 자가 그 수표를 회수한 경우 또는 회수하지 못하였더라도 수표 소지인의 명시적 의사에 반하는 경우 공소를 제기할 수 없다.

호 00000000호, 지급기일 2000. 00. 00., 액면금 1억 2천만 원의 당좌수표가 그 지급기일에 고소인이 지급 제시하였으나 피고소인의 예금부족으로 부도처리가 되었고, 고소인은 그 피해를 입었습니다.

(4) 이에 고소인은 피고소인 회사로 찾아가 대표이사를 만나 강하게 따지려 하였으나, 이 사건 부도 이후 피고소인 회사에는 여직원 1명 외에는 출근하는 사람이 없어 고소인은 피고소인 회사의 대표이사는 물론이고 어떤 임원을 만나지도 못하고 돌아왔고, 피고소인 회사의 사장을 만나 보려고 하여도 연락조차도 되지 않아 결국 고소인 회사도 부도가 날 지경에 처하였습니다.

(5) 위와 같은 사정으로 고소인은 부득이 이 사건 고소에 이르렀으니 부디 철저한 수사로 피고소인을 엄벌하여 주시기 바랍니다.

6. 증거자료

    (1) 위 수표사본   1부
    (2) 외상장부   10부
    (3) 법인등기부등본   2부

7. 관련사건의 수사 및 재판 여부

① 중복 고소 여부	본 고소장과 같은 내용의 고소장을 다른 검찰청 또는 경찰서에 제출하거나 제출하였던 사실이 있습니다 □ / 없습니다 ☑
② 관련 형사사건 수사 유무	본 고소장에 기재된 범죄사실과 관련된 사건 또는 공범에 대하여 검찰청이나 경찰서에서 수사 중에 있습니다 □ / 수사 중에 있지 않습니다 ☑
③ 관련 민사소송 유무	본 고소장에 기재된 범죄사실과 관련된 사건에 대하여 법원에서 민사소송 중에 있습니다 □ / 민사소송 중에 있지 않습니다 ☑

본 고소장에 기재한 내용은 고소인이 알고 있는 지식과 경험을 바탕으로 모두 사실대로 작성하였으며, 만일 허위사실을 고소하였을 때에는 형법 제156조 무고죄로 처벌받을 것임을 서약합니다.

2000. 00. 00.

고소인   주식회사 0000
         대표이사 신 ○ 호   ㊞

○○경찰서 귀중

【유사사건 판례요지】

피고인이 수표를 발행하였으나 예금부족 또는 거래정지처분으로 지급되지 아니하게 하였다는 부정수표단속법위반의 공소사실을 증명하기 위하여 제출되는 수표는 그 서류의 존재 또는 상태 자체가 증거가 되는 것이어서 증거물인 서면에 해당하고 어떠한 사실을 직접 경험한 사람의 진술에 갈음하는 대체물이 아니므로, 증거능력은 증거물의 예에 의하여 판단하여야 하고, 이에 대하여는 형사소송법 제310조의2에서 정한 전문법칙이 적용될 여지가 없다. 이때 수표 원본이 아니라 전자복사기를 사용하여 복사한 사본이 증거로 제출되었고 피고인이 이를 증거로 하는 데 부동의한 경우 위 수표 사본을 증거로 사용하기 위해서는 수표 원본을 법정에 제출할 수 없거나 제출이 곤란한 사정이 있고 수표 원본이 존재하거나 존재하였으며 증거로 제출된 수표 사본이 이를 정확하게 전사한 것이라는 사실이 증명되어야 한다.
(출처 : 대법원 2015. 4. 23. 선고 2015도2275 판결)

채무자회생및파산에관한법률위반

47. 사례 [채무자 회생 및 파산에 관한 법률위반 (사기파산)]

고 소 장

1. 고소인

주식회사 0000 대표이사 ○○○
서울시 00구 000로 00, 00빌딩 00층
연락처 : 02) 0000-0000

2. 피고소인

이○기 (000000-0000000)
서울시 00구 000로 000, 0동 000호(00동, 000빌라)
연락처 : 010-0000-0000

3. 고소취지

고소인은 피고소인을 채무자회생및파산에관한법률위반(사기파산)[40]으로 고소하

---

40) 채무자회생및파산에관한법률 제650조(사기파산죄)

① 채무자가 파산선고의 전후를 불문하고 자기 또는 타인의 이익을 도모하거나 채권자를 해할 목적으로 다음 각호의 어느 하나에 해당하는 행위를 하고, 그 파산선고가 확정된 때에는 10년 이하의 징역 또는 1억원 이하의 벌금에 처한다.

1. 파산재단에 속하는 재산을 은닉 또는 손괴하거나 채권자에게 불이익하게 처분을 하는 행위
2. 파산재단의 부담을 허위로 증가시키는 행위
3. 법률의 규정에 의하여 작성하여야 하는 상업장부를 작성하지 아니하거나, 그 상업장부에 재산의 현황을 알 수 있는 정도의 기재를 하지 아니하거나, 그 상업장부에 부실한 기재를 하거나, 그 상업장부를 은닉 또는 손괴하는 행위

오니 철저히 조사하시어 엄벌하여 주시기 바랍니다.

4. 범죄사실

피고소인은 서울시 00구 000로 000-0, 00빌딩 지하1층에서 0000라는 상호로 유흥주점업을 하는 자로,

2000. 00. 00. 서울회생법원 2000하단00000호로 채무금 4억 9,500만 원에 대한 파산을 신청하였으나 사실은 위 채무금 중 금 4억 원은 피고소인이 고소 외 채권자 김O웅과 짜고 허위로 만들어 놓은 외상채무이고, 피고소인의 재산인 경기도 00시 소재 00골프장 시가 1억 원 상당의 회원권을 2000. 00. 00.경 피고소인의 동생인 고소 외 이O만의 명의로 허위로 이전해 놓고는 위 파산 신청시 피고소인의 재산으로 신고하지 않는 방법으로 위 법원을 속이고, 2000. 00. 00.에 위 법원 2000하면0000호 면책결정을 받았습니다.

5. 고소이유

(1) 고소인은 금융기관으로 피고소인에게 금 1억 원을 신용대출해 준 채권자이고, 피고소인은 2000. 00.경부터 서울시 00구 00동 000-0, 00빌딩 지하1층에서 0000라는 상호로 유흥주점업을 하는 자입니다.

(2) 피고소인은 2000. 00. 00. 서울회생법원 2000하단00000호로 파산신청을 하면서 그 채권자들로 고소인 금 9,500만 원(대출금), 고소 외 김O웅의 금 4억 원(양주 등 외상대금)으로 신고하였으나, 고소 외 김O웅의 금 4억

---

4. 제481조의 규정에 의하여 법원사무관등이 폐쇄한 장부에 변경을 가하거나 이를 은닉 또는 손괴하는 행위

② 수탁자, 신탁재산관리인, 수탁자의 법정대리인, 수탁자의 지배인 또는 법인인 수탁자의 이사가 파산선고의 전후를 불문하고 자기 또는 타인의 이익을 도모하거나 채권자를 해할 목적으로 제1항 각 호의 어느 하나에 해당하는 행위를 하고, 유한책임신탁재산에 대한 파산선고가 확정된 경우에는 10년 이하의 징역 또는 1억원 이하의 벌금에 처한다.

원의 외상값은 전혀 터무니없는 것으로 위 김O웅은 양주 장사를 하는 자가 아니고 피고소인의 유흥주점에서 기타연주를 하던 자입니다.

(3) 또한 피고소인은 위 파산신청에서 피고소인의 재산은 중고 외제자동차 시가 500만 원 상당뿐이라고 신고하였으나 이는 사실이 아닙니다. 즉 피고소인은 피고소인이 소유하고 있던 경기도 00시 소재 00골프장 시가 1억 원 상당의 회원권을 가지고 있음에도 2000. 00. 00.경 피고소인의 동생인 고소 외 이O만의 명의로 허위로 이전해 놓고는 재산이 위 외제자동차 뿐이라고 법원에 거짓말을 한 것으로, 이는 피고소인이 고소인에 대한 채무금 9,500만 원을 갚지 않기 위한 술책인 것입니다.

(4) 사실이 위와 같음에도 위 법원에서는 정확한 사실관계를 확인하지 못하고 2000. 00. 00. 위 법원 2000하면0000호 사건으로 피고소인에 대한 면책결정을 하였고, 위 면책결정이 나고 약 6개 월 가량이 지나서 피고소인은 다시 위 골프장 회원권을 자신의 명의로 다시 변경해 놓았습니다.

(5) 위와 같은 피고소인의 범행은 정당한 채권자인 고소인의 채무를 면탈하기 위한 사기파산으로 고소인은 고소인 회사의 유능한 직원들의 노력으로 위와 같은 사실을 확인할 수 있었습니다. 이에 고소인은 이 사건 고소에 이르렀으니 철저한 수사로 금융질서를 어지럽히고 법원을 속여 불법한 파산 및 면책결정을 받은 피고소인을 엄벌하여 주시기 바랍니다.

6. 증거자료

(1) 파산신청서 사본   1부
(2) 면책결정문 사본   1부
(2) 위 골프장 회원권등록부 사본   1부
(3) 법인등기부등본   1부

7. 관련사건의 수사 및 재판 여부

① 중복 고소 여부	본 고소장과 같은 내용의 고소장을 다른 검찰청 또는 경찰서에 제출하거나 제출하였던 사실이 있습니다 □ / 없습니다 ☑
② 관련 형사사건 수사 유무	본 고소장에 기재된 범죄사실과 관련된 사건 또는 공범에 대하여 검찰청이나 경찰서에서 수사 중에 있습니다 □ / 수사 중에 있지 않습니다 ☑
③ 관련 민사소송 유무	본 고소장에 기재된 범죄사실과 관련된 사건에 대하여 법원에서 민사소송 중에 있습니다 □ / 민사소송 중에 있지 않습니다 ☑

본 고소장에 기재한 내용은 고소인이 알고 있는 지식과 경험을 바탕으로 모두 사실대로 작성하였으며, 만일 허위사실을 고소하였을 때에는 형법 제156조 무고죄로 처벌받을 것임을 서약합니다.

2000. 00. 00.

고소인   주식회사 0000

대표이사 ○ ○ ○   ㊞

서울○○경찰서 귀중

【유사사건 판례요지】

피고인이 상속재산이 있음에도 상속에 기한 소유권이전등기를 마치지 않은 채 파산신청을 하면서 상속재산이 없다는 허위 내용의 진술서를 첨부하여 제출한 사안에서, 위 행위는 '재산의 은닉'에 해당하지 않는다는 이유로 구 파산법상 사기파산죄의 성립을 부정한 사례.
(출처 : 대법원 2009. 7. 9. 선고 2009도4008 판결)

채권의공정한추심에관한법률위반

48. 사례 [채권의 공정한 추심에 관한 법률위반 (대부업체)]

고 소 장

1. 고소인

지O순 (000000-0000000)
서울시 00구 00동 000-00, 00연립 000호
연락처 : 010-0000-0000

2. 피고소인

주식회사 0000 대표이사 000
서울시 00구 00로 000, 000빌딩 6층
연락처 : 00-0000-0000

3. 고소취지

고소인은 피고소인을 채권의 공정한 추심에 관한 법률위반[41] 고소하오니 철저

---

[41] 채권의공정한추심에관한법률 제15조(벌칙)

① 제9조제1호를 위반하여 채무자 또는 관계인을 폭행·협박·체포 또는 감금하거나 그에게 위계나 위력을 사용하여 채권추심행위를 한 자는 5년 이하의 징역 또는 5천만원 이하의 벌금에 처한다.

② 다음 각 호의 어느 하나에 해당하는 자는 3년 이하의 징역 또는 3천만원 이하의 벌금에 처한다.

1. 제8조의4를 위반하여 변호사가 아니면서 채권추심과 관련하여 소송행위를 한 자
2. 제9조제2호부터 제7호까지를 위반한 자
3. 제10조제1항을 위반하여 채무자 또는 관계인의 신용정보나 개인정보를 누설하거나 채권추심의 목적 외로 이용한 자
4. 제11조제1호를 위반하여 채권을 추심하는 의사를 표시한 자

히 조사하시어 엄벌하여 주시기 바랍니다.

4. 범죄사실

피고소인은 서울시 00구 00로 000, 000빌딩 6층에서 대부업을 영위하는 법인의 대표인 자로,

   2000. 00. 00. 23:30경 서울시 000구 00동 소재 "00병원" 000호에 입원중인 고소인이 피고소인에게 갚아야 하는 금 1,500만 원의 채무금을 받기 위해, 키 180센티미터 가량에 양 팔뚝에 뱀 문신이 그려진 몸무게 120키로그램 가량의 신체 건장한 스포츠머리의 성명불상의 직원 2명을 보내 겁을 주고, 이중 직원 1명은 고소인에게 "0000 직원인디유", "아직 살아 계시네", "채권 회수하러 왔시우", "빨랑 주는 것이 신상에 유리해유", "남편은 입원하지 않았나배", "내일 입금할 거쥬"라는 등의 말로 고소인을 농락 및 위협하고 입금할 은행 계좌번호가 적힌 메모지를 건네주며 입금을 독촉하는 등, 위 채권을 협박 및 공갈의 방법으로 회수하려 하였습니다.

5. 고소이유

(1) 고소인은 동네 시장에서 옷가게를 하는 가정주부인 자이고, 피고소인은 일수와 대부 등을 하는 대부회사로, 고소인은 작년에 피고소인으로부터 금 2천만 원을 대부받아 그중 5백만 원을 상환한 사실이 있습니다.

(2) 고소인은 경기불황으로 위 옷가게가 잘 안되어 피고소인을 비롯한 대부업자 3명에게 약 5천만 원 가량의 채무가 있는데 최근 그 이자를 갚지 못하

---

③ 다음 각 호의 어느 하나에 해당하는 자는 1년 이하의 징역 또는 1천만원 이하의 벌금에 처한다. 〈개정 2014.1.14.〉
  1. 제8조의3제1항을 위반한 자
  2. 제11조제2호를 위반하여 말·글·음향·영상·물건, 그 밖의 표지를 사용한 자

여 위 대부업자들로부터 많은 독촉전화를 받았고, 많은 걱정으로 몸이 극히 쇠약해지면서 위 사건이 나기 이틀 전에 위 병원에 입원을 하였습니다. 그런데 전날 고소인의 핸드폰으로 피고소인 회사 독촉직원으로부터 전화가 와 고소인이 지금은 입원중이니 나중에 연락을 하겠다고 말하였으나, 그 직원을 계속적으로 전화를 하였고, 몸이 너무 아픈 고소인은 그 전화를 받지 않았습니다.

(3) 그러자 피고소인은 위 범죄사실과 같이 피고소인 회사의 직원이라는 조직 폭력배와 같이 생긴 성명불상자 2명을 야밤에 고소인이 입원한 병원으로 보냈고, 위 성명 불상자들은 고소인에게 범죄사실과 같은 조롱과 위협을 가하며 위 채권을 회수하려 하였습니다. 당시 고소인은 너무도 무섭고 창피하여 같은 병실에 계신 다른 분들이 알까봐 무척 걱정되기도 하였습니다.

(4) 그런데 위 성명 불상자 들이 돌아가고 자정 경에 고소인의 병실에 들린 위 병원 간호사 한 분이 위 병원으로 가끔 저런 깡패들이 와서 이상한 협박을 하는데 언젠가 환자 중의 한 분이 그런 협박을 당하고 나서 경찰에 신고하였더니 그 깡패들이 다시는 병원에 나타나지 않았다는 말을 해주었고, 이에 고소인은 다음 날 금융감독원 등에 전화를 하고 자초지종을 이야기 하자, 그 상담을 해주시던 분이 그건 대부업자가 잘못한 것이라고 알려주기도 하였습니다.

(5) 이에 고소인은 용기를 내어 이 사건 고소에 이르렀으니 부디 엄정한 수사로 막가파식으로 채무자를 망신주고, 협박하여 채권을 회수하려고 하는 피고소인을 엄벌하여 주시기 바랍니다.

6. 증거자료

(1) 위 메모장 사본 1부
(2) 병원 CCTV 화면 사진 3부
(3) 법인등기부등본 1부

7. 관련사건의 수사 및 재판 여부

① 중복 고소 여부	본 고소장과 같은 내용의 고소장을 다른 검찰청 또는 경찰서에 제출하거나 제출하였던 사실이 있습니다 □ / 없습니다 ☑
② 관련 형사사건 수사 유무	본 고소장에 기재된 범죄사실과 관련된 사건 또는 공범에 대하여 검찰청이나 경찰서에서 수사 중에 있습니다 □ / 수사 중에 있지 않습니다 ☑
③ 관련 민사소송 유무	본 고소장에 기재된 범죄사실과 관련된 사건에 대하여 법원에서 민사소송 중에 있습니다 □ / 민사소송 중에 있지 않습니다 ☑

본 고소장에 기재한 내용은 고소인이 알고 있는 지식과 경험을 바탕으로 모두 사실대로 작성하였으며, 만일 허위사실을 고소하였을 때에는 형법 제156조 무고죄로 처벌받을 것임을 서약합니다.

2000. 00. 00.

고 소 인   지 ○ 순   ㊞

서울○○경찰서 귀중

【유사사건 판례요지】

대부업 등의 등록 및 금융이용자 보호에 관한 법률(이하 '대부업법'이라 한다) 제8조 제2항의 취지는 대부업자가 사례금·할인금·수수료·공제금·연체이자·체당금 등의 명목으로 채무자에게서 돈을 징수하여 위 법을 잠탈하기 위한 수단으로 사용되는 탈법행위를 방지하는 데 있으므로, 명목 여하를 불문하고 대부업자와 채무자 사이의 금전대차와 관련된 것으로서 금전대차의 대가로 볼 수 있는 것은 모두 이자로 간주된다. 나아가 대부업자가 채무자에게서 징수한 돈을 나중에 채무자에게 반환하기로 약정하였다 하더라도, 반환 조건이나 시기, 대부업자의 의사나 행태 등 제반 사정에 비추어 볼 때 그 약정이 대부업법의 제한 이자율을 회피하기 위한 형식적인 것에 불과하고 실제로는 반환의사가 없거나 반환이 사실상 불가능 또는 현저히 곤란한 것으로 인정될 경우에는 그 징수한 돈은 실질적으로 대부업자에게 귀속된 이자로 보아야 한다.
(출처 : 대법원 2015. 7. 23. 선고 2014도8289 판결)

폭력행위등처벌에관한법률위반

49. 사례 [폭력행위 등 처벌에 관한 법률위반 (공동상해)]

고 소 장

1. 고소인

　(1) 이O식 (000000-0000000)
　　　서울시 000구 00동 000-00, 00아파트 1동 402호
　　　연락처 : 010-0000-0000
　(2) 오O자 (000000-0000000)
　　　서울시 00구 00동 00-00, 3층 301호
　　　연락처 : 010-0000-0000

2. 피고소인

　(1) 최O식 (주민등록번호불상)
　　　서울시 0구 000동 00-0, 00빌딩 2층
　　　연락처 : 010-0000-000
　(2) 강O석 (000000-0000000)
　　　서울시 0구 000동 00-0, 00빌딩 2층
　　　연락처 불상
　(3) 이O자 (주민등록번호불상)
　　　서울시 0구 000동 00-0, 00빌딩 2층
　　　연락처 : 010-0000-0000

3. 고소취지

　고소인들은 피고소인들을 폭력행위 등 처벌에 관한 법률위반[42](공동상해)으로

고소하오니 철저히 조사하시어 엄벌하여 주시기 바랍니다.

4. 범죄사실

피고소인들은 서울시 0구 000로 00-0, "00빌딩" 2층에서 피혁과 관련된 일을 하는 자들로, 공동하여,

    2000. 00. 00. 22:00경 서울시 0구 000로 000 소재 "00곱창" 주점에서 동 주점의 주인인 고소인 이0식과 종업원인 고소인 오0자(중국동포)가 손님들로 붐비는 위 주점에서 너무 큰소리를 지르거나 노래를 부르지 말 것을 수차례 정중히 부탁하여도 소주 2홉들이 10병을 마신 피고소인들은 계속 고함을 지르며 노래를 부르고 나중에는 피고소인 모두 자리에서 일어나 술병을 머리 위로 올려놓고 고함을 지르며 노래를 불러 이를 말리는 고소인들에게 피고소인 최0식은 "이 시발 년놈 들이 왜 지

---

42) 폭력행위등처벌에관한법률 제2조(폭행 등)
  ① 삭제 〈2016.1.6.〉
  ② 2명 이상이 공동하여 다음 각 호의 죄를 범한 사람은 「형법」 각 해당 조항에서 정한 형의 2분의 1까지 가중한다.
  1. 「형법」 제260조제1항(폭행), 제283조제1항(협박), 제319조(주거침입, 퇴거불응) 또는 제366조(재물손괴 등)의 죄
  2. 「형법」 제260조제2항(존속폭행), 제276조제1항(체포, 감금), 제283조제2항(존속협박) 또는 제324조제1항(강요)의 죄
  3. 「형법」 제257조제1항(상해)·제2항(존속상해), 제276조제2항(존속체포, 존속감금) 또는 제350조(공갈)의 죄
  ③ 이 법(「형법」 각 해당 조항 및 각 해당 조항의 상습범, 특수범, 상습특수범, 각 해당 조항의 상습범의 미수범, 특수범의 미수범, 상습특수범의 미수범을 포함한다)을 위반하여 2회 이상 징역형을 받은 사람이 다시 제2항 각 호에 규정된 죄를 범하여 누범(累犯)으로 처벌할 경우에는 다음 각 호의 구분에 따라 가중처벌한다.
  1. 제2항제1호에 규정된 죄를 범한 사람: 7년 이하의 징역
  2. 제2항제2호에 규정된 죄를 범한 사람: 1년 이상 12년 이하의 징역
  3. 제2항제3호에 규정된 죄를 범한 사람: 2년 이상 20년 이하의 징역
  ④ 제2항과 제3항의 경우에는 「형법」 제260조제3항 및 제283조제3항을 적용하지 아니한다.

랄이야", "내 돈 내고 내가 노는데 뭐가 잘못 됐냐"라는 등의 고함을 지르며 앉아 있던 플라스틱 둥근 의자를 고소인들에게 집어 던지고 둥근 원통 모양의 술상을 고소인들 쪽으로 뒤집어엎으며 고소인 이O식의 안면을 우측 주먹으로 수회 가격하고 우측 발로 고소인 이O식의 둔부를 수회 걸어차고, 피고소인 강O석은 "이 시발새끼들이 우리 형님한테 덤벼"라고 소리를 지르고 역시 앉아 있던 의자를 고소인들에게 집어 던지더니, 술상 위에 있던 술병을 피고소인들을 향하여 던지고, 도망가는 고소인 이O식을 따라가 주방 앞에서 붙잡아 후두부를 우측 주먹으로 3~4회 가격하고, 피고소인 이O자는 "이런 싸구려 곱창집에서도 노래를 못 부르면 어디 가서 노래를 부르냐"라고 소리를 지르며 앉아있던 플라스틱 의자를 고소인들을 향해 던져 고소인 오O자의 가슴을 가격하고, 역시 도망가는 고소인 오O자를 출입구 앞에서 붙잡아 머리채를 양손으로 잡아당기고 등 부위를 우측 주먹과 팔꿈치로 4~5회 가격하여, 고소인 이O식으로 하여금 전치 4주 진단의 두부 염좌 등의, 고소인 오O자로 하여금 전치 5주의 발목골절 등의 각 상해를 가하였습니다.

5. 고소이유

(1) 고소인 이O식은 서울시 O구 OOO동 OO-O 소재 "OO곱창"이라는 상호로 주점업을 하는 자이고, 고소인 오O자는 위 주점에서 종업원으로 근무하는 자이며, 피고소인들은 고소인의 주점 부근 OO빌딩 2층에서 피혁과 관련된 일을 하는 자들입니다.

(2) 피고소인들이 고소인의 주점에서 술을 마시던 2000. 00. 00. 22:00경 주점에는 약 40석 가량의 좌석이 모두 손님들로 붐비고 있었는데 당시는 손님들이 꽤 술을 마신 상태로 모두 흥분된 상태였습니다. 당시 위 주점에서 술을 마시던 피고소인들이 계속하여 큰 소리로 고함을 지르고 노래를 불러 다른 손님들이 항의를 하였는데, 고소인들은 다른 손님들을 대신하여 피고

소인들의 좌석으로 찾아가 정중하게 조금만 조용해 주실 것을 수차례 부탁하였습니다. 그런데 술을 마시던 피고소인들은 들은 척도 하지 않고 계속 술을 마시며 술병을 머리 위로 모두 올리고 큰 소리로 노래를 부르면서 고함을 질러 다른 손님들이 폭발하기 직전이었습니다.

(3) 위 주점에서는 술에 취한 손님들이 가끔 다투는 경우가 있어 고소인들은 손님들의 다툼을 미연에 방지하고자 또 다시 피고소인들이 자리로 다가가 정중하게 웃으면서 너무 큰소리를 지르거나 노래를 부르지 말 것을 부탁드렸습니다. 그런데 노래를 잠시 멈추고 술을 한 잔 들이킨 피고소인 최O식은 "이 시발연놈들이 왜 지랄이야", "내 돈 내고 내가 노는데 뭐가 잘못됐냐"라는 등의 고함을 지르며 앉아 있던 플라스틱 둥근 의자를 고소인들에게 집어 던졌으나 고소인들이 피했고, 둥근 원통 모양의 술상을 고소인들 쪽으로 뒤집어엎어 불이 붙어 있던 휴대용 가스버너(일명 부르스타)에서 가스통이 떨어져 나오는 등 난리가 났고, 술상을 다시 세우려는 고소인 이O식의 안면을 피고소인 최O식이 우측 주먹으로 수회 가격하고 우측 발로 고소인 이O식의 둔부를 수회 걷어찼습니다.

(4) 또한 옆자리에 있던 피고소인 강O석은 고소인들에게 "이 시발새끼들이 우리 형님한테 덤벼"라고 소리를 지르고 역시 앉아 있던 의자를 고소인들에게 집어 던지고 술병을 피고소인들을 향하여 던졌으나 그 술병이 고소인 이O석의 머리를 스치고 지나가 벽에 부딪쳐 깨지면서 주점은 아수라장이 되었고, 자리를 피해 주방 쪽으로 도망가려는 고소인 이O식을 붙잡아 후두부를 우측 주먹으로 3~4회 가격하였습니다.

(5) 한편, 피고소인 일행 중 유일한 여자였던 피고소인 이O자는 "이런 싸구려 곱창집에서도 노래를 못 부르면 어디 가서 노래를 부르냐"라고 소리를 지르며 앉아있던 플라스틱 의자를 고소인들을 향해 던져 고소인 오O자의 가슴을 가격하고, 피고소인들의 난동에 놀라 도망가는 고소인 오O자를 출입

구 앞에서 붙잡아 머리채를 양손으로 잡아당기고 등 부위를 우측 주먹과 팔꿈치로 4~5회 가격하였습니다.

(6) 위와 같은 피고소인들의 난동으로 손님들이 모두 급히 피해 나가버려 고소인은 술값도 받지 못하였을 뿐 아니라 고소인 이○식은 두부 염좌 등으로 전치 4주, 고소인 오○자는 발목골절 등으로 전치 5주의 상해를 입었고, 그 외에도 부서진 집기들을 생각하면 고소인의 피해가 이만저만이 아닙니다.

(7) 위와 같은 소란 중에 손님들 중에 한 분이 경찰에 신고를 하였으나, 경찰이 오기 전에 피고소인들을 모두 도망가 버렸습니다. 그런데 다음날 오전에 위 주점을 정리를 하던 고소인 이○식이 피고소인들이 도망가면서 미처 가져가지 못한 손가방이 떨어져 있는 것을 발견하고, 그 가방에 있던 수첩에서 피고소인들의 약간의 인적사항을 알게 되어 이 사건 고소를 하게 되었습니다. 부디 철저한 수사로 피고소인들을 엄벌하여 주시기 바랍니다.

6. 증거자료

　(1) 현장사진　　　　　　　　　　　　　　　　　　　　　　　　10부
　(2) 손가방에 들어있던 수첩사본　　　　　　　　　　　　　　　 2부
　(3) 진술서(손님들)　　　　　　　　　　　　　　　　　　　　　　3부

7. 관련사건의 수사 및 재판 여부

① 중복 고소 여부	본 고소장과 같은 내용의 고소장을 다른 검찰청 또는 경찰서에 제출하거나 제출하였던 사실이 있습니다 □ / 없습니다 ☑
② 관련 형사사건 수사 유무	본 고소장에 기재된 범죄사실과 관련된 사건 또는 공범에 대하여 검찰청이나 경찰서에서 수사 중에 있습니다 □ / 수사 중에 있지 않습니다 ☑
③ 관련 민사소송 유무	본 고소장에 기재된 범죄사실과 관련된 사건에 대하여 법원에서 민사소송 중에 있습니다 □ / 민사소송 중에 있지 않습니다 ☑

본 고소장에 기재한 내용은 고소인이 알고 있는 지식과 경험을 바탕으로 모두 사실대로 작성하였으며, 만일 허위사실을 고소하였을 때에는 형법 제156조 무고죄로 처벌받을 것임을 서약합니다.

2000. 00. 00.

고 소 인   이 ○ 식   ㊞
            오 ○ 자   ㊞

서울○○경찰서 귀중

【유사사건 판례요지】

폭력행위 등 처벌에 관한 법률(이하 '폭력행위처벌법'이라 한다) 제2조 제3항은 "이 법(형법 각 해당 조항 및 각 해당 조항의 상습범, 특수범, 상습특수범, 각 해당 조항의 상습범의 미수범, 특수범의 미수범, 상습특수범의 미수범을 포함한다)을 위반하여 2회 이상 징역형을 받은 사람이 다시 제2항 각 호에 규정된 죄를 범하여 누범으로 처벌할 경우에는 다음 각 호의 구분에 따라 가중처벌한다."라고 규정하고 있다. 그런데 형의 실효 등에 관한 법률에 따라 형이 실효된 경우에는 형의 선고에 의한 법적 효과가 장래를 향하여 소멸하므로 형이 실효된 후에는 그 전과를 폭력행위처벌법 제2조 제3항에서 말하는 '징역형을 받은 경우'라고 할 수 없다.
(출처 : 대법원 2016. 6. 23. 선고 2016도5032 판결)

공직선거법위반

50. 사례 [공직선거법위반 (문자메시지 살포)]

고 발 장

1. 고발인

      김O석 (000000-0000000)
      서울시 00구 00동 00-0, 00아파트 0동 000호
      연락처 : 010-0000-0000

2. 피고발인

  (1) 박O호 (000000-0000000)
      서울시 00구 00동 000-0
      연락처 : 010-0000-000
  (2) 황O희 (000000-0000000)
      서울시 00구 00동 00-0, 00000아파트 000동 0000호
      연락처 : 010-0000-000

3. 고발취지

고발인은 피고발인들을 공직선거법위반[43]으로 고발하오니 조사하시어 엄벌하

---

[43] 공직선거법 제255조(부정선거운동죄)
  ① 다음 각 호의 어느 하나에 해당하는 자는 3년 이하의 징역 또는 600만원 이하의 벌금에 처한다.
  ...중략...
  19. 제109조제1항 또는 제2항을 위반하여 서신·전보·모사전송·전화 그 밖에 전기통신의 방법을 이용하여 선거운동을 하거나 하게 한 자나 같은 조 제3항을 위반하여 협박하거나 하게 한 자.
  ② 다음 각 호의 어느 하나에 해당하는 자는 2년 이하의 징역 또는 400만원 이하의 벌금에 처한다.
  ...중략...

여 주시기 바랍니다.

4. 범죄사실

피고발인들은 2000. 00. 00.에 실시된 서울시 00구 구의원 선거에 입후보 한 자들로,

피고발인 박0호는 위 선거일 180일 이전인 2000. 00. 00.부터 위 선거일 전일까지 위 선거에서 자신을 찍어달라는 내용의 인사장을 주간과 야간을 가리지 않고 고발인의 핸드폰 문자메시지로 150회 보내고, 위 기간 동안 고소인의 아파트 현관문에 자신의 선거구호와 기호 그리고 이름이 기재된 선전용 유인물을 34차례 붙여놓았고,

피고발인 황0희는 위 선거일 180일 이전인 2000. 00. 00.부터 위 선거일 전일까지 위 선거에서 자신을 찍어달라는 내용의 자신의 선거구호가 기재된 인사장을 주간과 야간을 가리지 않고 고발인의 핸드폰 문자메시지로 133회 보내고, 위 기간 동안 고발인의 아파트 현관문에 자신의 선거구호와 기호 그리고 이름이 기재된 선전용 유인물을 23차례 붙여놓았습니다.

5. 고발이유

(1) 고발인은 서울시 000구 주민인 자이고, 피고발인들은 2000. 00. 00. 실시된 00구 구의원 선거에 입후보 하였던 자들입니다.

(2) 피고발인들은 위 선거에서 자신이 승리할 목적으로 공직선거법에서 정하고 있는 선거운동방법을 준수하지 않고 오직 자기의 당선을 위하여 도에 넘치

---

5. 제93조(脫法方法에 의한 文書·圖畵의 배부·게시 등 금지)제1항의 규정에 위반하여 문서·도화 등을 배부·첨부·살포·게시·상영하거나 하게 한 자, 같은 조제2항의 규정에 위반하여 광고 또는 출연을 하거나 하게 한 자 또는 제3항의 규정에 위반하여 신분증명서·문서 기타 인쇄물을 발급· 배부 또는 징구하거나 하게 한 자

는 선거운동을 하여 고발인을 포함한 위 00구 주민들의 얼굴을 찌푸리게 만들었습니다.

(3) 즉, 피고발인 박O호는 위 선거일 180일 이전인 2000. 00. 00.부터 위 선거일 전일까지 주야간을 가리지 않고 위 선거에서 자신을 찍어달라는 내용의 인사장을 고발인의 핸드폰 문자메시지로 150회 보내고, 위 기간 동안 고발인의 아파트 현관문에 자신의 선거구호와 기호 그리고 이름이 기재된 선전용 유인물을 34차례 붙여 놓는 등 법을 위반한 선거운동을 하였고,

(4) 피고발인 황O희 역시 위 선거일 180일 이전인 2000. 00. 00.부터 위 선거일 전일까지 위 선거에서 자신을 찍어달라는 내용의 자신의 선거구호가 기재된 인사장을 고발인의 핸드폰 문자메시지로 133회 보내고, 위 기간 동안 고발인의 아파트 현관문에 자신의 선거구호와 기호 그리고 이름이 기재된 선전용 유인물을 23차례 붙여 놓는 등 지나친 선거운동을 하였습니다.

(5) 위 선거에서 피고발인 황O희가 당선이 되고, 피고발인 박O호는 낙선하였습니다만 당선된 사람이든 낙선된 사람이든 누구든지 법에 어긋난 선거운동을 하였다면 응분의 책임을 지어야 하는 것이 당연한 것입니다. 어떻게 보면 위와 같은 선거운동은 별 것이 아닌 것으로 치부할 수도 있지만 국민들의 눈에 보이는 불법조차도 시시비비를 가리지 못한다면 눈에 보이지 않는 불법이 더욱 성행할 것이라는 마음에 고발인은 부득이 이 사건 고발에 이르렀습니다.

(6) 부디 철저한 수사로 건전한 풀뿌리 민주주의가 우리 사회에 정착되도록 피고발인들을 엄벌하여 주시기 바랍니다.

6. 증거자료

(1) 핸드폰 문자메시지 출력분　　　　　　　　　　　　　　　　000부
(2) 피고발인들의 명함　　　　　　　　　　　　　　　　　　　　000부

7. 관련사건의 수사 및 재판 여부

① 중복 고소 여부	본 고발장과 같은 내용의 고발장을 다른 검찰청 또는 경찰서에 제출하거나 제출하였던 사실이 있습니다 □ / 없습니다 ☑
② 관련 형사사건 수사 유무	본 고발장에 기재된 범죄사실과 관련된 사건 또는 공범에 대하여 검찰청이나 경찰서에서 수사 중에 있습니다 □ / 수사 중에 있지 않습니다 ☑
③ 관련 민사소송 유 무	본 고발장에 기재된 범죄사실과 관련된 사건에 대하여 법원에서 민사소송 중에 있습니다 □ / 민사소송 중에 있지 않습니다 ☑

본 고발장에 기재한 내용은 고발인이 알고 있는 지식과 경험을 바탕으로 모두 사실대로 작성하였으며, 만일 허위사실을 고발하였을 때에는 형법 제156조 무고죄로 처벌받을 것임을 서약합니다.

2000. 00. 00.

고 발 인   김 ○ 석   ㊞

○○선거관리위원회 귀중

【유사사건 판례요지】

공직선거법 제93조 제1항은 '누구든지 선거일 전 180일부터 선거일까지 선거에 영향을 미치게 하기 위하여 이 법의 규정에 의하지 아니하고는 정당 또는 후보자를 지지·추천하거나 반대하는 내용이 포함되어 있거나 정당의 명칭 또는 후보자의 성명을 나타내는 광고, 인사장, 벽보, 사진, 문서·도화, 인쇄물이나 녹음·녹화테이프 그 밖에 이와 유사한 것을 배부·첩부·살포·상영 또는 게시(이하 이들을 통틀어 '탈법방법에 의한 문서배부'라 한다)할 수 없다'고 규정하고 있고, 공직선거법 제255조 제2항 제5호는 이를 위반한 사람을 처벌하도록 규정하고 있다. 그리고 문자메시지를 대량으로 전송하는 행위는 탈법방법에 의한 문서배부에 해당한다.
(출처 : 대법원 2015. 10. 15. 선고 2015도1098 판결 판례)

정보통신망이용촉진및정보보호등에관한법률위반

51. 사례 [정보통신망 이용촉진 및 정보보호 등에 관한 법률위반 (핸드폰)]

고 소 장

1. 고소인

　　유O화 (000000-0000000)
　　서울시 00구 000로 00길 000, 000동 00004호(00동, 0000아파트)
　　연락처 : 010-0000-0000

2. 피고소인

　　전O규 (000000-0000000)
　　서울시 00구 00동 000-0, 000빌라 000호
　　연락처 : 010-0000-000

3. 고소취지

　　고소인은 피고소인을 정보통신망이용촉진및정보보호등에관한법률44)위반으로 고

---

44) 정보통신만이용촉진및정보보호등에관한법률 제74조(벌칙)
　① 다음 각 호의 어느 하나에 해당하는 자는 1년 이하의 징역 또는 1천만원 이하의 벌금에 처한다.
　1. 제8조제4항을 위반하여 비슷한 표시를 한 제품을 표시·판매 또는 판매할 목적으로 진열한 자
　2. 제44조의7제1항제1호를 위반하여 음란한 부호·문언·음향·화상 또는 영상을 배포·판매·임대하거나 공공연하게 전시한 자
　3. 제44조의7제1항제3호를 위반하여 공포심이나 불안감을 유발하는 부호·문언·음향·화상 또는 영상을 반복적으로 상대방에게 도달하게 한 자
　4. 제50조제5항을 위반하여 조치를 한 자
　5. 삭제 〈2014.5.28.〉

소하오니 철저히 조사하시어 엄벌하여 주시기 바랍니다.

4. 범죄사실

피고소인은 서울시 00구 00동 소재 주식회사 000000 연예부장으로 근무하는 자로,

2000. 00. 00. 00:10경 고소인의 핸드폰(000-0000-0000)에 "왜 만나자는데 빼냐?"라는 문자메시지를 보내는 등 아래 범죄일람표와 같이 2000. 00. 00.까지 총 35회에 걸쳐 고소인에게 불안감을 조성하게 하는 내용의 문자메시지나 카톡을 보내 정보통신망이용촉진및정보보호등에관한법률을 위반하였습니다.

- 아 래 -

순번	일 시	방 법	내 용
1	2000. 00. 00. 00:10	문자메시지	왜 만나자는데 빼냐?
2	2000. 00. 00. 01:00	문자메시지	너 정말 이럴거야?
3	2000. 00. 00. 12:20	카톡	혼 좀 날래?
4	2000. 00. 00. 23:30	카톡	한 번만 주라....
5	2000. 00. 00. 00:20	문자메시지	점심 때 보자
6	2000. 00. 00. 12:20	카톡	왜 자꾸 빼냐, 가만 안둔다
7	2000. 00. 00. 23:30	문자메시지	아침에 자판기 앞으로 나와
8	2000. 00. 00. 00:05	카톡	다른 애는 다 주던데...
9	2000. 00. 00. 00:20	카톡	너 정말 이쁘다
10	2000. 00. 00. 01:20	카톡	니가 안주고 배기나 봐라

6. 제50조의8을 위반하여 광고성 정보를 전송한 자
7. 제53조제4항을 위반하여 등록사항의 변경등록 또는 사업의 양도·양수 또는 합병·상속의 신고를 하지 아니한 자
② 제1항제3호의 죄는 피해자가 구체적으로 밝힌 의사에 반하여 공소를 제기할 수 없다.

11	2000. 00. 00. 12:20	문자메시지	한 번만 주라...
12	2000. 00. 00. 00:15	카톡	자꾸 이럴거야, 사랑한다니까
13	2000. 00. 00. 00:20	문자메시지	니가 무슨.... 금 테냐
14	2000. 00. 00. 12:05	카톡	한 번 만나주라...
15	2000. 00. 00. 23:50	카톡	우리 둘은 정말 어울리는 것같아...
16	2000. 00. 00. 00:05	카톡	정말 사랑해
17	2000. 00. 00. 23:30	문자메시지	너랑 같이 있는 꿈을 꿔...
18	2000. 00. 00. 00:00	문자메시지	어제도 꿈에 나오더라
19	2000. 00. 00. 12:40	문자메시지	너만 생각하면 죽을 것 같아
20	2000. 00. 00. 01:20	카톡	한 번 만나주라...
21	2000. 00. 00. 00:20	문자메시지	너랑 자는 꿈을 꿀거야
22	2000. 00. 00. 23:55	카톡	나 지금 미칠 것 같아
23	2000. 00. 00. 12:00	카톡	자꾸 이럴거야, 사랑한다니까
24	2000. 00. 00. 00:20	문자메시지	사랑한다니까
25	2000. 00 00. 23:50	카톡	몽정했어...
26	2000. 00. 00. 01:00	문자메시지	가만 안둔다
27	2000. 00. 00. 00:20	카톡	니가 무슨.... 금 테냐
28	2000. 00. 00. 12:20	카톡	우리 둘은 정말 어울리는 것같아...
29	2000. 00. 00. 00:05	문자메시지	회사 잘 다니고 싶지 않나
30	2000. 00. 00. 00:30	카톡	니가 안주고 배기나 봐라
31	2000. 00. 00. 00:20	문자메시지	결국 나랑 살게 될거야
32	2000. 00. 00. 12:20	카톡	가만 안둔다
33	2000. 00. 00. 02:00	문자메시지	너랑 자는 꿈을 꿀거야
34	2000. 00. 00. 00:20	카톡	또 몽정했어...
35	2000. 00. 00. 12:20	카톡	너만 생각하면 죽을 것 같아

5. 고소이유

(1) 고소인은 서울시 00구 00동 소재 주식회사 000000 소속의 걸그룹 연습생인 자이고, 피고소인은 위 회사에서 연예부장으로 근무하는 자입니다.

(2) 피고소인은 고소인의 훈련과정과 별 연관도 없는 사람임에도 수시로 걸그룹 연습실로 찾아와 연수선생님과 이야기를 나누고 연습생들에게 지도를 한다는 명목으로 접근하여 음탕한 말을 늘어놓기도 하고 몰래 숨어 연습생들을 훔쳐보는 짓을 하는 등 연습생들에게는 기피대상 1호인 인물입니다.

(3) 피고소인은 위 연습생들 간에는 유부남으로 소문이 나 있고, 평판이 나쁨에도 그런 평판을 아는지 모르는지 수시로 연습실로 찾아오더니 2000. 00. 중순경부터는 고소인에게 접근하여 "몸매가 좋다느니 좀 밀어주면 뜨겠다"라는 등의 말을 하며 자신이 마치 회사의 주인인 양 행세하며 고소인에게 추근댔으나, 고소인은 피고소인을 사람같이 생각하지도 않기 때문에 눈길도 한 번 주지 않았습니다.

(4) 그러자 피고소인은 고소인이 알려주지도 않은 고소인의 핸드폰 번호를 어디선가 알아내어 수시로 고소인에게 문자메시지와 카톡을 보내면서 만나달라느니 사랑한다느니 온갖 수작을 부리더니 급기야 악랄한 연예인 스토커 같은 짓을 하기 시작하여 결국 위 범죄사실과 같은 범행을 저질렀습니다.

(5) 고소인은 처음엔 한두 번 거절하면 그칠 줄 알았던 피고소인의 스토커 짓이 계속되자 핸드폰 신호 소리만 들어도 깜짝깜짝 놀라고 온몸에 식은땀이 흐르는 등 감당하기 어려워지더니 최근에는 불면증과 불안감 등으로 정신과 치료를 받아야 하는 지경에 처하였습니다.

(6) 아무리 좋은 말로 사정하여도 피고소인의 스토커 짓은 계속되고 밤이면 울려오는 핸드폰 신호음에 도저히 생활을 할 수 없게 된 고소인은 위 연습생 생활도 중지하고 치료를 계속하였으나 계속되는 피고소인의 범행에 치료가 되지 않는 지경에 이르러 의사의 권유대로 피고소인을 고소하기에 이르렀습니다.

(7) 부디 철저한 수사로 나이 어린 여자 연습생들의 몸을 탐하여 온갖 수단을 가리지 않는 피고소인을 엄벌하여 주시기 바랍니다.

6. 증거자료
　　(1) 핸드폰 문자메시지 출력분　　　　　　　　　　　　42부
　　(2) 피고발인의 명함　　　　　　　　　　　　　　　　　1부

7. 관련사건의 수사 및 재판 여부

① 중복 고소 여부	본 고소장과 같은 내용의 고소장을 다른 검찰청 또는 경찰서에 제출하거나 제출하였던 사실이 있습니다 □ / 없습니다 ☑
② 관련 형사사건 수사 유무	본 고소장에 기재된 범죄사실과 관련된 사건 또는 공범에 대하여 검찰청이나 경찰서에서 수사 중에 있습니다 □ / 수사 중에 있지 않습니다 ☑
③ 관련 민사소송 유무	본 고소장에 기재된 범죄사실과 관련된 사건에 대하여 법원에서 민사소송 중에 있습니다 □ / 민사소송 중에 있지 않습니다 ☑

본 고소장에 기재한 내용은 고소인이 알고 있는 지식과 경험을 바탕으로 모두 사실대로 작성하였으며, 만일 허위사실을 고발하였을 때에는 형법 제156조 무고죄로 처벌받을 것임을 서약합니다.

2000. 00. 00.

고 소 인   유 ○ 화   ㊞

서울○○경찰서 귀중

【유사사건 판례요지】

구 정보통신망 이용촉진 및 정보보호 등에 관한 법률(2005. 12. 30. 법률 제7812호로 개정되기 전의 것) 제65조 제1항 제3호 위반죄는 구성요건상 정보통신망을 이용하여 상대방의 불안감 등을 조성하는 일정 행위의 반복을 필수적인 요건으로 삼고 있을 뿐만 아니라, 그 입법 취지에 비추어 정보통신망을 이용한 일련의 불안감 조성행위가 이에 해당한다고 하기 위하여는 각 행위 상호간에 일시·장소의 근접, 방법의 유사성, 기회의 동일, 범의의 계속 등 밀접한 관계가 있어 그 전체를 일련의 반복적인 행위로 평가할 수 있어야 한다. 그와 같이 평가될 수 없는 일회성 내지 비연속적인 단발성 행위가 수차 이루어진 것에 불과한 경우에는 그 문언의 구체적 내용 및 정도에 따라 협박죄나 경범죄처벌법상 불안감 조성행위 등 별개의 범죄로 처벌함은 별론으로 하더라도 위 법 위반죄로 처벌할 수는 없다.
(출처 : 대법원 2008. 8. 21. 선고 2008도4351 판결)

특정경제범죄가중처벌등에관한법률위반

52. 사례 [특정경제범죄 가중처벌 등에 관한 법률위반 (금융다단계 사기)]

고 소 장

1. 고소인

    (1) 최○화 (000000-0000000)
        서울시 00구 00동 00-0, 0000아파트 00동 000호
        연락처 : 010-0000-0000
    (2) 이○호 (000000-0000000)
        인천시 00구 00동 00, 00연립 00동 000호
        연락처 : 010-0000-0000
    (3) 박○수 (000000-0000000)
        부산시 00구 00동 000-0
        연락처 : 010-0000-0000
    (4) 박○숙 (000000-0000000)
        대구시 00구 00동 000-00, 0000아파트 00동 000호
        연락처 : 010-0000-0000
    (5) 안○수 (000000-0000000)
        서울시 00구 00동 00-0, 0000아파트 00동 000호
        연락처 : 010-0000-0000
    (6) 권○철 (000000-0000000)
        서울시 00구 00동 00-0
        연락처 : 010-0000-0000
    (7) 양○란 (000000-0000000)
        안양시 00구 00동 00-0, 0000아파트 00동 000호
        연락처 : 010-0000-0000

(8) 김O숙 (000000-0000000)
일산시 00구 00동 00-0, 0000아파트 00동 000호
연락처 : 010-0000-0000

(9) 김O철 (000000-0000000)
부산시 00구 00동 00-0, 0000오피스텔 000호
연락처 : 010-0000-0000

(10) 한O호 (000000-0000000)
서울시 00구 00동 00-0, 0000아파트 00동 000호
연락처 : 010-0000-0000

2. 피고소인

(1) 주식회사 00000 회장 리차드 김(한국명 김O규)
서울시 00구 00동 000-00, 0000빌딩 00층
연락처 : 000-0000-000

(2) 주식회사 00000 대표이사 이O호
서울시 00구 00동 000-00, 0000빌딩 00층
연락처 : 010-0000-0000

3. 고소취지

고소인들은 피고소인들을 특정경제 가중처벌 등에 관한 법률위반(사기) 등의 죄로 고소하오니 철저히 조사하시어 엄벌하여 주시기 바랍니다.

4. 범죄사실

피고소인 리차드 김은 서울시 00구 00동 000-00, 0000빌딩 00층 소재 "주식회사 00000"의 명예회장인 자이고, 피고소인 이O호는 위 회사 대표이사인 자로, 피고소인들은 공모 공동하여,

2000. 00. 초순경부터 다수의 영업직원들을 시켜 위 회사는 노벨경제학상을 수상한 국제적으로 유명한 미국과 유럽 등 최고의 경제학 박사들이 연구진으로 포진하여 외환 및 현물에 투자하는 미국의 00000 회사의

한국 지부회사로 위 회사에서는 "국제정세와 경기변동 상황을 살피고 예측하여 세계 각국의 통화나 석유·원목·철·옥수수 등의 현물을 국가별로 적절히 투자하는데 그 투자 수익율은 상상을 초월 한다"라는 등의 선전을 하며, 고소인들을 포함한 투자자들이 위 한국지부의 자금 확보를 위하여 한시적으로 판매하는 투자수익증권(1구좌에 2,000만 원)을 매입하면 월 1%의 수익금을 주고, 환매시에는 원금을 보장하며, 각 투자자들이 새로운 투자자에게 위 수익증권을 매입케 하면 새로운 투자자의 투자금액의 1%를 매월 지급한다는 등의 거짓말로 위 수익증권을 매입케 하여, 이에 속은 고소인 최O화에게 수익증권 10구좌 금 2억 원, 고소인 이O호에게 위 수익증권 8구좌 금1억 6천만 원, 고소인 박O수에게 위 수익증권 7계좌 금 1억 4천만 원, 고소인 박O숙에게 위 수익증권 6구좌 금 1억 2천만 원, 고소인 안O수에게 위 수익증권 5구좌 금 1억 원, 고소인 권O철에게 위 수익증권 5구좌 금 1억 원, 고소인 양O란에게 위 수익증권 5구좌 금 1억 원, 고소인 김O숙에게 위 수익증권 5구좌 금 1억 원, 고소인 김O철에게 위 수익증권 4구좌 금 8천만 원, 고소인 한O호에게 위 수익증권 4구좌 금 8천만 원을 각 판매하여 고소인들로부터 도합금 11억 8천만 원을 편취하였습니다.

5. 고소이유

(1) 피고소인 리차드 김은 서울시 00구 00동 000-00, 0000빌딩 00층 소재 주식회사 00000의 회장인 자이고, 피고소인 이O호는 위 회사의 대표이사인 자이며, 고소인들은 피고소인들의 사기행각에 말려들어 막대한 손해를 입은 피해자들입니다.

(2) 고소인들은 지인들의 소개로 피고소인들을 알게 되어 피고소인들의 회사 00층 대회의실에서 매주 화요일과 목요일 오후 2시부터 시작되는 투자설명회를 들으러 갔습니다. 위 투자설명회는 피고소인 이O호가 처음 등장하

여 고객들에게 인사를 하고 자신은 미국에서 경제학 박사과정을 공부하는 과정에서 피고소인 리처드 김을 알게 되었고, 리처드 김의 덕택으로 비로소 세계경제를 알게 되었고 리처드 김의 도움으로 세계시장을 대상으로 하는 통화와 현물 투자로 이미 수천억 원의 재산을 형성하여 그 자금은 미국 본사에서 운영되고 있다고 말하면서 자신의 은인이라는 리처드 김을 소개하였습니다. 당시 리처드 김은 간단하게 영어로 인사를 하더니 한국말로 "여러분 돈 많이 벌어 가세여"라는 말로 마무리 하였고, 이어 대표 애널리스트라는 본부장이 나와 본격적인 투자설명회를 시작하였습니다.

(3) 본부장이라는 사람은 먼저 약 20분 간 세계경제와 외환 및 현물시장이라는 영상물을 보여주었고, 그 후 약 10분 간 피고소인 회사의 미국 본사에서 외화와 현물시장에 투자하여 벌어들이는 수익금 등을 알려주는 회사의 광고물을 보여주었습니다.

(4) 위 영상이 끝나자 본부장은 위 회사에 투자하는 방식을 설명하였는데 그 내용은 위 회사에서 한국에서의 독립적인 사업을 위한 자금 확보를 위하여 고소인들을 포함한 한국 투자자들에게 한시적으로 투자수익증권(1구좌에 2,000만 원)을 판매하는데 위 수익증권을 매입하면 매입금액의 월 1%의 수익금을 주고, 환매시에는 원금을 보장할 뿐 아니라, 위 수익증권에 투자한 사람들이 주변의 지인들을 소개하여 그 지인들이 위 수익증권을 매입하게 되면 그 투자금의 1%를 매월 지급해 준다는 것이었습니다.

(5) 위 설명회를 할 때 군데군데에 포진하고 있던 피고소인 회사와 연관된 것으로 보이는 사람들은 본부장이 설명할 때 감탄을 하며 분위기를 띄었고, 그런 분위기 때문인지 위 설명회에 참석한 대부분의 사람들도 서로 투자를 하겠다고 투자예약서를 작성하여 제출하는 등 그 분위기가 뜨거웠습니다. 고소인들의 경우 우선 자신의 투자금에 월 1%의 수익이면 연간 12%의 수익금을 올리는 것으로 이는 시중 은행의 이자와는 비교도 할 수 없을 만큼

의 높은 수익률이었고, 다른 사람은 데려오는 경우 그 사람의 투자금에서 1%의 수익을 추가로 받을 수 있다니 참으로 귀에 솔깃한 제안이 아닐 수 없었습니다.

(6) 때문에 위 회사에 투자한 사람들은 고소인들과 마찬가지로 시중은행에서 받는 연 3% 정도의 이자를 감당하고도 그 차익 9%의 가량의 수익을 얻을 수 있기 때문에 은행대출만 잘 이용해도 상당한 수익을 올릴 수 있다는 생각에 매우 적극적으로 투자를 하려고 하였고, 실제로 그렇게 하였습니다.

(7) 고소인들의 경우에도 위 수익증권을 매입한 후 매월 1%의 수익금이 통장으로 정확히 들어왔고, 어떤 사람의 경우에는 소개한 사람들이 많아 상당한 수익을 올리는 경우가 많았습니다. 때문에 피고소인 회사에서 판매하는 수익증권은 강남 일대에서 대단한 붐을 일으켰고, 고소인들 외에도 전국에서 소문을 듣고 찾아온 수많은 사람들이 너도나도 위 수익증권을 잡으려고 난리를 쳤습니다. 하지만 피고소인 회사에서는 한시적으로 밖에 판매를 하지 않는다는 이유로 위 수익증권의 판매를 시작한 지 1개월이 지나서 완판 되었다며 마감을 하기도 하였습니다.

(8) 완판된 위 수익증권은 더 이상은 판매하지 않는다는 피고소인들의 말에 투자자들은 더욱 위 수익증권을 잡으려고 피고소인 회사에 항의를 하였고, 피고소인 회사에서는 마감한 지 보름 후 다시 3개월 만 한시적으로 위 수익증권을 추가 판매키로 하여 이때부터는 정말 전국적으로 투자자들이 몰려들었습니다.

(9) 위 한시적 판매가 끝난 2000. 00.경에도 투자자들에 대한 수익금은 잘 들어와 고소인들과 같은 투자자들은 안심하고 생업에 종사하고 있었는데 2000. 00.말부터 매달 통장으로 들어오던 수익금이 들어오지 않아 고소인들이 위 회사로 전화를 해 보았으나 전화를 받는 여직원 외에는 다른 누구와도 통화를 할 수 없었습니다. 이에 위 회사로 고소인들과 같은 피해자들

이 위 회사로 가보았으나 전화를 받는 여직원 1명 외에는 아무도 없었고, 그 전화를 받는 여직원 말이 회사의 임원들이 모두 미국 본사로 연수를 갔다는 것이었습니다.

(10) 이에 한 달 이상 기다리며 피고소인들이 회사로 돌아오기를 기다렸으나 끝내 피고소인들은 회사로 돌아오지 않아 비로소 고소인들은 피고소인들에게 사기를 당하였다는 사실을 알게 되었고 부득이 이 사건 고소에 이르렀습니다. 부디 정확한 피해자들과 피해액조차도 파악되지 않는 이 사건을 철저히 수사하시어 서민들의 돈을 사기치고 도망간 피고소인들을 엄벌하여 주시길 간절히 소망합니다.

6. 증거자료
(1) 투자수익증권 59부
(2) 통장사본 10부

7. 관련사건의 수사 및 재판 여부

① 중복 고소 여부	본 고소장과 같은 내용의 고소장을 다른 검찰청 또는 경찰서에 제출하거나 제출하였던 사실이 있습니다 □ / 없습니다 ☑
② 관련 형사사건 수사 유무	본 고소장에 기재된 범죄사실과 관련된 사건 또는 공범에 대하여 검찰청이나 경찰서에서 수사 중에 있습니다 □ / 수사 중에 있지 않습니다 ☑
③ 관련 민사소송 유무	본 고소장에 기재된 범죄사실과 관련된 사건에 대하여 법원에서 민사소송 중에 있습니다 □ / 민사소송 중에 있지 않습니다 ☑

본 고소장에 기재한 내용은 고소인들이 알고 있는 지식과 경험을 바탕으로 모두 사실대로 작성하였으며, 만일 허위사실을 고발하였을 때에는 형법 제156조 무고죄로 처벌받을 것임을 서약합니다.

Ⅱ. 고소장 작성 사례

2000. 00. 00.

고 소 인   최 ○ 화   ㊞
         이 ○ 호   ㊞
         박 ○ 수   ㊞
         박 ○ 숙   ㊞
         안 ○ 수   ㊞
         권 ○ 철   ㊞
         양 ○ 란   ㊞
         김 ○ 숙   ㊞
         김 ○ 철   ㊞
         한 ○ 호   ㊞

서울○○지방검찰청   귀중

【유사사건 판례요지】

사기죄 등 재산범죄에서 동일한 피해자에 대하여 단일하고 계속된 범의하에 동종의 범행을 일정기간 반복하여 행한 경우에는 각 범행은 통틀어 포괄일죄가 될 수 있다. 다만 각 범행이 포괄일죄가 되느냐 경합범이 되느냐는 그에 따라 피해액을 기준으로 가중처벌을 하도록 하는 특별법이 적용되는지 등이 달라질 뿐 아니라 양형 판단 및 공소시효와 기판력에 이르기까지 피고인에게 중대한 영향을 미치게 되므로 매우 신중하게 판단하여야 한다. 특히 범의의 단일성과 계속성은 개별 범행의 방법과 태양, 범행의 동기, 각 범행 사이의 시간적 간격, 그리고 동일한 기회 내지 관계를 이용하는 상황이 지속되는 가운데 후속 범행이 있었는지, 즉 범의의 단절이나 갱신이 있었다고 볼 만한 사정이 있는지 등을 세밀하게 살펴 논리와 경험칙에 근거하여 합리적으로 판단하여야 한다.
(출처 : 대법원 2016. 10. 27. 선고 2016도11318 판결)

부정경쟁방지및영업비밀보호에관한법률위반

53. 사례 [부정경쟁방지 및 영업비밀에 관한 법률위반 (영업비밀 누설)]

고 소 장

1. 고소인

주식회사 0000 대표이사 황O영
서울시 0구 00동 000, 00빌딩 00층
연락처 : 00-0000-0000

2. 피고소인

김O영 (000000-0000000)
서울시 00구 00동 000, 00아파트 00동 0000호
연락처 : 010-0000-000

3. 고소취지

고소인은 피고소인을 부정경쟁방지 및 영업비밀보호에 관한 법률위반(영업비밀 누설)45)으로 고소하오니 철저히 조사하시어 엄벌하여 주시기 바랍니다.

---

45) 부정경쟁방지및영업비밀보호에관한법률 제18조(벌칙)
① 부정한 이익을 얻거나 영업비밀 보유자에게 손해를 입힐 목적으로 그 영업비밀을 외국에서 사용하거나 외국에서 사용될 것임을 알면서 취득·사용 또는 제3자에게 누설한 자는 10년 이하의 징역 또는 1억원 이하의 벌금에 처한다. 다만, 벌금형에 처하는 경우 위반행위로 인한 재산상 이득액의 10배에 해당하는 금액이 1억원을 초과하면 그 재산상 이득액의 2배 이상 10배 이하의 벌금에 처한다.
② 부정한 이익을 얻거나 영업비밀 보유자에게 손해를 입힐 목적으로 그 영업비밀을 취득·사용하거나 제3자에게 누설한 자는 5년 이하의 징역 또는 5천만원 이하의 벌금에 처한다. 다만, 벌금형에 처하는 경우 위반행위로 인한 재산상 이득액의 10배에 해당하는 금액이 5천만원을 초과하면

4. 범죄사실

피고소인은 서울시 0구 00동 000, 00빌딩 00층 소재 고소인 회사에서 영업부를 관리하는 상무로 근무하던 자로,

2000. 00. 00.경 위 회사를 퇴직하면서, 위 고소인 회사가 약 20년 간 보험업을 영위하면서 경험 및 축적하였던 전국보험대리점 현황 및 인적구성, 각 대리점별 영업실적과 고객수, 고객명단 및 현황, 보험회사별 주요 상품 및 영업방향, 보험회사 임원 구성현황 및 중점 개발 상품현황, 각 보험 상품들의 판매예상 실적 등의 영업비밀 파일들을 임의로 가져가 이를 누설하였습니다.

5. 고소이유

(1) 고소인은 약 20년 전부터 서울시 0구 00동 000, 00빌딩 00층에서 "주식회사 0000"라는 상호로 보험가입자 모집을 주요 업무로 하는 보험대리점업을 하는 자이고, 피고소인은 고소인 회사의 상무로 근무하던 자입니다.

(2) 피고소인은 "00보험회사"에서 부장으로 근무하다가 실적의 문제로 인사고과에서 밀려 오랜 기간 승진을 못하고 있다가 2000. 00.경 00보험회사에

그 재산상 이득액의 2배 이상 10배 이하의 벌금에 처한다.
③ 다음 각 호의 어느 하나에 해당하는 자는 3년 이하의 징역 또는 3천만원 이하의 벌금에 처한다.
1. 제2조제1호(아목부터 차목까지는 제외한다)에 따른 부정경쟁행위를 한 자
2. 제3조를 위반하여 다음 각 목의 어느 하나에 해당하는 휘장 또는 표지와 동일하거나 유사한 것을 상표로 사용한 자
가. 파리협약 당사국, 세계무역기구 회원국 또는 「상표법 조약」 체약국의 국기·국장, 그 밖의 휘장
나. 국제기구의 표지
다. 파리협약 당사국, 세계무역기구 회원국 또는 「상표법 조약」 체약국 정부의 감독용·증명용 표지
④ 다음 각 호의 어느 하나에 해당하는 자는 1년 이하의 징역 또는 1천만원 이하의 벌금에 처한다.
1. 제9조의7제1항을 위반하여 원본증명기관에 등록된 전자지문이나 그 밖의 관련 정보를 없애거나 훼손·변경·위조 또는 유출한 자
2. 제9조의7제2항을 위반하여 직무상 알게 된 비밀을 누설한 사람
⑤ 제1항과 제2항의 징역과 벌금은 병과(倂科)할 수 있다.

서 더 이상 근무하기가 힘들다며 고소인 회사에서 일할 수 있도록 도와 달라고 고소인에게 부탁하였고, 5년 이상 피고소인을 보아온 고소인은 흔쾌히 고소인 회사의 상무로 일할 수 있도록 조치하였습니다.

(3) 피고소인은 OO보험회사에서도 영업을 주요 업무로 하였기 때문에 고소인 회사에서도 영업부 직원들을 관리하고, 그 실적을 높이는 업무에 종사하여 왔습니다. 그런데 우리나라 보험회사에 다니다가 퇴직을 하거나, 일반인들이 보험대리점 업을 하려면 위 범죄사실에 있는 상당한 량의 누적된 경영자료들이 있어야 하고, 특히 고객들의 명단은 보험대리점을 하는데 없어서는 아니 되는 중요한 영업자료이기에 이와 같은 영업자료들은 회사에서 아주 중요한 영업비밀이기도 합니다.

(4) 때문에 고소인 회사에서는 약 20년 간 보험대리점 업을 하면서 경험하며 누적되었던 위 영업자료 파일들을 USB에 담아 대표이사만이 사용 및 관리해 왔고, 그 자료는 누구에게도 보여주거나 알려준 적이 없습니다. 때문에 위 파일들을 담은 USB는 "극비"라는 표시를 해두고 대표이사 사무실 책상 서랍에만 보관하여 왔습니다.

(5) 그런데 피고소인이 상무로 대표이사 사무실을 자주 들락거리더니 언젠가 대표이사가 극비라고 적힌 USB를 컴퓨터에 꼽아 사용하는 것을 보고 그것이 무엇인지를 물었고, 고소인은 우리 회사 20년 노하우라고만 알려주었습니다. 그런데 피고소인은 언제부터인지 고소인 회사를 퇴직하고 보험대리점 회사를 만들기로 마음을 먹고는, 이 사건 당일 고소인이 손님이 찾아와서 위 USB를 컴퓨터에 잠시 꼽아두고 점심을 먹으러 나간 사이, 점심시간으로 직원들이 모두 자리를 비우자 대표이사 사무실로 몰래 들어와 위 USB를 복사해 간 것입니다.

(6) 그 후 2000. 00. 00.부터 고소인 회사에 출근하지 않던 피고소인은 핸드폰 문자로 사직하겠다고 알리고는 약 한 달간 연락이 없었는데 보험대리점

업계에서 피고소인이 위 USB에 담긴 자료들을 다른 보험대리업 업자들에게 보여주고 피고소인과 같이 동업으로 보험대리점을 하자는 제안을 하고 다닌다고 소문이 돌았고, 그 소문은 결국 고소인에게도 알려졌습니다.

(7) 고소인은 대표이사 사무실에서 은밀하게 보관 및 관리하던 위 USB자료들이 보험대리업업계에 돌아다닌다는 사실을 전해 듣고 처음에는 믿을 수 없었으나, 하도 이상한 생각이 들어 이 사건 당일의 고소인 회사 CCTV화면들을 돌려보았고, 그 결과 피고소인이 위 범죄사실과 같은 범행을 저질렀다는 사실을 확신하게 되었습니다.

(8) 이에 고소인은 부득이 이 사건 고소에 이르렀으니 부디 철저한 수사로 고소인의 20년간의 노하우가 무용지물이 되지 않도록 피고소인을 엄벌하여 주시기 바랍니다.

6. 증거자료

(1) CCTV 현장사진　　　　　　　　　　　　　　　　　　10부
(2) 진술서(타 보험대리점 업자들)　　　　　　　　　　　　2부

7. 관련사건의 수사 및 재판 여부

① 중복 고소 여부	본 고소장과 같은 내용의 고소장을 다른 검찰청 또는 경찰서에 제출하거나 제출하였던 사실이 있습니다 □ / 없습니다 ☑
② 관련 형사사건 수사 유무	본 고소장에 기재된 범죄사실과 관련된 사건 또는 공범에 대하여 검찰청이나 경찰서에서 수사 중에 있습니다 □ / 수사 중에 있지 않습니다 ☑
③ 관련 민사소송 유무	본 고소장에 기재된 범죄사실과 관련된 사건에 대하여 법원에서 민사소송 중에 있습니다 □ / 민사소송 중에 있지 않습니다 ☑

본 고소장에 기재한 내용은 고소인이 알고 있는 지식과 경험을 바탕으로 모두 사실대로 작성하였으며, 만일 허위사실을 고소하였을 때에는 형법 제156조 무

고죄로 처벌받을 것임을 서약합니다.

2000. 00. 00.

고 소 인   주식회사 0000
대표이사 황 ○ 영   ㊞

서울○○경찰서 귀중

【유사사건 판례요지】

구 「부정경쟁방지 및 영업비밀보호에 관한 법률」(2007. 12. 21. 법률 제8767호로 개정되기 이전의 것) 제2조 제2호의 '영업비밀'은 공연히 알려져 있지 아니하고 독립된 경제적 가치를 가지는 것으로서, 상당한 노력에 의하여 비밀로 유지된 생산방법, 판매방법 그 밖에 영업활동에 유용한 기술상 또는 경영상의 정보를 말하는 것인데, 여기서 '공연히 알려져 있지 아니하다'는 것은 정보가 간행물 등의 매체에 실리는 등 불특정 다수인에게 알려져 있지 않기 때문에 보유자를 통하지 아니하고는 정보를 통상 입수할 수 없는 것을 말하고, '독립된 경제적 가치를 가진다'는 것은 정보 보유자가 정보의 사용을 통해 경쟁자에 대하여 경쟁상 이익을 얻을 수 있거나 또는 정보의 취득이나 개발을 위해 상당한 비용이나 노력이 필요하다는 것을 말하며, '상당한 노력에 의하여 비밀로 유지된다'는 것은 정보가 비밀이라고 인식될 수 있는 표시를 하거나 고지를 하고, 정보에 접근할 수 있는 대상자나 접근 방법을 제한하거나 정보에 접근한 자에게 비밀준수의무를 부과하는 등 객관적으로 정보가 비밀로 유지·관리되고 있다는 사실이 인식 가능한 상태인 것을 말한다.
(출처 : 대법원 2014. 8. 20. 선고 2012도12828 판결)

산림자원의조성및관리에관한법률위반

54. 사례 [산림자원의 조성 및 관리에 관한 법률위반 (벌목)]

고 소 장

1. 고소인

최○우 (000000-0000000)
경상남도 00시 00읍 00리 000-00
연락처 : 010-0000-0000

2. 피고소인

이○현 (000000-0000000)
경상남도 00시 00읍 00리 00
연락처 : 010-0000-0000

3. 고소취지

고소인은 피고소인을 산림자원의 조성 및 관리에 관한 법률위반46)죄로 고

---

46) 산림자원의조성및관리에관한법률위반 제74조(벌칙)
① 다음 각 호의 어느 하나에 해당하는 자는 5년 이하의 징역 또는 1천500만원 이하의 벌금에 처한다.
1. 제19조제5항을 위반하여 채종림등에서 입목·죽의 벌채, 임산물의 굴취·채취, 가축의 방목, 그 밖의 토지의 형질을 변경하는 행위를 한 자
2. 제21조제1항을 위반하여 지방자치단체의 장의 승인 없이 가로수를 심고 가꾸기·옮겨심기·제거 또는 가지치기 등을 한 자
3. 제36조제1항을 위반하여 시장·군수·구청장이나 지방산림청장의 허가 없이 또는 거짓이나 그 밖의 부정한 방법으로 허가를 받아 입목벌채등을 한 자
4. 삭제 〈2009.6.9.〉

소하오니 조사하시어 법에 따라 엄벌하여 주시기 바랍니다.

4. 범죄사실

고소인은 OO시 OO면 OO리 OOO 일대 약 30만 평 규모의 "OO농장" 소유자이고, 피고소인은 위 OO농장 내의 일부인 약 2만 평을 2000. 00.경부터 임차하여 사용 중으로 그 임대차기간의 만료가 임박한 자입니다.

피고소인은 2000. 00.경 고소인의 소유로 피고소인의 임차물이 아닌 위 OO농장 내의 OO시 OO면 OO리 산 000-00, 000-00, 000-0, 000-0 4필지 일대의 약 20년 수령의 참나무(그루당 시가 약 40만 원) 100여 그루, 약 100년 이상 수령의 한국 소나무(그루당 시가 약 500만 원) 70여 그루를 임의로 벌목하여 위 참나무들은 피고소인이 임차한 토지상에 시설해 놓은 버섯재배용 목재 등으로 사용하고, 위 소나무들은 불상의 방법으로 처리하였습니다.

5. 고소이유

(1) 고소인은 위 농장이 소유자이고, 피고소인은 위 농장의 일부를 임차하여 사용하는 자입니다. 그런데 피고소인이 임차하지도 않은 위 농장 내의 다른 토지들을 고소인의 감시가 소홀한 틈을 타 마구 이용하는 등의 불법행위를 저질러 고소인은 아직 임대기간이 남아 있음에도 불구하고 계약 만기일까지만 임대를 할 것이니 그 기간이 되면 비울 것을 내용증명으로 통지한 사실이 있습니다.

---

5. 정당한 사유 없이 산림 안에서 입목·죽을 손상하거나 말라죽게 한 자
6. 정당한 사유 없이 가로수를 손상하거나 말라죽게 한 자
7. 입목·죽, 목재 또는 원뿌리에 표시한 기호나 도장을 변경하거나 지운 자
8. 정당한 사유 없이 타인의 산림에 공작물(工作物)을 설치한 자

② 제1항제2호를 위반한 자로서 그 피해가격이 원산지 가격으로 10만원 미만인 경우에는 그 정상에 따라 구류(拘留) 또는 과료(科料)에 처할 수 있다. 〈개정 2009.6.9.〉
③ 상습적으로 제1항의 죄를 범한 자는 10년 이하의 징역에 처한다.

(2) 그런데 최근 고소인이 위 농장에 들렀다가 피고소인이 임차한 토지가 아닌 전혀 다른 곳에 식재되어 있던 위 범죄사실과 같은 참나무와 소나무 등을 마구 베어내어 벌목하고, 그 벌목한 참나무들은 버섯재배용 목재로 사용하였고, 비싼 소나무들은 어디에 팔아먹었는지도 알 수 없게 처분한 사실을 알게 되었습니다.

(3) 피고소인이 아무리 시골에서 농사를 짓는 사람이라 할지라도 고소인 농장에 식재된 나무들을 함부로 벌목하면 형사처벌을 받고 막대한 손해배상을 하여야 한다는 사실을 모를 리 없음에도 고소인의 농장 야산에 서식하는 이 사건 나무들을 무지막지하게 베어냈습니다. 이에 고소인이 수차 피고소인을 찾아가 벌목한 나무들이 있던 장소에 다른 나무들이라도 심어놓고, 비싼 소나무는 그 값을 치러야 한다고 설명해 주었음에도 피고소인은 자신이 베어낸 것이 아니라는 등 엉뚱한 거짓말로 일관하며 억지를 부리고 있습니다.

(4) 위 농장이 있는 곳은 나무장사를 하는 사람들이 많지 않고, 고소인이 알고 있는 나무장사 김O철(연락처 000-0000-000) 외에는 위와 같이 벌목된 소나무들을 사갈 사람이 없으므로 위 김O철은 피고소인의 벌목행위를 누구보다도 잘 알고 있을 것 같으나, 위 김O철은 피고소인과의 관계를 생각하여 그 사실을 발설하지 않고 있습니다. 이에 고소인은 부득이 이 사건 고소에 이르렀으니 부디 철저한 수사로 고소인 소유의 농장의 수목들을 무단으로 벌목하여 임의로 사용한 피고소인의 범행을 엄벌하여 주시기 바랍니다.

6. 첨부자료

(1) 현장사진   20부
(2) 임대차계약서 사본   1부

7. 관련사건의 수사 및 재판 여부

① 중복 고소 여부	본 고소장과 같은 내용의 고소장을 다른 검찰청 또는 경찰서에 제출하거나 제출하였던 사실이 있습니다 □ / 없습니다 ☑
② 관련 형사사건 수사 유무	본 고소장에 기재된 범죄사실과 관련된 사건 또는 공범에 대하여 검찰청이나 경찰서에서 수사 중에 있습니다 □ / 수사 중에 있지 않습니다 ☑
③ 관련 민사소송 유무	본 고소장에 기재된 범죄사실과 관련된 사건에 대하여 법원에서 민사소송 중에 있습니다 □ / 민사소송 중에 있지 않습니다 ☑

본 고소장에 기재한 내용은 고소인이 알고 있는 지식과 경험을 바탕으로 모두 사실대로 작성하였으며, 만일 허위사실을 고소하였을 때에는 형법 제156조 무고죄로 처벌받을 것임을 서약합니다.

2000. 00. 00.

고 소 인   최 ○ 우   (인)

○○경찰서 귀중

【유사사건 판례요지】

산림자원법 제36조 제1항은 앞서 본 바와 같이 산림 안에서 입목의 벌채, 임산물의 굴취·채취(이하 '입목벌채등'이라 한다)를 하려는 자는 관할관청의 허가를 받아야 한다고 규정하고 있고, 제74조 제1항 제3호는 제36조 제1항을 위반하여 관할관청의 허가 없이 '입목벌채등'을 한 자를 형사처벌하도록 규정하고 있다. 그런데 여기서 임산물인 수목의 굴취에 의한 산림자원법 제74조 제1항 제3호 위반죄가 성립하기 위해서는 당해 수목이 사회통념상 토지로부터 분리된 상태에 이르러야 한다.
(출처 : 대법원 2012. 5. 10. 선고 2011도113 판결)

도시및주거환경정비법위반

55. 사례 [도시 및 주거환경정비법 위반 (조합총회 의결사항)]

고 소 장

1. 고소인

서O원 (000000-0000000)
경기도 00시 00로 00-0
연락처 : 010-0000-0000

2. 피고소인

경기도 00시 00동 재건축조합 조합장 ＯＯＯ
경기도 00시 00로 000-00
연락처 : 000-0000-0000

3. 고소취지

고소인은 피고소인을 도시 및 주거환경정비법 위반죄[47](총회의결사항 위반)로 고소하오니 조사하시어 법에 따라 엄벌하여 주시기 바랍니다.

---

[47] 도시 및 주거환경정비법 제24조(총회개최 및 의결사항)
　③ 다음 각호의 사항은 총회의 의결을 거쳐야 한다.
　2. 자금의 차입과 그 방법·이율 및 상환방법
　7. 정비사업전문관리업자의 선정 및 변경
　도시 및 주거환경정비법 제85조(벌칙)
　다음 각 호의 어느 하나에 해당하는 자는 2년 이하의 징역 또는 2천만원 이하의 벌금에 처한다.
　5. 제24조의 규정에 의한 총회의 의결을 거치지 아니하고 동조제3항 각호의 사업을 임의로 추진하는 조합의 임원(전문조합관리인을 포함한다)

4. 범죄사실

피고소인은 경기도 00시 "00동 재건축조합" 조합장인 자로,
2000. 00. 00. 위 조합에서 정비사업전문관리사업자를 변경하는 경우와 자금을 차입하는 경우에 각 위 조합 총회의 결의를 얻어야 함에도 이를 득하지 아니하고, 이전의 정비사업전문사업자인 "주식회사 00개발"을 "주식회사 0000"으로 변경하고, 주식회사 0000으로부터 위 조합차입금 2,000만 원을 제공받았습니다.

5. 고소이유

(1) 고소인은 경기도 00시 00동 재건축조합 조합원인 자이고, 피고소인은 동 조합의 조합장인 자입니다.

(2) 위 조합은 재작년에 결성이 되었는데 조합 결성 초기부터 조합원들 간에 갈등이 심하여 그 사업의 진척이 아주 더딘 상태입니다. 그런데 현 조합장인 피고소인은 전 조합장이 조합원들의 의사를 무시하고 조합을 이끌어 간다는 이유로 전 조합장을 사임시켰으면 자신은 보다 더 투명하게 조합의 사업을 진행시켜야 함에도 오히려 전 조합장보다도 더 불투명하게 조합의 일을 처리하여 조합원들 간에는 불만이 매우 고조된 상태입니다.

(3) 즉, 피고소인은 위 전 조합장이 조합의 사업을 진행하기 위해 선정한 정비사업전문사업자인 주식회사 00개발을 다른 업체로 선정하려면 조합의 총회를 개최하여 그 결의를 받아야 함에도 아는지 모르는지 조합 총회를 거치지도 않고 조합의 임원들만의 결의로 위 정비업체를 주식회사 0000으로 변경하고, 역시 조합에서 외부로부터 자금을 차입하는 경우에는 그 결의를

조합 총회에서 득하여야 함에도 이를 무시하고 새로운 정비업체를 선정한 직후 그 업체로부터 조합차입금 명목으로 2,000만 원을 제공 받았습니다.

(4) 이는 법에도 위반될 뿐 아니라, 조합원들에게도 막대한 피해를 끼치는 일입니다. 왜냐면 처음부터 조합의 총회를 거치지 않았기 때문에 조합원들이 모르는 정비사업체가 조합의 사업을 진행하면 그 감시를 할 수 없을 뿐 아니라 이 사건의 경우와 같이 새로운 정비사업체가 조합에 조합원들 모르게 돈을 빌려주면 그 돈의 사용을 누구도 감시할 수 없기 때문입니다.

(5) 위와 같은 사정으로 위 조합의 조합원인 고소인이 부득이 이 사건 고소에 이르렀으니 부디 철저한 수사로 위 조합의 사업을 불법적으로 끌고 가려는 피고소인을 엄벌하여 주시기 바랍니다.

6. 첨부자료

    (1) 정비업체선정계약서 사본   1부
    (2) 차입금 영수증 사본   1부

7. 관련사건의 수사 및 재판 여부

① 중복 고소 여부	본 고소장과 같은 내용의 고소장을 다른 검찰청 또는 경찰서에 제출하거나 제출하였던 사실이 있습니다 □ / 없습니다 ☑
② 관련 형사사건 수사 유무	본 고소장에 기재된 범죄사실과 관련된 사건 또는 공범에 대하여 검찰청이나 경찰서에서 수사 중에 있습니다 □ / 수사 중에 있지 않습니다 ☑
③ 관련 민사소송 유무	본 고소장에 기재된 범죄사실과 관련된 사건에 대하여 법원에서 민사소송 중에 있습니다 □ / 민사소송 중에 있지 않습니다 ☑

본 고소장에 기재한 내용은 고소인이 알고 있는 지식과 경험을 바탕으로 모두 사실대로 작성하였으며, 만일 허위사실을 고소하였을 때에는 형법 제156조 무고죄로 처벌받을 것임을 서약합니다.

2000. 00. 00.

고 소 인   서 ○ 원   (인)

○○경찰서 귀중

【유사사건 판례요지】

도시정비법 제85조 제5호는 '제24조의 규정에 의한 총회의 의결을 거치지 아니하고 동조 제3항 각 호의 사업을 임의로 추진하는 조합의 임원'을 처벌하도록 규정하고 있고, 제24조 제3항은 총회의 의결을 거쳐야 하는 사항을 규정하고 있다. 이처럼 도시정비법이 일정한 사항에 관하여 총회의 의결을 거치도록 하고 이를 위반한 조합 임원을 처벌하는 벌칙규정까지 둔 취지는 조합원들의 권리·의무에 직접적인 영향을 미치는 사항에 대하여 조합원들의 의사가 반영될 수 있도록 절차적 참여 기회를 보장하고 조합 임원에 의한 전횡을 방지하기 위한 것이다.
(출처 : 대법원 2016. 10. 27. 선고 2016도138 판결)

III. 항고장 이론

1. 항고

(1) 항고의 의의 :

형사사건에 있어 항고란 고소[48] 또는 고발[49] 사건에 관하여 검사가 피의자에 대하여 공소를 제기하는 않는 결정(불기소처분)을 하였을 때, 고소인이나 고발인이 그 결정에 대하여 불복하는 의사표시를 말한다.

(2) 항고의 방식 :

항고는 서면으로 불기소결정을 한 검사가 속한 지방검찰청 또는 지청을 거쳐 관할 고등검찰청 검사장에게 할 수 있다.

(3) 항고의 대상(불기소처분)

가. 기소유예 :

피의사실(범죄사실)이 인정되지만 형법 제51조 각호의 사항을 참작하여 피의자의 소추가 필요하지 아니하는 경우.

나. 혐의 없음

---

[48] "고소"란 범죄의 피해자 · 피해자의 법정대리인 · 피해자의 배우자 · 피해자의 친족 등의 고소권자가 수사기관에 범죄사실을 신고하여 피고소인(범인)을 처벌해 달라는 의사표시를 말한다.
[49] "고발"이란 고소권자와 범인 이외의 자가 범죄의 혐의가 있다고 생각 될 때 수사기관에 범죄사실을 신고하여 피고발자(범인)를 처벌해 달라는 의사표시를 말한다.

① 혐의 없음(범죄 인정 안 됨) :
피의사실이 범죄를 구성하지 아니하거나 범죄가 인정되니 아니하는 경우.
② 혐의 없음(증거불충분) :
피의사실을 인정할 만한 충분한 증거가 충분하지 아니하는 경우.

다. 죄가 안 됨 :
피의사실이 범죄구성요건에 해당하지만 법률상 범죄의 성립을 조각하는 사유가 있어 범죄를 구성하지 아니하는 경우.

라. 공고권 없음 :
확정판결이 있는 경우, 통고처분이 이행된 경우, 소년법 등에 의한 보호처분이 확정된 경우, 사면이 있는 경우, 공소의 시효가 완성된 경우, 범죄 후 법령의 개폐로 형이 폐지된 경우, 법률의 규정에 의하여 형이 면제된 경우, 피의자에 관하여 재판권이 없는 경우, 동일사건에 관하여 이미 공소가 제기된 경우(공소를 취소한 경우를 포함. 다만, 다른 중요한 증거를 발견한 경우에는 그러하지 아니하다), 친고죄 및 공무원의 고발이 있어야 논하는 죄[50]의 경우에 고소 또는 고발이 없거나 그 고소 또는 고발이 무효 또는 취소된 경우, 반의사불벌죄의 경우 처벌을 희망하지 아니하는 의사표시가 있거나 처벌을 희망하는 의사표시가 철회된 경우, 피의자가 사망하거나 피의자인 법인이 해산 등으로 존속하지 아니하게 된 경우.

마. 각하 :
고소 또는 고발이 있는 사건에 관하여 고소인 또는 고발인의 진술이나 고소장 또는 고발장에 의하더라도 위 "혐의 없음", "죄가 안됨", "공소권없

---

[50] "공무원의 고발이 있어야 논하는 죄"란 조세범처벌법 제21조와 같이 "이 법에 따른 범칙행위에 대해서는 국세청장, 지방국세청장 또는 세무서장의 고발이 없으면 검사는 공소를 제기할 수 없다."라고 규정된 범죄를 말한다.

음"의 사유에 해당하는 것이 명백한 경우, 고소 혹은 고발이 형사소송법 제224조(고소의 제한), 제232조제2항(재고소금지) 또는 제235조(고발의 제한)에 위반한 경우, 동일사건에 관하여 검사의 불기소처분이 있는 경우(다만, 중요한 증거가 새로이 발견된 경우에 고소인 또는 고발인이 그 사유를 소명한 경우에는 그러하지 아니함), 형사소송법 제223조(고소권자), 제225조부터 제228조까지의 규정에 따른 고소권자가 아닌 자가 고소한 경우, 고소 또는 고발장 제출 후 고소인 또는 고발인이 출석요구에 불응하거나 소재불명 되어 고소 또는 고발사실에 대한 진술을 청취할 수 없는 경우, 고소 또는 고발사건에 대하여 사안의 경중 및 경위, 고소 또는 고발인과 피고소인 또는 피고발인의 관계 등에 비추어 피고소인 또는 피고발인의 책임이 경미하고 수사와 소추할 공공의 이익이 없거나 극히 적어 수사의 필요성이 인정되지 아니하는 경우, 고발의 진위 여부가 불분명한 언론보도나 인터넷 등 정보통신망의 게시물, 익명의 제보, 고발내용과 직접적인 관련이 없는 제3자로부터의 전문(傳聞)이나 풍문 혹은 고발인의 추측만을 근거로 한 경우 등으로서 수사를 개시할 만한 구체적인 사유 또는 정황이 불충분한 경우.

(4) 항고사건의 절차 :

가. 항고장을 받은 불기소처분을 한 지방검찰청 또는 지청의 검사(원처분 검사가 아닌 검사)는 항고가 이유 있다고 인정하면 그 처분을 경정(更正)하여야 하고, 항고가 이유 없다고 판단될 때에는 의견서를 작성하여 항고 수리일로부터 20일 이내에 고등검찰청검사장에게 사건기록 등과 함께 송부한다.

나. 고등검찰청 검사장은 항고가 이유 있다고 인정하면 소속 검사(고등검찰청 검사)로 하여금 지방검찰청 또는 지청 검사의 불기소처분을 직접 경정하게 할 수 있다. 이 경우 고등검찰청 검사는 지방검찰청 또는 지청의 검사로서

직무를 수행하는 것으로 본다. 또한 항고가 이유 없는 것으로 인정되거나 항고기간을 도과하여 접수된 경우에는 항고기각의 결정을 하고, 항고권자가 아닌 자가 항고한 경우 등에는 각하 결정을 한다.

다. 항고는 고소인이나 고발인이 불기소처분결정서를 송달 받은 날로부터 30일 이내에 하여야 한다.

라. 고소인이나 고발인의 책임이 없는 사유로 정하여 진 기간 이내에 항고를 하지 못한 것을 소명하면 항고 기간은 그 사유가 해소된 때부터 기산한다.

마. 기간이 지난 후 접수된 항고는 기각하여야 한다. 단 중요한 증거가 새로 발견된 경우나 고소인이나 고발인이 위항의 사유를 소명한 경우에는 그러하지 아니하다.

(5) 재항고

가. 항고인은 항고를 기각하는 처분에 불복하거나 항고를 한 날부터 항고에 대한 처분이 이루어지지 아니하고 3개월이 경과하였을 때에는 그 검사가 속한 고등검찰청을 거쳐 서면으로 검찰총장에게 재항고를 할 수 있다. 단 형사소송법 제260조에 따라 재정신청을 할 수 있는 자[51]는 재항고를 할 수 없다.

---

[51] "재정신청을 할 수 있는 자"란 형사소송법 제260조 제1항에서 "고소권자로서 고소를 한 자(「형법」 제123조부터 제126조까지의 죄에 대하여는 고발을 한 자를 포함한다. 이하 이 조에서 같다)는 검사로부터 공소를 제기하지 아니한다는 통지를 받은 때에는 그 검사 소속의 지방검찰청 소재지를 관할하는 고등법원(이하 "관할 고등법원"이라 한다)에 그 당부에 관한 재정을 신청할 수 있다. 다만, 「형법」 제126조의 죄에 대하여는 피공표자의 명시한 의사에 반하여 재정을 신청할 수 없다."라고 규정하고 있다. 참고로 재정신청을 하려는 자는 항고기각 결정을 통지받은 날부터 10일 이내에 지방검찰청검사장 또는 지청장에게 재정신청서를 제출하여야 한다

나. 이 경우 고등검찰청의 검사는 재항고가 이유 있다고 인정하면 그 처분을 경정하여야 한다.

다. 재항고는 항고기각 결정을 통지 받은 날 또는 항고 후 항고에 대한 처분이 이루어지지 아니하고 3개월이 지난날부터 30일 이내에 하여야 한다.

라. 항고인의 책임이 없는 사유로 정하여 진 기간 이내에 재항고를 하지 못한 것을 항고인이 소명하면 재항고 기간은 그 사유가 해소된 때부터 기산한다.

마. 기간이 지난 후 접수된 재항고는 기각하여야 한다. 단 중요한 증거가 새로 발견된 경우나 항고인이 위 항의 사유를 소명한 경우에는 그러하지 아니하다.

2. 항고장

(1) 항고장이란

가. 형사상 항고장이란 고소 또는 고발 사건에 관하여 검사가 피의자에 대하여 공소를 제기하는 않는 결정(불기소처분)을 하였을 때, 고소인이나 고발인이 그 결정에 대하여 불복하는 의사표시를 서술한 서면을 말한다.

나. 항고장은 일정한 양식이 있는 것은 아니지만, 맨 앞에 표지[52]를 만들고 이어 항고장을 첨부하는 형식으로 만든다. 아래와 같은 일반 양식을 기준으로 항고장의 기재내용 등을 설명하기로 한다.

---

[52] 항고장의 표지는 맨 위에 "항고장"이라고 큰 글자로 쓰고, 두 칸 정도를 내려서 "사건"이라고 기재하고 사건번호를 기재한다. 그리고 "피의자(피항고인)"라고 기재하고 성명만 적고, "항고인"이라고 기재하고 그 성명만 적는다. 그리고 맨 아래쯤에 큰 글자로 "00고등검찰청 귀중"이라고 기재한다(부록 참조).

[항고장 서식]

항 고 장

사 건	서울중앙지방검찰청 2000형제 0000호 사기
피의자(피항고인)	김O수 (000000-0000000)
	서울시 00구 00동 000
	H.P : 010-0000-0000
항 고 인	이O규 (000000-0000000)
	서울시 00구 000동 000
	H.P : 010-0000-0000

항 고 취 지

위 2000 형제 0000호 사기 피의사건에 관하여 동 검찰청 소속 검사 000은 2000. 00. 00. 피의자 김O수에게 혐의가 없다는 이유로 불기소처분결정을 하였으나 이 결정은 다음과 같은 이유에 의하여 부당하므로 항고하오니 불기소 처분결정을 경정하여 주시기 바랍니다.

(위 불기소처분 결정을 2000. 00. 00. 송달받았습니다.)

항 고 이 유

1. 피의사실 및 불기소처분의 요지

2. 항고이유(수사미진, 사실 및 법률판단의 오류 등)

3. 결론

첨 부 서 류

1. 불기소처분통지서　　　　　　　　　　　　　　1 부
1. 불기소이유고지서　　　　　　　　　　　　　　1 부

2000. 00. 00.

위 항고인(고소인)　　　이 ○ 수　 (인)

서울고등검찰청　귀중

(2) 항고장의 구체적 작성방법

가. 사건 :

당해 형사사건의 사건번호와 사건명을 기재한다.

나. 피의자(피항고인) :

고소 또는 고발 사건의 피의자의 성명, 주민등록번호, 주소, 연락처를 기재한다.

다. 항고인 :

고소인 또는 고발인의 성명, 주민등록번호, 주소, 연락처를 기재한다.

라. 항고취지 :

① 위 서식과 같이 불기소처분 사건과 처분 검사 그리고 불기소처분이 부당하므로 항고한다는 내용 등을 간단히 기재하고, 불기소처분결정문을 항고인이 송달받은 날자를 기재한다.

② 항고장은 항고이유의 기재 내용이 가장 중요하고 작성하는데 시간도 많이 소요될 수 있으므로 그 준비가 안 된 경우에 항고인은 항고이유가 기재되지 않은 항고장을 먼저 제출하고 추후 항고이유서를 별도로 작성하여 제출할 수 있다.

마. 항고이유

① 피의사실 및 불기소처분의 요지 :

불기소처분통지서를 송달받은 고소인 또는 고발인은 불기소이유서를 검찰청에서 발급 받을 수 있다(처분 검찰청이 아닌 가까운 검찰청에서도 발급 받을 수 있음). 이 불기소이유서에는 처분 검사가 작성한 피의사실

요지 및 불기소처분의 이유가 기재되어 있으므로 그 내용의 요지를 항고장에 기재하면 된다.

② 항고이유 :

항고이유에는 불기소이유서에 기재된 내용에서 수사가 미진한 부분(당해 사건에서 반드시 조사되었어야 하는 경우, 참고인 등의 조사가 누락된 경우, 대질조사가 필요함에도 이루어지지 않은 경우 등), 사실관계 파악이 잘못된 부분, 법률적 판단이나 증거 판단에 잘못된 부분 등을 구체적이고 객관적인 자료 등으로 논박하며 어떠한 이유에서 수사가 잘못되었다는 것인지를 설득력 있게 기재하여야 한다.

③ 결론 :

간단하게 결론을 도출하여 기재한다.

라. 첨부서류 :

불기소처분통지서와 불기소이유고지서를 첨부하고 그 외에도 새로운 증거 등 제출할 서면이 있는 경우에는 첨부한다.

마. 제출일자 등 :

항고는 불기소처분통지서를 받은 날로부터 30일의 기간을 준수하여야 하고, 항고장에 서명과 날인을 한 후 처분청이 아닌 항고사건을 담당할 "00고등검찰청 귀중"의 기재[53]하여야 한다. 다만 항고장의 제출은 처분 검사의 소속 지방검찰청 또는 지청에 하여야 한다는 점에 유의하여야 한다.

---

53) 항고장 제출기관을 기재할 때 종종 처분청인 "000검찰청 귀중" 혹은 "00검찰청 00지청 귀중"으로 기재하는 경우가 있다. 실무상으로 항고장을 접수하는 기관에서 별 문제를 삼지는 않고 있다.

바. 위의 양식과 같이 항고이유까지 기재된 항고장을 일거에 제출할 수 있으나, 일반적으로 30일의 항고기간을 준수하기 위하여 항고이유가 기재되지 않은 항고장을 먼저 제출하고 추후 항고이유서를 별도로 제출한다.

사. 항고장54)("항고이유서") 작성의 핵심 :
항고장 작성의 핵심은 "항고이유"를 잘 작성하는 것이다. 처분 검사의 불기소이유서에 기재된 불기소 이유의 잘못된 점들을 구체적이고 합리적이며 객관적인 자료나 증거 등으로 논박하여 불기소처분이 잘못되었다는 점을 누구나 이해할 수 있게 설명할 수 있는 항고장이 이상적인 항고장이라 할 것이다. 아래에서는 여러 가지 사례를 통하여 항고장의 핵심인 "항고이유" 기술 방법을 익히도록 한다.

---

54) 먼저 항고장을 접수하고, 추후 "항고이유서"를 제출하는 경우, 이 경우에도 표지를 만들어 맨 앞에 첨부한다.

[항고장 서식]

항 고 장

사　　　　　건　　　서울중앙지방검찰청 2000형제0000호 위증
항 고 인(고 소 인)　　　김O수
피항고인(피고소인)　　　이O수

서울중앙지방검찰청 2000형제0000호 위증 피의사건에 관하여 서울중앙지방검찰청 OOO검사는 2000. 00.00. 피항고인(피고소인)에 대하여 혐의없음 결정을 하였는바, 항고인(고소인)은 위 결정에 대하여 불복하므로 항고를 제기합니다.
(고소인은 서울중앙지방검찰청으로부터 처분결과 통지서를 2000. 00. 00.자로 통지받았습니다.)

항 고 취 지

위 피의사건에 대하여 피항고인(피고소인)에 대하여 한 혐의 없음 결정은 이를 취소하고 재기수사명령 또는 공소제기명령을 하시어 피항고인(피고소인)들을 처벌하여 주십시오.

항 고 이 유

항고이유서를 추후 제출하겠습니다.

첨 부 서 류

1. 고소·고발사건 처분결과 통지서　　　　　　　　　　　　1부
2. 불기소이유통지　　　　　　　　　　　　　　　　　　　1부

2000. 00. 00.

항고인(고소인)　　　김 ○ 수　　(인)

서울고등검찰청　　귀중

Ⅳ. 항고장 작성 사례

1. 사례 [사기 (차용), 혐의 없음]

항 고 이 유 서

사　건　　서울○○지방검찰청 2000형제00000호 사기

1. 고소인(항고인) :
　　최○복 (000000-0000000)
　　인천시 00구 00동 000-00, 00000아파트 000동 0000호
　　연락처 : 010-0000-0000

2. 피고소인(피항고인, 피의자) :
　　유○창 (000000-0000000)
　　서울시 00구 00동 000, 00연립 00동 000호
　　연락처 : 010-0000-0000

위 피고소인(피항고인)에 대한 서울○○지방검찰청 2000형제00000호 사기죄 피의사건에 관하여 동 검찰청 검사 ○○○는 2000. 00. 00 혐의 없음을 이유로 불기소처분결정을 하였으나, 그 결정은 다음과 같은 이유로 부당하여 이에 항고를 제기합니다.

- 다 음 -

1. 피의사실 및 불기소 처분의 요지

가. 피의사실 요지

피의자는 서울시 00구 00동 00, 000빌딩 3층에서 의류제조업을 하는 자로, 2000. 00. 00.경 위 건물 1층 소재 "000커피숍"에서 사실은 고소인으로부터 금 5천만 원을 빌리더라도 같은 해 3. 2.까지 그 돈을 갚을 의사나 능력이 없었음에도 고소인에게 "거래처에서 수금이 늦어져서 그러니 5천만 원만 빌려 달라", "이번 한 번만 도와주면 반드시 은혜를 갚겠다"라고 말하며 "1월과 2월말에 거래처에서 수금을 하면 3. 2.에 원금에 이자를 합친 금 6천만 원을 반드시 갚겠다"라고 거짓말하여 이에 속은 고소인으로부터 같은 날 피의자의 00은행 00지점 000-00000-000계좌로 금 5천만 원을 송금 받아 이를 편취한 것이다.

나. 불기소처분의 요지

(1) 피의자의 진술

- 피의자는 직원 10여 명을 데리고 숙녀복을 제조하는 공장을 10년째 운영하고 있는데 월매출이 4~5천만 원 가량이고, 매월 3~4천만 원 가량이 수금이 되었었으나 최근에는 경기가 너무 불황이라 그 수금이 늦어지고 있어 자금에 애를 먹고 있다고 변소하며,

- 피의자의 일시적인 자금 사정으로 운영자금이 부족하여 절친한 친구인 고소인에게 사정을 하여 5천만 원을 빌렸을 뿐이라며, 아직까지는 거래처에서 수금이 늦어져 그 돈을 갚지 못하고 있으나 반드시 갚을 것이라며 범행을 부인한다.

(2) 고소인의 진술

고소인 역시 피의자와 친구인 사실은 인정하며, 피의자가 공장의 운영자금이 부족하여 이 사건 금원을 빌린 것과 수금이 되면 갚기로 한 사실은 인정하나, 피의자가 위 돈을 빌려간 이후 10개월이 지난 현재까지 이자는 커녕 한 푼의 돈도 갚지 않고 있다고 진술.

(3) 의견

피의자가 위 공장을 운영하며 일시적인 운영자금이 부족하여 친구인 고소인으로부터 금 5천만 원을 빌린 사실은 인정되나, 피의자가 월말에 3~4천만 원이 수금이 되었으면 위 차용금을 갚을 수 있었다는 점, 피의자는 현재도 위 공장을 운영하고 있는 점, 피의자가 위 금원을 차용하면서 차용증을 작성해 주었고, 수금이 되면 그 돈을 갚으려고 하였다는 점 등으로 보아 이 사건은 민사사안으로 보이고, 달리 피의자의 범행을 인정할 만한 증거 없어 증거불충분으로 불기소(혐의 없음) 의견임.

2. 항고 이유

그러나 이 사건 수사 검사의 위와 같은 불기소처분은 다음과 같은 이유에서 부당한 것입니다.

가. 혐의 없음(불기소)처분의 부당성

(1) 이 사건 금 5천만 원을 빌려준 경위

- 피의자는 고소인의 사촌 최O수의 소개로 2년 전에 알게 된 자로, 서로 친구같이 지내긴 하였으나 절친한 친구는 아닙니다. 고소인이 이 사건이 나기 전에도 고소인과 피의자 그리고 위 최O수는 가끔 만나 당구도 치

고 술도 마시고 하였으나 그 횟수는 3~4차례 정도였습니다. 그런데 피의자가 고소인과 술자리를 할 때면 항상 자신의 사업수완을 자랑하며 대단한 사업가인 양 행세하였고, 고급양복에 외제차를 타고 다녀 고소인도 피의자가 큰 의류업체를 하는 것으로 알고 있었습니다.

- 때문에 피의자가 일시적인 자금 사정으로 공장이 어려워서 그러니 1달 보름 가량만 쓰고 거래처에서 수금을 하여 이자까지 포함한 금 6천만 원을 00. 00.까지 반드시 갚겠다고 대수롭지 않게 말하여 평소에 피의자를 수완이 좋은 사람으로 알았던 고소인은 별 의심 없이 그 돈을 빌려주었던 것입니다.

(2) 피의자의 변제할 의사나 능력에 대하여,

- 사기사건 피의자의 상환 의사나 능력에 관하여 판례는 "변제의 의사가 없거나 약속한 변제기일내에 변제할 능력이 없음에도 불구하고 변제할 것처럼 가장하여 금원을 차용하거나 물품을 구입한 경우에는 편취의 범의를 인정할 수 있다. (출처 : 대법원 1986. 9. 9. 선고 86도1227 판결)", "사기죄가 성립하는지 여부는 그 행위 당시를 기준으로 판단하여야 하므로, 소비대차 거래에서 차주가 돈을 빌릴 당시에는 변제할 의사와 능력을 가지고 있었다면 비록 그 후에 변제하지 않고 있다 하더라도 이는 민사상의 채무불이행에 불과하며 형사상 사기죄가 성립하지는 아니한다(출처 : 대법원 2016. 4. 2. 선고 2012도14516 판결)"라고 하고 있습니다.

- 한편, 피의자가 10여 명의 직원들이 피의자의 공장에서 일을 하고 있다는 진술, 피의자 공장의 월매출이 월 4~5천만 원이라는 진술, 피의자의 거래처에서 월 3~4천만 원의 수금을 한다는 진술, 경기가 나빠 수금이

늘어지고 있다는 진술 등은 모두 거짓으로, 피의자는 이미 2000. 00.경 피의자가 발행하였던 수표가 거래은행인 00은행 00지점에서 부도가 났고, 그 무렵부터 피의자의 공장에는 직원들이 모두 퇴직하여 아무도 없었으며 공장도 가동되지 않았습니다. 즉 피의자는 2000. 00.경 이미 파산상태였습니다.

- 때문에 2000. 00.경 이후로는 피의자의 공장의 매출이 전혀 없었고, 거래처에서 수금할 외상값도 남아 있지 않았습니다. 그럼에도 피의자는 위와 같은 거짓말을 늘어놓고, 피의자에게 늦어도 2000. 00. 00.까지 돈을 갚는다고 거짓말하고 고소인의 돈을 빌려간 것입니다. 또한 피의자가 살고 있던 연립주택도 그 시가보다 많은 저당권설정으로 2000. 00.경 경매로 넘어갔으나 오히려 저당권설정 된 채무들을 다 갚지 못하여 그 중 1억 원 가량의 채무가 아직도 남아 있는 상태입니다.

- 위와 같은 사실들로 보아 피의자는 고소인에게 돈을 빌리던 2000. 00. 00. 이전에 이미 파산상태로 전혀 고소인에 대한 채무금을 변제할 능력이나 의사가 없었음은 물론 수표의 부도로 금융권으로부터도 자금을 융통할 수 없는 형편이었음에도 고소인에게 고소인이 5천만 원을 빌려주면 2000. 00. 00.까지 반드시 금 6천만 원을 갚겠다라는 등의 거짓말로 고소인을 속였고, 이에 속은 고소인은 그 돈을 빌려준 것입니다. 즉 피의자는 위 판례에서 말하는 이 사건 행위 당시에 약속한 변제기일내에 변제할 능력이나 의사가 없음에도 불구하고 변제할 것처럼 가장하여 금원을 차용한 것입니다.

나. 수사미진 및 증거판단의 오류

이 사건 담당 검사는 피의자의 진술에만 의존하지 말고 피의자 공장이 실제로 정상적으로 가동하고 있는지, 피의자가 진술한 월매출액이나 월수금액이 사실에 부합하는지를 객관적인 자료를 가지고 확인하였어야 함에도 그 조사를 하지 않았고, 피의자 거래은행을 통하여 피의자의 부도사실을 확인할 수 있었음에도 전혀 그런 수사를 하지 않았습니다. 그리고는 피의자의 진술에만 의존하여 이 사건 결론을 내고 말았습니다. 이는 명백한 수사미진이고 증거판단의 오류라 하겠습니다.

3. 결론

결국 위와 같이 이 사건 혐의 없음 판단은 중요한 수사쟁점에 대한 중요한 수사가 이루어지지 아니한 수사미진 뿐 아니라 법리판단 혹은 증거판단에 오류가 있음에도 불구하고 내려진 잘못된 결정으로, 이에 고소인은 부득이 이 사건 항고에 이르게 되었으니 재기수사의 명을 내려주시기 바랍니다.

첨 부 서 류

1. 불기소이유통지서   1부
1. 불기소결정서   1부
1. 피의자 부도확인서   1부
1. 위 공장 현황 사진   5부

2000. 00. 00.

위 항고인(고소인)   최 ○ 복   (인)

○○고등검찰청 귀중

2. 사례 [사기 (분양대행권), 혐의 없음]

항 고 이 유 서

사 건   ○○지방검찰청 2000형제00000호 사기

1. 고소인(항고인) :

주식회사 0000 대표이사 유○수
서울시 00구 00동 000-00, 00빌딩 4층
연락처 : 010-0000-0000

2. 피고소인(피항고인, 피의자) :

주식회사 0000개발 대표이사 성○철
00시 00구 00동 000, 000빌딩 7층
연락처 : 010-000-0000

위 피고소인(피항고인)에 대한 ○○지방검찰청 2000형제 00000호 사기 피의사건에 관하여 동 검찰청 검사 ○○○는 2000. 00. 00 혐의 없음을 이유로 불기소처분결정을 하였으나, 그 결정은 다음과 같은 이유로 부당하여 이에 항고를 제기합니다.

- 다 음 -

1. 피의사실 및 불기소 처분의 요지

가. 피의사실의 요지

피고소인은 아파트 시행사업을 하는 회사의 대표자인 자로,

2000. 00. 00. 00시 00구 00동 000, 000빌딩 7층 소재 피고소인의 사무실에서 00주택조합이 00시 00구 00동 산000 번지 일대에 건설할 예정인 아파트 5개 동(520세대)에 대한 시행사로 피고소인 회사가 선정되었다고 말하며 고소인에게 그 계약서를 보이고, 사실은 위 아파트 분양대행권을 고소인에게 줄 의사나 능력이 없었음에도 이를 속이고 위 분양대행권을 고소인에게 준다고 거짓말하며 그 계약서를 작성하고, 이에 속은 고소인으로부터 위 아파트 분양대행에 대한 보증금의 일부금으로 금 2억 원을 교부받아 이를 편취한 것이다.

나. 불기소처분의 요지

(1) 피의자의 진술

- 피의자는 00주택조합으로부터 위 아파트 건축 시행사로 선정되어 그 계약을 하였고, 때문에 고소인에게 위 아파트 분양대행권을 주기로 하고 그 계약을 하면서 보증금의 일부금으로 금 2억 원을 수령한 사실은 인정,

- 피의자가 고소인과 계약을 한 이후에 뜻하지 않게 00주택조합이 피의자와의 계약을 파기하였기 때문에 고소인이 위 아파트 분양대행을 하지 못하게 된 것이라고 진술,

- 위 금 2억 원을 받아 1억 원은 위 00주택조합 운영비로 지원되었고, 나머지 1억 원은 피의자 회사의 운영비로 사용하였다고 변소하며 피의자가 고소인을 속이고 위 금원을 편취한 것은 아니라고 범행을 부인.

(2) 참고인 이○만(00주택조합 조합장)의 진술

- 00주택조합이 피의자와 위 아파트 건축 시행사로 계약한 것은 사실이고, 그 계약 이후 피의자가 00주택조합 운영비로 1억 원을 지급한 것도 사실이라고 진술,

- 하지만 00주택조합은 고소인과 피고소인이 위 아파트 분양대행 계약을 하였는지는 전혀 모르고 있었고, 그 분양대행 보증금을 받은 사실 역시 알지 못하는 일이라고 진술.

(3) 결론

- 피의자가 위 00주택조합과 시행사계약을 한 것은 고소인, 피의자, 참고인 모두의 진술 취지에 부합하고, 피의자와 고소인 간에 분양대행계약이 이루어 진 사실에 대하여도 다툼이 없다.

- 피의자는 실제로 위 아파트 분양대행권을 고소인에게 주려고 한 사실, 위 금 2억 원 중의 1억 원이 위 00주택조합 운영비로 지급된 사실, 피의자와 위 00주택조합과의 계약을 조합 측에서 파기하였기 때문에 고소인이 위 아파트 분양대행을 하지 못하게 되었다는 사실 등으로 보아 고소인이 피의자에게 민사책임은 물을 수 있다하더라도 피의자에게 이 사건 범죄 혐의가 있다고 보기는 어렵고, 달리 피의자의 범행을 인정할 만한 증거도 없어 증거불충분으로 인한 불기소(혐의 없음).

2. 항고 이유

그러나 이 사건 수사 검사의 위와 같은 불기소처분은 다음과 같은 이유에서 부당한 것입니다.

가. 혐의 없음 처분의 부당성

(1) 피의자의 이 사건 "기망"에 대하여,

- 피의자는 00주택조합이 피의자와 시행사계약을 하였고, 그 계약에 따라 피의자가 위 아파트 건축의 시행사로서의 역할을 할 것으로 알고 고소인에게 분양대행권을 주기로 하였고, 그 보증금의 일부금으로 금 2억 원을 받았으며, 그 금원의 1억 원은 00주택조합에 운영비로 주었고, 나머지 1억 원은 피의자 회사의 운영자금으로 사용하였다고 진술하며 이 사건 "기망행위"가 없었다고 진술하고 있습니다.

- 하지만 피의자가 2000. 00. 00. 당시에 피의자가 위 아파트 건축 "시행사로서의 역할을 하게 될 것으로 알고 있었다"라는 피의자의 진술은 사실이 아닌 거짓입니다. 왜냐하면 2000. 00. 00. 피의자와 00주택조합이 시행사계약은 하였으나(첨부 시행사계약서 참조), 그 계약서 특약사항을 보면 피의자가 그 계약일로부터 10일 이내에 위 00주택조합 운영비로 금 3억 원을 지원하기로 되어 있고, 이 특약사항이 이행되지 않으면 위 시행사계약은 익일부터 무효로 한다고 되어있습니다.

- 그런데 피의자가 위 00주택조합과 시행사계약을 한 이후 10일이 지난 2000. 00. 00.까지도 위 운영비 지원금 3억 원을 지급하지 않았으므로 위 계약은 그 다음날부터 무효화 된 것입니다. 때문에 위 00주택조합에

서는 2000. 00. 00.자로 피의자에게 내용증명을 보내 지원금 3억 원이 지급되지 않았으므로 위 계약은 무효화 되었고 00주택조합에서는 다른 시행사를 구하기로 하였다는 사실을 피의자에게 알렸던 것입니다.

- 때문에 피의자는 고소인과 분양대행계약을 하던 2000. 00. 00. 이전에 이미 00주택조합과의 계약이 무효화 되었거나, 적어도 무효화될 수도 있다는 사실을 분명히 알고 있었습니다. 그럼에도 불구하고 피의자는 위 아파트 건축의 시행사로 당연히 그 역할을 할 것으로 알고 고소인과 계약하고 금 2억 원을 받았다는 거짓 진술을 하고 있는 것입니다.

- 고소인으로부터 금 2억 원을 받은 피의자는 당일 그 돈 중의 1억 원을 00주택조합으로 송금하고 위 주택조합 신0화 총무를 찾아가 시행사계약을 유효한 것으로 해 달라고 부탁을 하였고, 조합장이 이미 다른 시행사와 시행사계약(계약일 2000. 00. 00.)을 한 사실을 모르고 있던 신0화 총무는 피의자에게 그렇게 해보자고 말은 하였으나 이미 피의자의 시행사계약은 무효화된 이후였습니다.

- 때문에 피의자가 고소인과 분양대행계약을 할 당시에 이미 위 조합과의 시행사계약이 무효화 되었거나, 무효화 될 위험에 처해 피고소인이 시행할 수 없게 될 수도 있다는 사정을 알면서도 피의자는 고소인에게 마치 위 아파트 건축사업의 시행자인 것처럼 말하고 행동하였기에 이 부분이 기망행위에 해당한다 할 것입니다.

(2) 피의자 회사 운영비로 사용되었다는 1억 원에 대하여,
 - 피의자는 위 2억 원 중의 1억 원을 회사의 운영자금으로 사용하였다고

주장하고 있으나 이는 사실이 아닙니다. 고소인이 피의자 회사를 찾아가 경리담당 여직원에게 확인한 바로는 피의자 회사의 운영자금으로 금 1억 원이 들어온 사실이 없다는 것입니다.

- 그럼에도 불구하고 피의자가 회사의 운영자금 운운하는 것은 사실은 위 1억 원을 피의자가 착복하였음에도 그 사실을 숨기기 위함입니다.

나. 수사미진 및 증거판단의 오류

이 사건을 담당한 수사기관에서는 피의자의 진술에만 의존하지 말고 피의자와 00주택조합 간의 계약과 그 이후 계약이 무효화 된 과정에 대하여 충분한 수사를 하였어야 함에도 그러하지 못하였고, 피의자의 확정적 고의 혹은 미필적 고의가 있었는가에 대하여 객관적인 증거에 의한 판단을 하였어야 함에도 그러하지 못하였기에 이는 명백한 수사미진 혹은 증거판단의 오류라 하지 않을 수 없습니다.

3. 결론

결국 위와 같이 이 사건 혐의 없음 판단은 중요한 수사쟁점에 대한 중요한 수사가 이루어지지 아니한 수사미진 뿐 아니라 법리판단 혹은 증거판단에 오류가 있음에도 불구하고 내려진 잘못된 결정으로, 이에 고소인은 부득이 이 사건 항고에 이르게 되었으니 재기수사의 명을 내려주시기 바랍니다.

첨 부 서 류

1. 불기소이유통지서   1부
1. 불기소결정서   1부
1. 계약서   2부
1. 내용증명   1부

2000. 00. 00.

항고인(고소인)   주식회사   00분양

                           대표이사   유 ○ 수   (인)

○○고등검찰청 귀중

3. 사례 [사기 (건축), 혐의 없음]

항 고 이 유 서

사 건   서울○○지방검찰청 2000형제 00000호 사기

1. **고소인(항고인) :**
   이○수 (000000-0000000)
   서울시 00구 00동 000, 00아파트 000동 0000호
   연락처 : 010-0000-0000

2. **피고소인(피항고인, 피의자) :**
   박○혁 (000000-0000000)
   서울시 00구 00동 000-00
   연락처 : 00-000-0000

위 피고소인(피항고인)에 대한 서울○○지방검찰청 2000형제00000호 사기 피의사건에 관하여 동 검찰청 검사 ○○○는 2000. 00. 00 혐의 없음을 이유로 불기소처분결정을 하였으나, 그 결정은 다음과 같은 이유로 부당하여 이에 항고를 제기합니다.

Ⅳ. 항고장 작성 사례

- 다 음 -

1. 피의사실 및 불기소 처분의 요지

가. 피의사실의 요지

피의자는 2000. 00. 00. 서울시 00구 00동 000-00 소재 고소인의 사무실에서 사실은 고소인의 주택 리모델링 공사를 할 의사나 능력이 없으면서도 그 의사와 능력이 있는 양 고소인이 위 공사를 피의자에게 맡기면 "3개월 이내에 완벽한 리모델링 공사를 해 주겠다"라는 등의 거짓말로 고소인을 속이고 이에 속은 고소인으로부터 서울시 00구 00동 000 소재 고소인의 주택에 대한 리모델링 공사를 총 공사대금 2억 원에 수주 받고, 당일 그 대금의 일부인 금 1억 원을 피의자의 처 최O순 명의의 00은행 00지점 000-000000-000-0 계좌로 송금교부 받아 이를 편취한 것이다.

나. 불기소처분의 요지

(1) 피의자의 진술

- 피의자는 위 리모델링 공사를 총공사대금 2억 원 수주 받아 그 공사를 하기 위하여 자재와 인부들을 동원하여 공사를 시작하였으나 자재공급처에서 자재를 공급해 주지 않고 인부들이 나오질 않는 등의 이유로 위 공사를 하지 못하였을 뿐, 위 공사를 할 능력과 의사도 없이 고소인을 사기 친 것을 아니라고 범행을 부인

(2) 의견

- 피의자가 고소인에게 고소인의 주택 리모델링 공사를 금 2억 원에 수주하고 그중 금 1억 원을 계약금 및 착수금조로 교부 받은 사실과 피의자

가 위 공사를 하기 위하여 2000. 00. 00.경부터 인부들과 자재를 동원하여 공사를 시작한 사실은 피의자와 고소인의 진술이 부합한다.

- 그렇다면 피의자가 위 공사 도급계약을 할 당시 위 공사를 할 의사나 능력도 없이 위 공사를 수주하고 그 대금의 일부를 받았다고 할 수는 없고, 달리 범죄사실을 인정할 만한 증거도 불충분하여 불기소(혐의 없음).

2. 항고이유

그러나 이 사건 수사 검사의 위와 같은 불기소처분은 다음과 같은 이유에서 부당한 것입니다.

가. 혐의 없음 처분의 부당성

(1) 이 사건의 담당 검사는 피의자가 시공 의사와 능력이 없음에도 고소인을 속여 공사 수급을 하여 고소인으로부터 공사대금을 받은 사실을 인정하기 어렵다고 불기소이유에서 설시하고 있습니다. 그러나 피의자의 시공 의사와 능력을 판단함에는 공사계약 당시 피의자가 이 사건 리모델링 공사를 할 수 있는 의사와 능력이 있었는지가 판단되어야 하고, 그 판단을 위해서는 위 계약을 할 당시에 피의자가 위 공사를 위한 체계적인 계획이 있었는지, 피의자의 경제적 능력, 이 사건 리모델링 공사를 한 경험과 기술, 위 공사를 완성하기 위해 자재와 인력을 동원할 수 있는 능력 등의 객관적인 확인이 필요한 것임에도 이 사건 수사의 경우 그 확인이 이루어지지 않았습니다.

(2) 이 사건과 비교적 유사한 판례를 보면 "체계적인 사업계획 없이 무리하게 쇼핑몰 상가 분양을 강행한 경우 편취의 범의를 인정할 수 있다고 한

원심의 판단을 수긍한 사례.(출처 : 대법원 2005. 4. 29. 선고 2005도741 판결)"가 있습니다. 이 사건의 경우에도 피의자가 "체계적인 공사계획 없이 무리하게 리모델링 공사건을 수주하고 돈을 받은 것은 편취의 범의가 있다"고 보아야 할 것입니다.

나. 수사미진 및 증거조사의 불충분

즉, 이 사건 수사단계에서 위와 같은 증거와 관련하여 아래와 같은 수사가 이루어지지 않았습니다.

(1) 피의자가 이 사건 리모델링 공사를 위한 체계적인 계획을 가지고 있었는가에 대한 확인과 아울러 피의자가 금 2억 원의 공사대금 중 금 1억 원이라는 많은 선급금을 지급받았음에도 그 자금을 본건 공사대금이 아닌 다른 곳에 왜 사용하였는지에 대한 수사가 진행되었어야 합니다. 즉 위와 같은 계획조차도 피의자가 가지고 있지 않았고, 위 1억 원을 위 공사와 관련이 없이 개인적인 채무를 상환한다거나, 도박을 한다거나 하는 등의 사유로 위 공사와 전혀 무관한 곳에 사용하여 피의자가 위 공사를 할 수 없었다면 피의자는 위 공사를 완성할 능력과 의사가 없었다고 보아야 할 것입니다. 하지만 위와 같은 수사는 진행되지 않았습니다.

(2) 피의자는 이 사건과 유사한 피해를 입은 여러 사람들로부터 경찰과 검찰에 여러 건의 고소를 당한 사실이 있습니다. 때문에 피의자가 고소인에게 행한 이 사건과 유사한 사건이 있는지, 유사한 사건들과 이 사건은 어떠한 관계에 있는지 등을 수사기관에서 확인한 후에 피의자가 본건 공사의 능력이나 의사가 있었는지를 판단하였어야 합니다. 하지만 위와 같은 확인은 이루어지지 않았습니다.

(3) 피의자는 공사계약 당시 주민등록이 말소된 사실을 숨기고, 주민등록상으로도 전혀 확인되지 않는 주소를 사용하였습니다. 이는 금 2억 원 상당의 공사계약을 하는 공사업자로서 할 수 없는 일입니다. 공사계약 당시 당사자가 주민등록이 말소된 신분이 불확실한 자라면 어떤 사람이 그 공사업자를 믿고 공사계약을 하겠는가요? 때문에 왜 피의자의 주민등록이 말소 되었으며, 피의자가 왜 주소불명의 상태로 활동을 하고 다니는지가 확인되었어야 하고, 만약 피의자가 항고인과 같은 채권자들이 많아 사실상 파산상태로 고의로 채권자들의 추적을 따돌리기 위해 주소를 불명한 상태로 만들어 놓고 사업을 하고 다니는 자라면 피의자는 본 건 공사를 할 수 있는 능력이 없는 자로 보아야 할 것입니다.

(4) 피의자는 고소인과의 대질조사에서 고소인이 의뢰한 이 사건 공사건을 공사할 부분이 특정되지 않은 일부 구역만의 공사계약이었다는 어처구니없는 진술을 하였습니다. 이는 도급계약의 당사자로서는 이해할 수 없는 변명으로 계약상 특약사항으로 적시되어 있는 일부공사부분을 전체공사인 것으로 잘못 알고 있으면서 위와 같은 진술을 하였다면 이는 피의자가 처음부터 이 사건 공사를 할 의사도 없이 돈만 받아내기 위해 공사의 내용조차도 모르면서 이 사건 계약을 하였다는 것을 보여주는 것입니다.

(5) 본건 공사기간 중 인부들의 임금문제로 인한 공사중단, 자재대금 미지급으로 인한 자재 입고의 불능 등의 이유로 공사가 정상적으로 진행되지 않은 사실이 수차 있었던 바, 이는 피의자가 많은 채무를 지고 있어 위 공사를 할 만한 신용을 제공받을 수 없음을 보여주는 것으로 피의자가 위와 같이 무신용의 상태였다면 이는 본건 공사를 할 수 있는 능력이 없었던 것으로 보아야 할 것임에도 이 부분에 대한 조사가 이루어지지 않았습니다.

(6) 피의자는 공사계약 당시 이행보증증서를 항고인에게 제공하기로 약속하였으나 차일피일 그 제공을 늦추더니 결국 제공하지 않았습니다. 이는 피의자가 이행보증증서를 발행받을 만한 능력이나 신용이 없었기 때문일 수 있기 때문에 이 부분에 대한 조사도 진행되었어야 합니다. 즉 피의자가 위 이행보증증서를 제공받지 못할 정도의 능력이라면 본건 공사를 진행할 능력도 없었다고 보아야 할 것이기 때문입니다.

(7) 피의자는 처음에는 2~3명의 인부와 약간의 자재를 동원하여 공사를 시작할 듯한 행위를 한 적이 있습니다. 이 역시 피의자가 진정으로 공사를 할 생각으로 한 것인지, 단지 범의를 숨기기 위하여 공사를 시작하는 흉내만 낸 것인지에 대한 수사를 하였어야 합니다. 즉 당시 동원된 인부들을 통하여 당시 얼마간의 기간 동안 무슨 일을 하기로 하고 동원된 것인지와 위 자재를 공급한 업자들은 어떤 조건과 이유로 그 자재들을 공급하였는지 등에 대한 확인이 되었어야 합니다.

3. 결론

결국 위와 같이 이 사건 혐의 없음 판단은 중요한 수사쟁점에 대한 중요한 수사가 이루어지지 아니한 수사미진 뿐 아니라 법리판단 혹은 증거판단에 오류가 있음에도 불구하고 내려진 잘못된 결정으로, 이에 고소인은 부득이 이 사건 항고에 이르게 되었으니 재기수사의 명을 내려주시기 바랍니다.

첨 부 서 류

1. 불기소이유통지서   1 부
1. 불기소결정서   1 부

2000. 00. 00.

위 항고인(고소인)   이 ○ 수   (인)

○○고등검찰청   귀중

4. 사례 [사기 (딱지어음), 혐의 없음]

항 고 이 유 서

사　건　　　서울○○지방검찰청 2000형제 00000호 사기

1. 고소인(항고인) :
　　유○길 (000000-0000000)
　　서울시 00구 00동 000, 000아파트 10동 505호
　　연락처 : 010-0000-0000

2. 피고소인(피항고인, 피의자) :
　　이○호 (000000-0000000)
　　서울시 00구 00동 000-00
　　연락처 : 010-0000-0000

위 피고소인(피항고인)에 대한 서울○○지방검찰청 2000형제 00000호 사기 피의사건에 관하여 동 검찰청 검사 *○○○*는 2000. 00. 00 혐의 없음을 이유로 불기소처분결정을 하였으나, 그 결정은 다음과 같은 이유로 부당하여 이에 항고를 제기합니다.

- 다 음 -

1. 피의사실 및 불기소 처분의 요지

가. 피의사실의 요지

피고소인은 2000. 00. 00. 서울시 00구 00동 000번지, 00빌딩 15층 1501호 소재 피고소인의 사무실에서 피해자(고소인)으로부터 대여금 2억 원의 변제를 요구받자 발행지 서울특별시, 발행인 주식회사 000 대표이사 박O남, 발행일 2000. 00. 00., 지급일 2000. 00. 00., 지급장소 00은행 000지점, 액면금 2억 원, 어음번호 자가00000000호 약속어음 1매는 속칭 딱지어음으로 위 지급기일에 정상적으로 결제되지 않을 것임을 알면서도 이를 모르는 피해자에게 진성어음인 양 속이고 위 대여금의 변제금조로 교부하여 액수 불상의 재산상 이득을 취한 것이다.

나. 불기소처분의 요지

(1) 피의자의 진술

피의자는 고소인에게 금 2억 원의 채무가 있어 그 변제를 요구 받던 중 거래처에서 수금한 이 사건 약속어음을 지급하였는데 그 발행인이 야반도주하여 어음이 부도가 난 것이라고 진술하며 결국 이 어음의 부도로 그 돈을 받을 수 없게 된 사람은 피의자 자신이고, 고소인은 피의자에게 다시 청구를 하면 되므로 아무런 손해를 본 것이 없다고 진술하며 범행을 부인.

(2) 결론

- 피해자(고소인)가 피의자에게 금 2억 원의 변제를 요구하자, 피의자가

이 사건 금 2억 원의 약속어음 피해자에게 교부한 사실과 위 약속어음이 지급기일에 부도처리 된 사실은 인정된다.

- 피의자는 위 약속어음을 거래처로부터 받았고, 정상적인 어음인 것으로 알고 피해자에게 변제금조로 지급하였다고 주장한다.

- 피해자가 금 2억 원의 채권을 가지고 있다는 사실은 인정되지만, 이 사건 어음의 부도로 피해자의 채권이 없어진 것도 아니고, 다시 피의자에게 청구를 하면 그 돈은 받을 수 있는 것이므로 재산적 피해는 없다할 것이고, 달리 피의자의 범죄사실을 인정할 만한 증거불충분하여 불기소(혐의 없음).

2. 항고 이유

그러나 이 사건 수사 검사의 위와 같은 불기소처분은 다음과 같은 이유에서 부당한 것입니다.

가. 혐의 없음 처분의 부당성

(1) 이 사건 어음이 진성어음인가에 대하여,

- 피의자는 이 사건 2억 원의 약속어음을 거래처에서 받았다고 진술하고 있습니다. 하지만 그 거래처라는 것이 막연한 것으로 경찰이나 검찰에서 그 거래처가 누구인지 명백히 밝혔어야 함에도 그 수사가 이루어지지 않았습니다. 즉 피의자가 말하는 거래처라는 것이 정확히 누구를 말하는 것인 지를 피의자를 통하여 확인하고 그 거래처라는 자가 이 사건 어음을 어디서 구하였는지, 무슨 명목으로 위 어음을 소지하고 있다가 피의자에게 무슨 명목으로 교부한 것인지 등을 수사과정에서 명백히 밝

혔어야 합니다.

- 또한 이 사건 어음의 발행인과 지급은행을 통하여 이 사건 어음이 어떻게 발행 혹은 융통된 것인지를 확인하였어야 합니다. 고소인이 탐문한 바로는 이 사건 어음은 피의자가 속칭 딱지어음이 거래되는 불법어음시장에서 매입한 것으로 알고 있습니다.

(2) 이 사건이 단순한 민사사건인가에 대하여,
- 피해자가 현재도 금 2억 원의 채권을 가지고 있다고 하여 이 사건 사기죄가 성립되지 않는 것은 아닙니다. 피의자가 이 사건 어음이 지급일에 지급되지 않는 속칭 딱지어음이라는 것을 알면서도 피해자에게 교부하였다면 "사기죄에 있어서 채무이행을 연기 받는 것도 재산상의 이익이 되므로, 채무자가 채권자에 대하여 소정기일까지 지급할 의사나 능력이 없음에도 종전 채무의 변제기를 늦출 목적으로 어음을 발행 교부한 경우에는 사기죄가 성립한다"는 대법원 판례(출처 : 대판 1973. 7. 25. 97도1095)와 같이 이 사건 사기죄가 성립한다 할 것입니다.

나. 수사미진 및 증거판단의 오류

위와 같이 이 사건 어음이 어떻게 발행되었고, 어떻게 융통된 것인지에 대한 객관적인 수사가 이루어지지 않았고, 단지 피의자의 진술에만 의존한 이 사건 수사는 지극히 미진하고 증거의 판단에 오류가 있었다고 할 것입니다.

3. 결론

결국 위와 같이 이 사건 혐의 없음 판단은 중요한 수사쟁점에 대한 중요한 수사가 이루어지지 아니한 수사미진 뿐 아니라 법리판단 혹은 증거판단에 오류가 있음에도 불구하고 내려진 잘못된 결정으로, 이에 고소인은 부득이 이 사건 항고에 이르게 되었으니 재기수사의 명을 내려주시기 바랍니다.

첨 부 서 류

1. 불기소이유통지서   1 부
1. 불기소결정서   1 부

2000. 00. 00.

위 항고인(고소인)   유 ○ 길   (인)

○○고등검찰청 귀중

5. 사례 [특경 사기 (토지대금), 혐의 없음]

항 고 이 유 서

사 건   서울○○지방검찰청 2000형제00000호 사기

1. 항고인(고소인, 피해자) :

이○영 (000000-0000000)
서울시 00구 00동 000-00
연락처 : 010-0000-0000

2. 피항고인(피고소인, 피의자) :

(1) 한○철 (000000-0000000)
서울시 00구 00동 000-0, 00아파트 101동 000호
연락처 : 010-000-0000

(2) 권○호 (0000000-0000000)
서울시 000구 00동 000-00, 00아파트 10동 0000호
연락처 : 010-0000-0000

위 피항고인(피고소인)들에 대한 서울○○지방검찰청 2000형제00000호 사기 피의사건에 관하여 동 검찰청 검사 ○○○는 2000. 00. 00 혐의 없음을 이유로 불기소처분결정을 하였으나, 그 결정은 다음과 같은 이유로 부당하여 이에 항고를 제기합니다.

Ⅳ. 항고장 작성 사례

- 다 음 -

1. 피의사실 및 불기소 처분의 요지

가. 피의사실의 요지

피고소인 한O철은 경기도 00시 00구 000동 산000-00 임야 2만평의 소유자이고, 피고소인 권O호는 2000. 00.경 고소인이 경기도 00시 000동 00-0번지 소재 "000공인중개사사무소" 중개인 양O성으로부터 소개받아 알게 된 자로 고소인과 같이 피고소인 한O철의 위 토지를 절반씩 매수하기로 한 자입니다. 피고소인들은 공모하여,

2000. 00. 00. 위 "00공인중개사사무소"에서 피고소인들과 고소인 그리고 위 중개사 양O성 등이 동석하였을 때, 사실은 피고소인 권O호는 2000. 00. 00.경 피고소인 한O철로부터 위 임야를 평당 10만 원씩 1만평을 매수하는 계약을 체결하였으면서도 이 사실을 숨기고 마치 고소인과 같은 조건인 평당 20만 원씩 매수키로 하였다고 고소인에게 거짓말하고, 피고소인 한O철 역시 고소인에게 자신은 피고소인 권O호에게 고소인과 똑 같이 평당 20만 원씩 받고 위 임야 1만 평을 매각하였다는 거짓말로 고소인을 속여 이에 속은 고소인에게 위 임야 1만 평을 평당 20만 원 도합 금 20억 원에 매수하게 하여 동액 상당을 편취한 것이다.

나. 불기소처분의 요지

(1) 피의자 한O철의 진술.

피의자 한O철은 위 임야를 피의자 권O호에게 평당 10만 원씩 매매한 사실이 없고, 피해자에게 위 임야를 매매할 때 피의자 권O호가 피의자 한O철로부터 위 임야를 평당 20만 원씩 매수하기로 하였다는 말을 한 적도 없다면서 범행을 부인하고,

(2) 피의자 권O호의 진술.

　　피의자 권O호 역시 위 피의자 한O철의 진술과 같은 취지의 진술을 하며, 고소인이 왜 자신을 끌어 들이는지를 알 수 없다며 범행을 부인한다.

(3) 참고인 양O성의 진술.

　　참고인 양O성 진술 역시 위 피의자들의 진술과 같은 취지이다.

(4) 결론.

- 피해자(고소인)가 위 임야를 평당 20만 원씩 1만 평 금 20억 원에 매수한 사실은 인정된다.

- 피의자 권O호는 2000. 00. 00.경 위 임야 1만 평을 평당 10만 원씩 계약한 사실이 없으며, 피해자가 위 계약을 체결할 때 위 임야를 평당 20만 원씩 매수키로 하였다는 말을 한 적도 없고 피해자의 주장과 같이 금 5억 원을 분배 받은 사실도 없다는 취지로 진술하는바 그 진술의 취지는 참고인 양O성, 피의자 한O철의 진술과 부합하고,

- 피의자 한O철의 진술 역시 참고인 양O성, 같은 피의자 권O호의 진술과 부합하고 달리 피의자들의 범행을 인정할 만한 증거 없어 불기소(혐의 없음)

2. 항고 이유

그러나 이 사건 수사 검사의 위와 같은 불기소처분은 다음과 같은 이유에서 부당한 것입니다.

가. 혐의 없음 처분의 부당성

(1) 피의자들은 2000. 00. 00.경 위 임야 1만 평을 평당 10만 원에 계약한 사실이 없다고 진술하고 있으나, 이는 거짓으로 피해자가 피의자 한O철과 위 임야 1만 평을 평당 20만 원에 계약한 이후 금 20억 원을 피의자 한O철의 00은행 000지점 000-000000-00-0계좌로 송금하였습니다. 피의자 권O호 역시 피의자 한O철로부터 위 임야 1만 평을 매수하면서 지급한 금 10억 원을 위 통장으로 지급하였을 것이므로 위 계좌를 추적하거나 피의자 한O철로부터 위 계좌의 금융거래자료를 제출받아 확인하면 피의자 권O호가 위 토지를 금 10억 원에 매도한 사실을 확인할 수 있을 것입니다. 만약 위 계좌가 아니라면 피의자 한O철의 위 매매대금을 입금 받은 계좌를 확인하면 위 금 10억 원의 매매사실이 확인될 것입니다. 그런데 이 사건을 수사한 경찰이나 검찰에서 위와 같은 피의자 한O철의 계좌 거래내역에 대한 수사가 전혀 이루어 지지 않았습니다.

(2) 피의자들은 피해자가 위 계약을 할 당시 피의자들이 위 토지의 평당 가격이 20만 원으로 계약하기로 하였다는 사실을 피해자에게 말하지 않았다고 진술하고, 참고인 중개인 양O성 역시 그런 이야기를 들은 적이 없다고 진술하고 있습니다만 위 20억 원의 매매계약을 하기 전날 저녁 피의자 권O호가 피해자에게 전화를 할 때 분명히 자신도 평당 20만 원씩 매수키로 하였다고 말하였고, 그 내용은 피해자의 핸드폰에 녹취되어 있습니다. 그리고 위 계약 당시에 "000법무사사무소"의 사무장이 이전등기 서류를 받기 위하여 참석하였고, 그 외 위 부동산중개사무소의 남자직원과 여자직원이 있었으므로, 당시 현장에 있었던 다른 참고인들을 불러 확인하시면 당시 피의자들이 무슨 이야기를 하였는지 확인될 것이오나 이 역시 경찰과 검찰에서 전혀 조사가 이루어지지 않았습니다.

(3) 피해자가 위 20억 원의 매매계약을 하기 전에 위 중개사사무소 중개사 양O성은 피해자에게 위 임야가 평당 10만원 내지 15만 원 가량 간다는 이야기를 하였고, 피의자 한O철 역시 피해자와 전화통화를 할 때 평당 15만 원 가량을 받아야 한다는 말을 하기도 하였습니다. 때문에 피해자는 평당 최저 10만 원에서 최고 15만 원 사이에서 평당 가격을 정하려 하였으나, 피의자들이 공모하여 고소사실과 같이 평당 20만 원씩 계약하기로 하였다고 거짓말하여 이에 속은 피해자가 금 20억 원의 매매계약을 체결한 것입니다. 위 계약 당시 피의자 권O호나 같은 한O철이 평당 20만 원씩 계약할 것이라는 거짓말로 피해자를 속이지만 않았어도 피해자는 피의자 권O호가 평당 10만 원을 주고 매수한 토지와 똑 같은 조건에 연접하고 있는 이 사건 토지를 평당 20만 원씩 주고 매수할 이유가 전혀 없습니다.

(4) 피의자들은 피해자로부터 받은 금 20억 원 중, 금 10억 원을 각 5억 원씩 분배하였습니다. 이 사실은 피의자 권O호가 돈 5억 원을 챙겼다고 주변 사람들에게 자랑하고 다녔던 사실입니다. 그럼에도 불구하고 중개사 양O성은 위 계약 현장에서 피의자들이 평당 20만 원씩 계약하기로 하였다고 말하는 것을 들은 적이 없다고 진술하고 있습니다. 하지만 위 피의자 한O철의 계좌로 입금된 피해자의 금 20억 원의 사용처를 확인하면 피의자들이 위와 같이 금 5억 원씩 분배한 사실이 확인될 것이고, 그 확인으로 피의자들이 공모한 사실 역시 인정할 수 있을 것입니다.

나. 수사미진 및 증거판단의 오류

위와 같이 이 사건 임야에 대한 피의자들의 진실한 매매대금은 금융거래자료의 조사를 통하여 확인할 수 있는 것이고, 피의자들이 고소인으로부터 편취한 금원 중 피의자들이 분배한 5억 원에 대한 확인도 계좌추적 등의 방법으로 이루어졌어야 함에도 이 사건 수사에서 전혀 이루어지지 않았고, 단지 피의자과 참고인의 진술만으로 결정한 위와 같은 처분은 이 사건 수사가 미진하였다는 것과 증거의 판단에 오류가 있음을 말해 주는 것입니다.

3. 결론

결국 위와 같이 이 사건 혐의 없음 판단은 중요한 수사쟁점에 대한 중요한 수사가 이루어지지 아니한 수사미진 뿐 아니라 법리판단 혹은 증거판단에 오류가 있음에도 불구하고 내려진 잘못된 결정으로, 이에 고소인은 부득이 이 사건 항고에 이르게 되었으니 재기수사의 명을 내려주시기 바랍니다.

첨 부 서 류

1. 불기소이유통지서　　　　　　　　　　　　　　1 부
1. 불기소결정서　　　　　　　　　　　　　　　　1 부
1. 녹취서　　　　　　　　　　　　　　　　　　　1 부
1. 송금내역서　　　　　　　　　　　　　　　　　2 부

2000. 00. 00.

위 항고인(고소인)　　이 ○ 영　　(인)

○○고등검찰청 귀중

6. 사례 [사기 (광고), 혐의 없음]

항 고 이 유 서

사　　건　　　　서울○○지방검찰청 2000형제 00000호 사기

1. 고소인(항고인) :

　　장○만 (000000-0000000)

　　서울시 00구 000동 00-0, 00오피스텔 000호

　　연락처 : 010-0000-0000

2. 피고소인(피항고인, 피의자) :

　　주식회사 000백화점　대표이사 박○철

　　서울시 00구 00동 000-00, 000빌딩 0000호

　　연락처 : 00-0000-0000

위 피고소인(피항고인)에 대한 서울○○지방검찰청 2000형제00000호 사기 피의사건에 관하여 동 검찰청 검사 ○○○는 2000. 00. 00 혐의 없음을 이유로 불기소처분결정을 하였으나, 그 결정은 다음과 같은 이유로 부당하여 이에 항고를 제기합니다.

- 다 음 -

1. 피의사실 및 불기소 처분의 요지

　가. 피의사실의 요지

피고소인은 백화점 업에 종사하는 법인의 대표자로, 동 백화점 지하 1층 정육코너에서 판매하는 고소기의 약 60%는 호주 국에서 수입된 수입산 소고기임에도,

2000. 00. 00.경 위 정육코너 매장에 "100% 한우만 취급 합니다", "우리 소고기를 우리가 살려야", "강원도에서 생산된 100% 한우"라는 등의 광고물을 전시하여 고객들에게 알리고, 동 정육코너 종업원들 역시 "정육코너에서 판매하는 소고기는 100% 강원도 한우다"라는 등의 허위 광고로 고소인을 비롯한 많은 고객들을 속이고, 이에 속은 고소인에게 일반 정육점에서는 1근에 2만 원 가량에 판매되는 수입산 소고기를 한우 판매가격인 1근에 4만 원의 가격에 2근을 판매하는 등 불상의 고객들로부터 액수불상의 금원을 편취한 것이다.

나. 불기소처분의 요지

(1) 피의자의 진술

피의자 "OOO백화점" 대표이사 박O철은 동 백화점 정육코너의 담당자들이 소고기 판매증진을 위하여 100% 한우만 취급 합니다", "우리 소고기를 우리가 살려야", "강원도에서 생산된 100% 한우"라는 등의 광고물을 전시하고 고소기를 판매한 사실은 있지만, 이는 다른 백화점에서도 일반적으로 하고 있는 관례화 된 광고로 피고소인만 하는 것이 아니라고 주장하며, 수입산 소고기를 한우가격에 판매한 차익의 전부를 불우이웃돕기 사업에 기부하겠다고 진술하며 범행을 부인.

(2) 참고인 배O기의 진술

OOO백화점 광고담당 배O기 부장은 다른 백화점 정육코너와 재래시장 정육점 등에서 수입산 고소기를 판매하면서도 "100% 한우", "100% 우리

소고기"라고 기재한 광고 전시물들의 사진 100여장을 제출하면서, 위와 같은 광고를 허위광고가 아닌 백화점업계에서 일반적으로 허용되는 광고라고 진술한다.

(3) 결론

- 피의자 백화점에서 수입산 소고기를 한우의 가격에 판매한 사실은 인정된다.

- 하지만 전국 백화점 정육코너와 재래시장 정육점 등에서 수입산 고소기를 한우라고 알리고 판매하는 경우는 흔한 경우로 일반 상인에게 허용되는 광고의 범위를 벗어났다고 볼 수 없고, 피해자들을 특정하기가 어려울 뿐 아니라 그 피해금액을 확인할 수도 없는 점 등으로 보아 피의자의 범죄혐의를 인정하기 어렵고, 달리 범죄사실을 인정할 만한 증거불충분하여 불기소(혐의 없음).

2. 항고 이유

그러나 이 사건 수사 검사의 위와 같은 불기소처분은 다음과 같은 이유로 부당한 것입니다.

가. 혐의 없음 처분의 부당성

(1) 일반적으로 허용되는 범위 내의 광고인가에 대하여,

- 피의자 백화점은 동 백화점 정육코너에서 수입산 고소기를 고객들에게 한우로 알리고 수입산 소고기 값이 아닌 한우 가격으로 판매한 사실을 인정하고 있으면서도, 백화점 업계에서 일반적으로 행하여지는 광고라는 이유로 범행을 부인하고 있으나, 피해자(고소인)가 첨부 및 제출하는

다른 백화점 정육코너의 사진 20여 장을 보면 피의자 백화점 관계자들의 말과는 달리 다른 백화점에서는 수입산 고소기는 수입산 소고기라고 고객들에게 알리고 수입산 고소기 값을 받고 판매하고 있는 사실을 확인할 수 있습니다. 즉 피의자 백화점 관계자들은 피의자에게 유리한 다른 백화점 정육코너의 광고 사진들을 제출한 것이지 백화점 업계의 일반적인 수입산 소고기 판매현황을 증명하는 사진들을 제출한 것은 아닙니다.

- 피의자 측은 고소사실과 같은 광고가 일반적으로 허용되는 것으로 허위광고가 아니라고 주장하고 있으나, 일반 노점이나 재래시장 등과는 달리 백화점은 고객들이 노점이나 재래시장 등 보다는 월등히 높은 신뢰를 하는 곳으로 보다 정확하고 믿을 수 있는 광고를 하여야 하는 곳입니다. 수입산 소고기를 한우라고 광고하는 것은 명백한 허위광고로 백화점업계에서 일반적으로 허용되는 광고의 범위를 크게 벗어난 것입니다.

(2) 피해자와 피해액의 확인에 대하여,

이 사건 고소사실에 따른 피해자의 확인은 피의자 백화점 정육코너의 매출장부 등을 확인하면 그 수와 피해금액이 확인될 수 있는 것입니다. 한편, 고소인과 같은 이 사건 피해자들은 수입산 소고기와 한우의 가격이 현격한 차이가 있다는 것을 알고 있기 때문에 피의자가 허위광고를 하지 않았다면 수입산 소고기를 한우의 가격으로 구매할 어떤 이유도 없는 것입니다.

나. 수사미진 및 증거판단의 오류

위와 같이 이 사건 수사는 백화점 업계의 거래관행을 확인하기 위하여 더 많은 백화점 관계자들을 통하여 광고 관행이나 수입산 소고기 판매현황을 조사하였어야 함에도 그 수사가 이루어지지 않았고, 만연히 피의자 백화점 관계자들의 진술에만 의존하여 그 수사가 미진하고 증거를 판단함에 오류가 있었다고 할 것입니다.

3. 결론

결국 위와 같이 이 사건 혐의 없음 판단은 중요한 수사쟁점에 대한 중요한 수사가 이루어지지 아니한 수사미진 뿐 아니라 법리판단 혹은 증거판단에 오류가 있음에도 불구하고 내려진 잘못된 결정으로, 이에 고소인은 부득이 이 사건 항고에 이르게 되었으니 재기수사의 명을 내려주시기 바랍니다.

첨 부 서 류

1. 불기소이유통지서   1 부
1. 불기소결정서   1 부
1. 사진첩   1 부

2000. 00. 00.

위 항고인(고소인)   장 ○ 만   (인)

○○고등검찰청 귀중

7. 사례 [특경 사기 (용도), 혐의 없음]

항 고 이 유 서

사 건   서울○○지방검찰청 2000형제00000호 사기

1. 고소인(항고인) :
최O영 (000000-0000000)
서울시 00구 00동 000, 00연립 305호
연락처 : 010-0000-0000

2. 피고소인(피항고인, 피의자) :
김O수 (0000000-0000000)
서울시 000구 000동 000-00, 00아파트 10동 0000호
연락처 : 010-0000-0000

위 피고소인(피항고인)에 대한 서울○○지방검찰청 2000형제0000호 사기 피의사건에 관하여 동 검찰청 검사 *OOO*는 2000. 00. 00 혐의 없음을 이유로 불기소처분결정을 하였으나, 그 결정은 다음과 같은 이유로 부당하여 이에 항고를 제기합니다.

1. 피의사실 및 불기소 처분의 요지

가. 피의사실의 요지

피고소인은 서울시 00구 00동 000번지 소재 건축업을 영위하는 "주식회사 000"을 경영하는 자로,

2000. 00. 00.경 피고소인의 위 사무실에서 피해자(고소인)에게 피고소인의 회사에서 이미 구입한 서울 00구 00동 000-0번지 등 9필지 외에 같은 동 000-00번지 50평의 토지를 매입하여 도합 10필지, 950평 지상에 지하3층, 지상 10층의 "000쇼핑센터"를 2000. 00. 하순경에 건축하게 되고, 그 전인 2000. 00.하순경부터는 위 쇼핑센터의 상가와 사무실 등을 일반인들에게 분양하면 약 200억 원 가량의 분양대금이 들어온다면서, 위 50평의 토지를 매입할 자금이 부족하여 사업에 애를 먹고 있으니 그 토지매입금으로 금 10억 원을 고소인이 피고소인에게 빌려주면 위 분양대금이 들어오는 2000. 00. 00.까지만 사용하고 같은 해 00. 00.에 이자를 합한 금 12억 원을 고소인에게 갚아주겠다고 거짓말하고 이에 속은 고소인으로부터 당일 금 10억 원을 피고소인 명의의 00은행 명동지점 000-000000-000계좌로 송금 받아 이를 편취하였습니다.

나. 불기소처분의 요지

(1) 피의자의 진술

피의자는 피해자로부터 금 10억 원을 차용한 사실은 인정하면서, 사업이 여의치 못하여 전액을 상환하지는 못하였으나, 2000. 00. 00.경 금 2천만 원을 상환하였고, 나머지 금액도 사업이 진행되고 있으므로 곧 상환할

것이라고 진술하면서, 피의자가 고소인을 속이고 사기 친 것은 아니라며 범행을 부인한다.

(2) 의견

- 피해자 역시 이 사건 금 10억 원을 차용해 주었고, 금 2천만 원을 받은 사실을 인정하는바 이는 피의자의 진술에 부합한다.
- 그렇다면 이 사건 금전차용은 민사관계로 보아야 할 것이고, 달리 피의자의 범행을 인정할 만한 증거불충분하여 불기소(혐의 없음)

2. 항고 이유

그러나 이 사건 수사검사의 위와 같은 불기소처분은 다음과 같은 이유로 부당한 것입니다.

가. 혐의 없음 처분의 부당성

(1) 피의자는 이 사건 OOO쇼핑센터 건축부지 10필지 중 9필지를 이미 매수하였다고 고소인에게 말하면서 위 10필지 중 1필지 50평 만 더 매입하면 위 건축공사가 바로 시작될 것이라고 거짓말 하였습니다. 그런데 고소인이 위 9필지의 토지 소유자들을 직접 만나 확인한 바, 위 9필지 중 5필지는 도합 금 3억 원 가량에 계약만 되어 있는 상태이고, 나머지 토지들은 그 계약조차도 되어 있지 않아 위 쇼핑센터 건축 및 분양사업은 그 시행여부가 매우 불확실한 상태입니다. 그럼에도 불구하고 피의자는 위 필지 중 9필지를 이미 매입하였다면서 건축 및 분양이 곧 시작 될 것처럼 고소인을 속였습니다.

(2) 더욱 중요한 것은 피의자가 고소인에게 자금을 빌리면 위 10필지의 토지 중

아직 매입하지 못한 1필지 50평을 매입하는데 사용할 자금이라고 알리고 그 매입자금의 용도로 고소인의 금 10억 원을 차용한 것입니다. 그런데 피의자는 고소인으로부터 차용해 간 금 10억 원으로 나머지 1필지 50평을 매입한 것이 아니고, 그중 금 3억 원으로 위 9필지 중 3필지의 매매계약금의 일부금으로 지급하였고, 나머지 금 7억 원은 그 사용처 조차도 확인되지 않고 있는 실정입니다.

(3) 고소인은 피의자가 위 10필지의 토지 중 9필지는 이미 매입하였고, 나머지 1필지만 더 매입하면 위 건축공사 및 분양을 시작할 수 있고 그러면 200억 원의 분양대금이 곧 들어온다고 알려주었고, 위 1필지의 매입대금의 용도로 사용한다고 하여 금 10억 원을 빌려준 것이지 위와 같이 실제로 매입하지도 않은 위 9필지 중 3필지의 계약금의 용도로 사용하라고 고소인의 자금을 빌려준 것은 아닙니다. 즉 피의자가 고소인을 속였기 때문에 고소인은 피의자가 말한 대로 사업이 진행되고 있는 것으로 알고 돈을 빌려준 것이지, 한 필지도 매입하지 않은 토지를 향후 매입하여 위와 같은 쇼핑센터를 건축 및 분양한다는 사업이라면 고소인이 피의자에게 돈을 빌려줄 이유가 전혀 없는 것입니다.

(4) 위와 같은 이유로 피의자가 고소인에게 단순히 금원을 차용한 것이 아닙니다. 즉 피의자는 위와 같이 매입하지도 않은 토지를 매입하였다느니, 나머지 1필지 50평의 토지매입의 용도로 고소인의 자금을 사용하겠다느니 하는 거짓말로 고소인을 속이고 고소인의 금 10억 원을 편취한 것입니다.

(5) 이 사건과 같은 용도 사기와 관련한 판례를 보면, "사기죄의 실행행위로서의 기망은 반드시 법률행위의 중요 부분에 관한 허위표시임을 요하지 아니하고 상대방을 착오에 빠지게 하여 행위자가 희망하는 재산적 처분행위를

하도록 하기 위한 판단의 기초가 되는 사실에 관한 것이면 족한 것이므로, 용도를 속이고 돈을 빌린 경우에 있어서 만일 진정한 용도를 고지하였더라면 상대방이 돈을 빌려 주지 않았을 것이라는 관계에 있는 때에는 사기죄의 실행행위인 기망은 있는 것으로 보아야 한다.(출처 : 대법원 1996. 2. 27. 선고 95도2828 판결)"라는 판례가 있습니다. 이 사건의 경우에도 피의자가 진정한 용도를 속이고 고소인으로부터 돈을 빌려간 것으로 피의자의 범의가 충분히 인정된다고 할 것입니다.

나. 수사미진 및 증거판단의 오류

위와 같이 이 사건 수사는 피의자가 고소인에게 위 1필지의 토지 매입자금의 용도로 차용해 간 금 10억 원을 무슨 용도로 사용하였는지, 피의자는 왜 매입하지도 않은 위 9필지를 매입하였다고 고소인에게 거짓말하였는지 등에 대한 객관적인 조사가 이루어지지 않은 수사의 미진과, 만연히 피의자의 진술에만 의존하여 범의를 판단한 증거의 판단에 오류가 있다할 것입니다.

3. 결론

결국 위와 같이 이 사건 혐의 없음 판단은 중요한 수사쟁점에 대한 중요한 수사가 이루어지지 아니한 수사미진 뿐 아니라 법리판단 혹은 증거판단에 오류가 있음에도 불구하고 내려진 잘못된 결정으로, 이에 고소인은 부득이 이 사건 항고에 이르게 되었으니 재기수사의 명을 내려주시기 바랍니다.

첨 부 서 류

1. 불기소이유통지서   1 부
1. 불기소결정서   1 부
1. 위 5필지의 토지매매계약서 사본   5 부

2000. 00. 00.

위 항고인(고소인)   최 ○ 영   (인)

○○고등검찰청 귀중

8. 사례 [사기 및 사기방조 (부부행세), 기소중지 및 혐의 없음)]

항 고 이 유 서

사 건   서울○○지방검찰청 2000형제0000호 사기

1. 고소인(항고인) :
최○수 (000000-0000000)
서울시 00구 000로 00-00, 000동 0000호(00동, 000아파트)
연락처 : 010-0000-0000

2. 피고소인(피항고인, 피의자) :
이○순 (000000-0000000)
서울시 00구 00동 000-00
연락처 : 00-000-0000

위 피고소인(피항고인)에 대한 서울○○지방검찰청 2000형제0000호 사기 피의사건에 관하여 동 검찰청 검사 ○○○는 2000. 00. 00 혐의 없음을 이유로 불기소처분결정을 하였으나, 그 결정은 다음과 같은 이유로 부당하여 이에 항고를 제기합니다.

- 다 음 -

1. 피의사실 및 불기소 처분의 요지

가. 피의사실 요지

(1) 피의자 김O수[55].

① 피의자는 2000. 00. 초순경 서울 00구 00동 000 소재 피의자의 사무실에서 고소인에게 "중국을 상대로 한 의약품 사업을 준비 중이다", "중국 바이어들을 상대로 6~10% 정도의 마진을 받고 넘기면 되는 쉬운 사업이다", "사업자금으로 3억 원을 투자하면 연 25%의 이자를 보장하고 생활비로 매월 300만 원의 수익금을 주겠다"라는 등의 거짓말로 고소인을 속이고 이에 속은 고소인으로부터 2000. 00. 00. 금 3억 원을 피의자 이O순 명의의 00은행 000-000000-000 계좌로 송금 받아 이를 편취하고,

② 피의자는 2000. 00. 00. 서울 00구 0동 000 소재 "커피 볶는 집"에서 고소인에게 "의약품 사업을 하기 위해 자본금 10억 원의 주식회사를 만들려고 한다. 납입자본금 10억 원 중 9억 원이 준비되었는데 나머지 1억 원이 부족하다", "1억 원을 급히 빌려주면 3일 후에 입금해 주겠다"라는 등의 거짓말로 고소인을 속이고 이에 속은 고소인으로부터 같은 날 금 1억 원을 피의자 명의 00은행 00-0000-00계좌로 송금 받아 이를 편취한 것이다.

---

[55] 피의자 김O수는 소재불명으로 기소중지 처분됨.

(2) 피의자 이O순.

피의자는 2000. 00. 초순경 서울시 00구 00동 000 소재 피의자 김O수의 사무실에서 위 김O수가 위와 같은 범행을 한다는 사실을 알면서도 이를 돕기 위하여 고소인에게 "O희 아빠가 이번 사업은 틀림없으니 좀 도와주세요, 같이 돈 벌어서 잘 살아보자"라고 말하고 위 김O수와 자신이 부부인 것인 양 행세함으로써 위 김O수의 범행을 용이하게 하여 이를 방조한 것이다.

나. 불기소처분의 요지

(1) 피의자 이O순의 진술

- 이 사건 차용금에 대해서는 전혀 알지 못하며, 실제로 피의자 김O희는 자신과의 사이에서 낳은 딸 '김O희'의 아빠가 맞지만 위 김O수와는 혼인신고도 한 사실이 없고, 2000.경 약 1년 동안 같이 산 이후에는 같이 동거한 사실도 없으며 자신은 2000. 00. 00.경부터 배우자 박O열과 혼인관계를 유지하고 있는 등 피의자 김O수와는 부부관계가 아니라는 진술을 하면서 서울특별시 00구청장 발행의 혼인관계 증명서를 제출.
- 또한, 피의자 김O수가 어떤 사업을 하고 있는지도 알지 못하는 상황에서 고소인들에게 투자를 권유하거나 사업에 관련된 말을 하지 않았고, 다만 "앞으로는 잘 하실 겁니다, 실수는 없을 것이다"라는 말을 하였다고 진술한다.
- 현재 거주하는 있는 집은 보증금 5천만 원에 월세 100만 원의 임대료를 지불하면서 거주하고 있다고 진술하는 등 범죄사실을 일체 부인한다.

(2) 결론.

- 피해자(고소인)는 피의자 이O순이 피의자 김O수에게 'O희 아빠'라고

호칭하며 부부행세를 하는 등 이 사건 범행을 용이하게 하였고, 김○수가 고소인으로부터 편취한 돈으로 피의자 이○순의 셋집을 얻어 줄 때에도 그 돈이 위 김○수가 고소인에게서 사기를 쳐서 편취한 돈이라는 사실을 잘 알면서도 그 자금을 같이 사용하였다고 진술한다.

- 그러나 피의자 이○순은 2000. 00. 00.부터 배우자 박○열과 혼인관계를 유지하고 있는 점, 실제로 김○수는 '김○희'의 실부인 점 등으로 보아 이 사건 범행을 방조하였다는 혐의점을 발견할 수 없고 달리 범행을 인정할 만한 증거불충분하여 불기소(혐의 없음)

2. 항고 이유

그러나 이 사건 수사 검사의 위와 같은 불기소처분은 다음과 같은 이유로 부당한 것입니다.

가. 혐의 없음(불기소)처분의 부당성

(1) 피의자 이○순의 범행에 대한 참고인인 고소인의 처 정○라, 피의자 김○수의 사무실에서 근무하던 직원 이○태, 피의자와 혼인관계에 있다는 박○열 등에 대한 수사가 이루어지지 않음으로 인하여 이 사건 담당 경찰관의 판단은 전적으로 피의자 이○순의 진술에만 의존하고 있습니다.

(2) 피의자 이○순은 고소인과 피고소인 김○수가 동원예비군 훈련을 받기 위하여 군부대에 입소하였을 때에도 부부행세를 하면서 김○수를 면회하였던 자입니다. 당시 김○수는 자신이 의약품 사업을 하는 정상적인 사업자인 양 고소인을 속였지만 피의자 이○순은 김○수가 수차의 사기죄를 범하여 위

면회를 할 당시에도 서울○○지방검찰청에 다른 사기죄 사건으로 기소중지 되어 있었던 사실을 잘 알고 있었습니다. 또한 김○수의 사기사건의 또 다른 피해자 박○기(귀금속중개업자) 역시 고소인과 같은 수법의 사기를 당하여 사기를 당한 직후 부부행세를 하던 이○순을 만났으나 이○순은 이번 사건에서와 같이 김○수와 부부가 아니라고 발뺌을 하는 방법으로 범행 사실을 부인하였던 사실이 있습니다.

(3) 피의자 이○순은 김○수가 고소인으로부터 금 3억 원을 편취하기 전에는 안양에서 보증금도 없는 월 30만 원의 셋집에 거주하고 있었으나, 김○수가 위 돈으로 현재의 아파트(보증금 5천만 원, 월세 100만 원)을 얻었으며, 아파트를 얻을 때 1년 치의 월세를 선납하였는데 그 자금 역시 고소인으로부터 편취한 자금이 사용되었습니다. 때문에 피의자 이○순은 김○수가 또 다시 사기범행의 피해자로 고소인을 끌어들여 사기행각을 벌이고 있다는 사실을 알고 있었고 이를 도와주기 위해 고소인들을 만나 부부행세를 하고 김○수가 정상적인 가정을 가진 사람으로 정상적인 의약품 사업을 하는 믿을 수 있는 사람인 양 말하면서 김○수의 범행을 도와주었던 것입니다. 하지만 위와 같은 자금 흐름 등의 사실관계가 경찰에서 전혀 조사 되지 않았습니다.

(4) 또한 피의자 김○수의 직원 겸 운전기사로 일하던 이○태는 2000. 00.하순경 김○수의 지시로 의약품들을 피의자 이○순이 현재 살고 있는 아파트로 가져다 놓기 위해 찾아갔을 때 그 집에는 김○수와 이○순 그리고 아이(김○희)가 같이 일반적인 가정생활 그대로의 모습으로 생활하고 있었음을 확인해 주고 있습니다. 그리고 위 이○태 역시 이○순을 김○수의 처로 알고 있기 때문에 "형수님"으로 호칭하며 생활하였는데 이 사건 고소사건이 시작된 이후에는 이○태가 "형수님"이라고 부르면 피의자 이○순은 형수라고 호칭하지 못하게 하는 등 자신의 범행을 감추기 위해 온갖 거짓말을 하고 있는 것입니다.

(5) 피의자 이O순은 경찰에서 자신은 이 사건 차용금 혹은 투자금을 전혀 알지 못한다고 진술하였으나, 피의자 김O수에게 고소인이 차용금 혹은 투자금을 보낼 때 그 사실을 알고 있었고, 김O수로 하여금 자신의 통장 계좌를 이용하게 하였을 뿐만 아니라 늘 고소인과 만나면 범죄사실의 내용과 같은 부부 행세와 말들을 하며 고소인이 피의자 김O수를 믿게 만들었던 것입니다.

(6) 한편, 피의자 이O순은 경찰에서 2000.경 1년 동안 같이 산 이후에는 같이 기거한 사실도 없다는 거짓말을 하였습니다. 하지만 경찰에서 위 이O태와 같은 피의자 김O수의 주변 사람에게 전화라도 하여 그 사실을 확인하였다면 피의자 이O순이 교묘한 거짓말로 범행을 부인하고 있다는 사실을 확인할 수 있었을 것입니다.

(7) 더욱 중요한 것은 이 사건의 경우 주범인 김O수의 경우 소재불명으로 전혀 수사가 이루어지지 못하고 기소중지 되었습니다. 그럼에도 불구하고 이 사건의 종범인 피의자 이O순에 대하여 무혐의 처분을 한 것은 수사관례 상으로나 논리적으로나 상식 밖의 결과라 아니할 수 없습니다. 주범이 소재불명되어 단 한 번의 조사조차도 하지 못하였음에도 불구하고 즉 주범으로부터 종범인 이O순이 어떠한 역할을 하기로 한 것인지에 대한 확인도 없이 어떻게 종범인 이O순에 대한 무혐의 처분을 할 수 있는지 참으로 이해하기 어려운 결정이라 아니할 수 없습니다.

나. 수사미진 및 증거판단의 오류

위와 같이 이 사건 수사에서 피의자 이O순과 관련된 참고인 다수의 조사가 이루어지지 않았고, 고소인이 편취당한 돈에 대한 계좌추적을 통한 금융 거래 자료의 확보로 피의자 이O순이 얼마나 이 사건에 관련이 되었는지를 밝혔어야 함에도 그렇게 하지 못한 것은 수사의 미진이라 할 것이고, 만연히 피의자 이0순의 진술에만 의존하여 결론을 내린 것은 증거판단의 오류라 할 것입니다.

3. 결론

결국 위와 같이 이 사건 혐의 없음 판단은 중요한 수사쟁점에 대한 중요한 수사가 이루어지지 아니한 수사미진 뿐 아니라 법리판단 혹은 증거판단에 오류가 있음에도 불구하고 내려진 잘못된 결정으로, 이에 고소인은 부득이 이 사건 항고에 이르게 되었으니 재기수사의 명을 내려주시기 바랍니다.

첨 부 서 류

1. 불기소이유통지서   1 부
1. 불기소결정서   1 부

2000. 00. 00.

위 항고인(고소인)   최 ○ 수   (인)

○○고등검찰청   귀중

9. 사례 [횡령, 혐의 없음]

항 고 이 유 서

사 건   ○○지방검찰청 2000형제00000호 횡령

1. 고소인(항고인) :

    홍○철 (000000-0000000)

    00시 00구 00동 000-0, 000아파트 00동 000호

    연락처 : 000-0000-0000

2. 피고소인(피항고인, 피의자) :

    이○수 (000000-0000000)

    00시 00구 00동 00-00, 0000연립 0동 000호

    연락처 : 000-0000-0000

위 피고소인(피항고인)에 대한 ○○지방검찰청 2000형제00000호 횡령 피의 사건에 관하여 동 검찰청 검사 ○○○는 2000. 00. 00. 혐의 없음을 이유로 불기소처분결정을 하였으나, 그 결정은 다음과 같은 이유로 부당하여 이에 항고를 제기합니다.

- 다 음 -

1. 피의사실 및 불기소 처분의 요지

Ⅳ. 항고장 작성 사례

가. 피의사실 요지

피의자는 2000. 00.경부터 00시 00구 00동 000 소재 00빌딩 2층에서 고소인과 각 1/2 지분으로 "00헬스"라는 상호로 각종 의료기를 판매하는 사업을 함에 있어 고소인은 영업부문을 맡기로 하고, 피의자는 자금의 관리 및 운영부문을 맡기로 하는 동업을 하였는바,

(1) 피의자는 2000. 00. 00. 위 회사의 공금을 관리하던 피의자 명의의 00은행 00지점 000-000000-00-000계좌에서 금 220만 원을 인출하는 등 같은 방법으로 2000. 00. 00.까지 아래 표와 같이 총 19회에 걸쳐 금 72,300,000원을 인출하여 임의로 사용하여 위 금액 상당을 횡령하고,

- 아 래 -

순 번	일시	인출금액(원)
1	2000. 00. 00.	2,200,000
2	2000. 00. 00.	3,000,000
3	2000. 00. 00.	2,500,000
4	2000. 00. 00.	4,000,000
5	2000. 00. 00.	3,800,000
6	2000. 00. 00.	5,000,000
7	2000. 00. 00.	3,300,000
8	2000. 00. 00.	3,700,000
9	2000. 00. 00.	4,200,000
10	2000. 00. 00.	3,600,000
11	2000. 00. 00.	4,600,000

순 번	일시	인출금액(원)
12	2000. 00. 00.	3,600,000
13	2000. 00. 00.	2,800,000
14	2000. 00. 00.	5,000,000
15	2000. 00. 00.	3,700,000
16	2000. 00. 00.	4,300,000
17	2000. 00. 00.	2,500,000
18	2000. 00. 00.	5,500,000
19	2000. 00. 00.	5,000,000
합계		72,300,000

(2) 2000. 00. 00. 위 사업체의 물건 구입을 위하여 사용하여야 할 피의자 명의의 00카드로 같은 날 저녁 00시 00구 소재 00000나이트클럽 유흥비 금 150만 원을 결제하는 등 같은 방법으로 2000. 00. 00.까지 아래 표와 같이 총 15회에 걸쳐 금 47,000,000원을 결제하여 위 금액 상당을 횡령한 것이다

- 아 래 -

순 번	일시	사용금액(원)
1	2000. 00. 00.	1,500,000
2	2000. 00. 00.	2,000,000
3	2000. 00. 00.	3,500,000
4	2000. 00. 00.	2,000,000
5	2000. 00. 00.	3,800,000
6	2000. 00. 00.	2,000,000

순 번	일시	사용금액(원)
7	2000. 00. 00.	3,700,000
8	2000. 00. 00.	3,200,000
9	2000. 00. 00.	2,500,000
10	2000. 00. 00.	3,100,000
11	2000. 00. 00.	4,600,000
12	2000. 00. 00.	2,700,000
13	2000. 00. 00.	3,100,000
14	2000. 00. 00.	4,800,000
15	2000. 00. 00.	4,500,000
합계		47,000,000

나. 불기소처분의 요지

(1) 피의자 진술.

- 피의자는 고소인과 각 1/2씩 지분을 가지고 동업을 한 사실은 인정하지만 위 사업 이후 피의자가 처음 투자하였던 금 5천만 원 외에 약 1억 원 가량이 추가로 투자하였고, 영업부문을 담당하는 고소인이 위 사업체의 재정 상황을 너무도 모르기 때문에 오해하여 이 사건 고소를 한 것이라 진술,

- 또한 고소인이 고소장에 제시한 위 피의사실(1)의 횡령금은 피의자가 횡령한 것이 아니고, 그 대부분은 위 업체로 들어오는 물건 값으로 지급된 것인데 인력이 부족하여 피의자가 회계 정리를 하는 과정에서 누락된 것일 뿐이고, 일부의 금액은 피의자가 위 업체를 관리하면서 피의자

가 자신의 개인 현금을 먼저 사용하고 나중에 받은 것이라고 진술,

- 위 피의사실(2)의 횡령사실은 그 돈을 횡령한 것이 아니고, 위 업체를 관리하면서 영업상 만나야 할 사람들 혹은 위 업체에서 일하는 직원 7명을 관리하는 과정에서 회식도 시켜주고 하느라고 사용한 것이라면서 범행을 부인한다.

(2) 참고인 최○순의 진술

- 위 업체의 경리직원으로 근무하는 참고인 최○순은 자신은 고소인과 피고소인이 동업으로 위 업체를 운영한다는 사실은 전혀 몰랐고, 사장님으로 알고 있는 피의자가 시재금으로 매월 주는 현금 200만 원을 관리하면서 직원들의 점심식사 외상값 등을 지불하고, 사장님이 통장이나 카드를 주면서 은행에 가서 현금을 인출해 오라고 지시하면 그 심부름을 하였다고 진술하며 피의자가 지갑에서 현금을 꺼내 시재금을 주는 경우도 많았다고 진술,

- 사장님이 자신을 포함한 직원들을 종종 회식시켜 주었고 회식 자리에서는 늘 말이 없으시고 매너가 좋으며, 자기가 알기에는 사장님이 공금을 횡령할 사람이 아니라고 진술한다.

(3) 의견

- 피의자는 피의자 개인의 상당한 자금을 위 업체를 위해 사용하였다고 진술하고, 참고인 최○순 역시 피의자가 지갑에서 현금으로 시제금을 주는 경우도 많았다라고 진술하는바 이는 피의자의 진술과 부합

- 고소인 자신도 위 업체를 시작한 이후 영업을 하기 위하여 회사에 있는

시간보다 외부에 있는 시간이 훨씬 많고 어떤 경우에는 회사에 출근하지 않고 영업을 다니기 때문에 위 업체의 자금이 어떻게 돌아가는 지는 잘 모른다고 진술하는 점, 고소인 자신은 처음 동업을 시작할 때 금 5천만 원을 투자한 이후 추가로 자금을 낸 적은 없고, 매월 500만 원 가량을 봉급으로 받아갔다고 진술하는 점 등으로 보아 피의자의 이 사건 횡령의 점을 인정하기 어렵고 달리 범죄혐의를 인정할 만한 증거 없어 불기소(혐의 없음)의견임.

2. 항고 이유

그러나 이 사건 수사 검사의 위와 같은 불기소처분은 다음과 같은 이유로 부당한 것입니다.

가. 혐의 없음(불기소)처분의 부당성

(1) 피의자의 통장금 횡령 건에 대하여,

- 피의자가 고소인과 처음 동업을 시작한 이후 금 1억 원 가량의 동업에 투자하였다는 진술은 전혀 허위의 진술로 그 근거는 전혀 없습니다. 피의자가 그런 자금을 투입하였다면 공금 통장으로 사용하는 통장이나, 외상대금 지급장부 등에 기재가 되어 나타나야 할 것입니다만 전혀 그런 증거는 없습니다. 더욱이 피의자가 1/2 지분의 동업자에게 그런 많은 자금을 추가로 투자하면서 전혀 말을 하지 않았다는 것은 상식적으로도 이해가 되지 않는 것입니다.

- 피의자는 자신의 횡령 자금들을 외상대금 결제 등으로 사용하였다고 진술하나 위 업체의 외상 장부 어디에도 피의자가 자신의 개인 자금으로 결제한 사실이 없고, 위 인출금에서도 외상대금의 결제로 지출된 것

은 전혀 없습니다. 이는 고소인이 이 사건 고소를 할 때, 통장과 장부를 보며 피의자에게 하나하나 물어보며 확인한 것입니다. 당시 피의자는 고소인에게 그렇게 인출된 자금이 외상값으로 나갔다고 주장하였다가 그 장부를 보자는 고소인의 말에 전혀 대답하지 못하고 얼버무린 사실이 있습니다.

- 또한 고소인이 이 사건 고소를 할 때는 피고소인이 이 사건 인출자금을 어디에 사용하였는지 정확하게 알지 못하였으나, 지금은 그 인출자금의 상당부분의 사용처가 확인되었습니다. 그 상세 내역은 아래와 같습니다.

- 아 래 -

순 번	일시	인출금액(원)	사용처
1	2000. 00. 00.	2,200,000	현금인출
2	2000. 00. 00.	3,000,000	00은행 000-000000-00 계좌(김O자)송금 : 김O자는 피의자의 처
3	2000. 00. 00.	2,500,000	00카드 0000-0000-0000-0000 결제(피의자의 개인 카드 대금결제)
4	2000. 00. 00.	4,000,000	현금인출
5	2000. 00. 00.	3,800,000	00은행 000-000000-00 계좌(김O자)송금 : 김O자는 피의자의 처
6	2000. 00. 00.	5,000,000	00은행 000-00000-00(이O수) 이O수는 피의자의 형
7	2000. 00. 00.	3,300,000	00카드 0000-0000-0000-0000 결제(피의자의 개인 카드 대금결제)
8	2000. 00. 00.	3,700,000	00은행 000-000000-00 계좌(김O자)송금 : 김O자는 피의자의 처

순번	일시	인출금액(원)	사용처
9	2000. 00. 00.	4,200,000	ㅇㅇ카드 0000-0000-0000-0000 결제(피의자의 개인 카드 대금결제)
10	2000. 00. 00.	3,600,000	ㅇㅇ은행 000-000000-00 계좌(김ㅇ자)송금 : 김ㅇ자는 피의자의 처
11	2000. 00. 00.	4,600,000	ㅇㅇ은행 000-00000-00(이ㅇ수) 이ㅇ수는 피의자의 형
12	2000. 00. 00.	3,600,000	ㅇㅇ카드 0000-0000-0000-0000 결제(피의자의 개인 카드 대금결제)
13	2000. 00. 00.	2,800,000	ㅇㅇ은행 000-000000-00 계좌(김ㅇ자)송금 : 김ㅇ자는 피의자의 처
14	2000. 00. 00.	5,000,000	현금인출
15	2000. 00. 00.	3,700,000	ㅇㅇ은행 000-00000-00(이ㅇ수) 이ㅇ수는 피의자의 형
16	2000. 00. 00.	4,300,000	ㅇㅇ은행 000-000000-00 계좌(김ㅇ자)송금 : 김ㅇ자는 피의자의 처
17	2000. 00. 00.	2,500,000	현금인출
18	2000. 00. 00.	5,500,000	ㅇㅇ은행 000-00000-00(이ㅇ수) 이ㅇ수는 피의자의 형
19	2000. 00. 00.	5,000,000	ㅇㅇ은행 000-000000-00 계좌(김ㅇ자)송금 : 김ㅇ자는 피의자의 처
	합계	72,300,000	

- 위와 같이 위 인출금 중에서 계좌이체나 카드결제가 되지 않고 현금인출이 된 경우도 있었으나, 대부분은 피의자가 개인적인 용도의 계좌이체나 카드결제로 사용한 것입니다. 한편 참고인 최0순이란 자는 피의자의 사돈지간이 되는 자로 피의자가 데려다 놓은 직원으로 들어온 지가 3개 월 정도밖에 되지 않아 위 업체의 전반적인 자금사정이나 회계에 대하여 별로 아는 것이 없을뿐더러, 피의자가 최0순에게 현금으로 주었다는 시제금은 위 업체의 장부상에 명백히 나타나 있어, 그 시제금이 피의자가 횡령한 자금에서 지급된 것이 아니라는 것을 정확히 알 수 있습니다.

- 사실이 위와 같음에도 이 사건 수사과정에서 피의자가 임의로 인출하거나 임의로 송금한 자금들에 대한 계좌추적이 이루어지지 않아 전혀 실체적 진실을 밝히지 못하였습니다.

(2) 피의자의 위 카드 횡령금에 대하여,

- 피의자는 위 카드로 거래처에 사람들에게 영업을 하기 위하여 위 카드를 사용하였다고 진술하나, 이는 전혀 사실이 아닙니다. 위 업체의 영업은 고소인이 혼자서 다 하고 다녔고, 피의자는 자금과 직원 관리만 하였는데 무슨 영업을 하였다고 하는지 도무지 이해가 되지 않는 진술입니다. 위 업체의 모든 거래처는 고소인이 영업한 곳이고 그 담당자들 중에 피의자와 술이나 식사를 하였다는 사람은 고소인이 한 번도 본적이 없습니다.

- 피의자의 진술대로 영업을 하였다면 피의자가 위 카드로 00시 내의 유명하다는 술집을 다 돌아다니면서 수백만 원씩 무려 15회나 술을 마시며 영업을 하였는데 어떻게 피의자가 단 한 사람의 거래처와도 거래를

한 적이 없는가요? 이는 피의자가 완전히 거짓말로 일관하고 있음을 보여주는 것입니다.

- 참고인 최0순은 피의자가 직원들 회식을 종종 시켜주었다고 진술하고 있으나 회식비용은 위 업체의 장부상 회사의 자금으로 지급되었다고 모두 기재되어 있습니다. 때문에 피의자가 위 카드로 직원들의 회식을 시켜 주었다는 말도 전혀 사실이 아닌 것입니다.

가. 수사미진 및 증거판단의 오류

위와 같이 이 사건 수사는 계좌추적 등을 통하여 금융 거래 자료를 확인하였어야 함에도 이루어지지 않아 그 수사가 미진하였고, 중요 사항에 대한 판단을 오직 피의자와 참고인의 진술에만 의존함으로써 증거의 판단에 오류가 있다고 할 것입니다.

3. 결론

결국 위와 같이 이 사건 혐의 없음 판단은 중요한 수사쟁점에 대한 중요한 수사가 이루어지지 아니한 수사미진 뿐 아니라 법리판단 혹은 증거판단에 오류가 있음에도 불구하고 내려진 잘못된 결정으로, 이에 고소인은 부득이 이 사건 항고에 이르게 되었으니 재기수사의 명을 내려주시기 바랍니다.

첨 부 서 류

1. 불기소이유통지서   1부
1. 불기소결정서   1부
1. 금융거래자료   50부

2000. 00. 00.

위 항고인(고소인)   홍 ○ 철   (인)

○○고등검찰청   귀중

10. 사례 [특경 배임 (업무상), 혐의 없음]

항 고 이 유 서

사　건　　　서울○○지방검찰청 2000형제00000호 업무상배임

1. 고소인(항고인) :
　　안○홍 (000000-0000000)
　　00시 00구 00동 000-0, 0000아파트 000동 0000호
　　연락처 : 000-0000-0000

2. 피고소인(피항고인, 피의자) :
　　주식회사 0000　대표이사 000
　　00시 00구 00동 000-0, 00빌딩 0000호
　　연락처 : 000-0000-0000

위 피고소인(피항고인)에 대한 서울○○지방검찰청 2000형제00000호 업무상 배임 피의사건에 관하여 동 검찰청 검사 000는 2000. 00. 00 혐의 없음을 이유로 불기소처분결정을 하였으나, 그 결정은 다음과 같은 이유로 부당하여 이에 항고를 제기합니다.

- 다 음 -

1. 피의사실 및 불기소 처분의 요지

가. 피의사실 요지

피의자는 펀드 운영을 주요 업무로 하는 법인의 대표자인 자로, 피의자가 모집한 "000펀드 0호"의 펀드자금을 운영함에 있어 그 임무에 위배하여, 2000. 00. 00.부터 2000. 00. 00.까지 피의자 회사가 고소인 등 위 펀드가입자들에게 고지한 펀드자금운영규정과 달리 위 펀드자금을 마구 운영하여 약 300억 원 가량의 손실을 발생시켜 피해자들(펀드가입자들)에게 동액 상당의 손실을 끼쳤다.

나. 불기소처분의 요지

(1) 피의자 진술.

- 피의자는 회사에서 위 펀드(총 운영자금 1천억 원)를 운영하여 2000년도에 약 300억 원의 손실이 발생한 것은 사실이나 이는 경기불황으로 주식시장이 침체해서 발생한 것이지 피의자가 위 펀드자금을 운영규정과 달리 운영하여 발생한 것은 아니며, 위 펀드 가입자들에게 안내문과 사과문을 보내 위와 같은 사실을 충분히 설명하였고, 위 펀드 가입자들 대부분은 피의자 회사의 입장을 이해하고 양해하고 있다고 진술,

- 이 사건 고소인은 피의자 회사에도 찾아왔었고, 담당직원 들과의 대화에서 위와 같은 사실에 대하여 설명을 듣고 이해한다고 말하고 돌아갔었다는 사실을 직원들로부터 보고 받은 적이 있다고 진술하며 범행사실을 부인.

(2) 참고인 이○철 진술

- 피의자 회사 00지점 지점장 참고인 이○철의 진술 역시 피의자의 진술과 부합하고,

- 참고인 역시 이 사건 고소인과 2000. 00.초순경부터 수차례 대화를 하였고, 고소인 역시 2000년도에 주식시장이 침체되어 많은 투자자들이 손해를 받았다는 사실, 대부분의 펀드들이 적자를 기록한 사실 등에 동의하였다고 진술한다.

(3) 결론

- 일반적으로 펀드 투자라는 것은 수익이 날 때도 있고, 손실이 발행할 수도 있음이 당연한 것으로 전체 펀드자금에 손실을 입었다고 하여 그 펀드 운영자에게 책임을 물을 수 없음이 사회상규상 타당하다는 점,

- 고소인 역시 위 참고인과 수차 대화를 하였고 위 펀드에 손실이 발생한 사실에 대하여 이해를 하였다는 점, 2000년도에 주식시장이 침체되었고, 많은 펀드들이 적자를 발생하였다는 것이 공지의 사실인 점,

- 피의자를 업무상배임죄의 주체로서 피의자를 "타인의 사무를 처리하는 자"로 보기 어렵다는 점 등으로 보아 피의자의 범죄 혐의를 인정하기 어렵고, 달리 피의자의 범행을 인정할 만한 증거도 없어 증거불충분으로 혐의 없음.

2. 항고 이유

그러나 이 사건 수사 검사의 위와 같은 불기소처분은 다음과 같은 이유로 부당한 것입니다.

가. 혐의 없음(불기소)처분의 부당성

(1) 펀드운영규정에 대하여,

- 피의자 회사는 2000. 00.경부터 이 사건 펀드에 대한 대대적인 광고를 하였는데 그 광고에서 가장 중요한 점은 "이 펀드는 코스피 종목 중에서도 가장 안전한 우리나라 중요 재벌급 회사에만 투자한다."는 것이었습니다. 당시 위 펀드를 판매하던 직원들은 고소인을 포함한 가입자들에게 위와 같은 이야기를 수차 하였고, 피의자 회사에서 배포하였던 광고 전단지에도 그 내용이 들어 있을 뿐 아니라, 피의자가 가입자들에게 배부한 펀드투자운영규정에도 그런 내용이 기재되어 있습니다.

- 즉, 고소인을 비롯한 가입자들은 안정적인 투자를 원하였기 때문에 피의자가 모집하는 펀드 자금이 우리나라 중요 재벌의 코스피 종목에 투자한다고 하여 그 펀드에 가입한 것이지, 피의자가 투자한 위험성이 높은 코스닥 투기종목이나 코스피의 부실종목에 투자하기 위해 위 펀드에 가입한 것이 아니라는 말입니다.

- 펀드가 수익을 올릴 때도 있고, 손실을 입을 때도 있다는 사실을 고소인이 인정하지 않는 것이 아닙니다. 그리고 위 참고인의 진술과 같이 고소인이 위 참고인을 수차례 만나 이야기를 나눈 것도 사실입니다. 하지만 그때는 피의자가 위와 같은 투기종목이나 부실종목에 위 펀드자금이 투자된 사실을 모를 때입니다. 즉 고소인은 위 참고인을 만난 이후 피의자가 위 펀드자금으로 투자한 종목들을 면밀히 검토하여 피의자가 고객들에게 알려준 것과는 많은 부분에서 다르게 위 펀드 자금을 운영하였고, 때문에 위 펀드 가입자들에게 큰 손실을 끼쳤다는 것을 알게 된 것입니다.

- 때문에 이 사건을 수사하는 과정에서 위 펀드자금을 실제로 운영한 담당자들을 불러 왜 고객들에게 알려준 것과는 달리 중요 재벌의 코스피 안정종목에 투자하지 않고 위 투기종목이나 부실종목에 투자하게 된 이유와 경위를 밝혔어야 함에도 이런 부분에 대한 수사가 전혀 이루어지지 않아 지극히 수사가 미진하다고 할 수 밖에 없는 것입니다.

(2) 피의자가 "타인의 사무를 처리하는 자"인가에 대하여,

- 피의자 즉 펀드를 판매한 회사와 그 펀드에 가입한 고객들과의 관계에 대하여 일반적인 대리권이나 사무위임의 관계는 아니다 할 것입니다만 이와 관련한, 판례를 보면 "배임죄의 주체로서 '타인의 사무를 처리하는 자'란 타인과의 대내관계에서 신의성실의 원칙에 비추어 그 사무를 처리할 신임관계가 존재한다고 인정되는 자를 의미하고, 반드시 제3자에 대한 대외관계에서 그 사무에 관한 대리권이 존재할 것을 요하지 않으며, 나아가 업무상 배임죄에서 업무의 근거는 법령, 계약, 관습의 어느 것에 의하건 묻지 않고, 사실상의 것도 포함한다(출처 : 대법원 2000. 3. 14. 선고 99도457 판결)."라고 하고 있습니다.

- 따라서 위 펀드를 운영하는 피의자와 고객들 간에는 대내적으로 신의성실의 원칙에 비추어 그 사무를 처리할 신임관계가 존재한다고 보아야 할 것입니다. 때문에 피의자는 피의자가 고객들에게 알리고 위 운영규정에 규정된 바와 같이 위 펀드자금을 우리나라 중요 재벌의 코스피 안전종목에만 투자하여야 할 임무가 있다할 것입니다.

나. 수사미진 및 법리판단의 오류

위와 같이 이 사건 수사에서 피의자가 펀드자금을 어떻게 운영하였는가에 대한 세밀하고 객관적인 수사가 이루어지지 않았음은 물론 피의자가 왜 펀드투

자운영규정과 달리 투자를 하였는지, 누가 그런 투자지침을 실무자에게 주었는지 등에 대한 확인이 이루어지지 않아 그 수사가 미진하다할 것이고, 단지 피의자와 참고인이 진술에만 의존하여 범의를 판단한 것은 증거의 판단에 오류가 있었다고 하여야 할 것입니다.

3. 결론

결국 위와 같이 이 사건 혐의 없음 판단은 중요한 수사쟁점에 대한 중요한 수사가 이루어지지 아니한 수사미진 뿐 아니라 법리판단 혹은 증거판단에 오류가 있음에도 불구하고 내려진 잘못된 결정으로, 이에 고소인은 부득이 이 사건 항고에 이르게 되었으니 재기수사의 명을 내려주시기 바랍니다.

첨 부 서 류

1. 불기소이유통지서	1부
1. 불기소결정서	1부
1. 펀드운영규정	1부
1. 펀드광고물	3부

2000. 00. 00.

위 항고인(고소인)   안 ○ 홍   (인)

○○고등검찰청 귀중

11. 사례 [강제집행면탈, 혐의 없음]

항 고 이 유 서

사　건　　　○○지방검찰청 2000형제00000호 강제집행면탈

1. 고소인(항고인) :
　　이○강 (000000-0000000)
　　00시 00구 00동 000-0, 0000아파트 00동 000호
　　연락처 : 000-0000-0000

2. 피고소인(피항고인, 피의자) :
　　박○용 (000000-0000000)
　　전라북도 00시 00구 00동 000-00, 00연립 000호
　　연락처 : 000-0000-0000

　　위 피고소인(피항고인)에 대한 ○○지방검찰청 2000형제00000호 강제집행면탈 피의사건에 관하여 동 검찰청 검사 *○○○*는 2000. 00. 00 혐의 없음을 이유로 불기소처분결정을 하였으나, 그 결정은 다음과 같은 이유로 부당하여 이에 항고를 제기합니다.

- 다 음 -

1. 피의사실 및 불기소 처분의 요지

가. 피의사실 요지

피의자는 00시 00구 00동 소재 "0000골프 숍"을 운영하던 자로, 2000. 00. 00.경 고소인의 강제집행을 피하기 위해 피의자 소유인 경기도 용인시 소재 '0000골프장' 회원권을 피의자의 사촌 동생인 고소 외 박O수의 명의로 변경하고, 피의자 소유의 00라 0000호 '000승용차'의 명의를 피고소인의 친구인 고소 외 배O현 앞으로 변경하는 방법으로 고소인의 강제집행을 면탈한 것이다.

나. 불기소처분의 요지

(1) 피의자 진술

- 피의자는 고소인에게 금 1억 5천만 원의 채무가 있고, 2000. 00.경 고소인이 위 채무로 지급명령을 받았으며, 그 무렵부터 고소인이 강제집행을 하려고 한다는 사실은 알고 있었다고 진술,
- 피의자가 골프 숍을 시작할 때 참고인 박O수로부터 금 1억 원을 차용하였고, 그 채무를 갚을 방법이 없어, 고소인이 지급명령을 신청하기 1달 전으로 고소인이 강제집행을 할 것이라고 전혀 생각하지 못한 2000. 00. 00.경 박O수의 채무를 상환하기 위해 골프장 회원권을 양도한 것이지 강제집행을 면탈하기 위해서 양도한 것은 아니라고 진술,
- 피의자의 채권자이며 참고인인 배O현 역시 절친한 친구로 피의자가 위 골프 숍을 운영하는 과정에서 물건 구입을 위한 자금이 부족하여 사정사정하여 배O현이 금 5천만 원을 00은행 00지점에서 융자를 받아 피

의자에게 빌려준 것이 사실이고, 피의자가 위 승용차를 양도할 당시에는 고소인이 위 재판을 시작하기 1개월 전으로 고소인의 강제집행을 전혀 예상하지 못하였다고 진술하며 범행을 부인.

(2) 참고인 박○수, 같은 배○현의 진술.

- 참고인 박○수는 피의자가 골프 샵을 시작할 때 개업자금이 부족하다고 하여 금 1억 원을 빌려주었고, 2000. 00. 00.경 피의자가 사정사정하며 그 돈을 갚을 수 없으니 골프장 회원권으로라도 퉁치자고 부탁하여 그 양도를 받았을 뿐 고소인의 채무에 대하여는 일체 아는 것이 없다고 진술,
- 참고인 배○현 역시 절친한 친구가 사정사정하여 빌려준 돈 때문에 이 사건 조사를 받는다는 사실 자체가 불쾌하다며 친구(피의자)의 부탁으로 ○○은행 ○○지점에서 금 5천만 원을 대출받아 피의자에게 차용해 주었고, 피의자의 부탁으로 피의자의 승용차를 대물변제로 받았다고 진술.

(3) 의견

- 피의자가 고소인으로부터 금 1억 5천만 원을 차용한 사실, 이 차용금으로 고소인이 2000. 00. 00.경 지급명령을 신청한 사실, 그리고 피의자가 고소인이 위 신청을 하기 약 1개월 전인 2000. 00. 00. 피의자의 골프장 회원권과 승용차를 참고인들에게 양도한 사실에 대하여는 다툼이 없다.
- 피의자가 참고인 박○수에게 금 1억 원, 참고인 배○현에게 금 5천만 원의 채무가 있었다는 사실은 위 참고인들이 진술과 부합하고, 고소인이 위 지급명령을 신청하지도 않은 당시에는 고소인의 강제집행을 생각하지 못하였기 때문에 피의자의 입장에서는 어떻게 해서든지 채무를 줄이려 하였다는 점에 대하여는 일반인의 입장에서도 이해할 수 있는 것이라는 점,

- 위와 같은 사정 외에 달리 피의자의 범행을 인정할 만한 증거 없어 증거불충분으로 불기소(혐의 없음) 의견임.

2. 항고 이유

그러나 이 사건 수사 검사의 위와 같은 불기소처분은 다음과 같은 이유로 부당한 것입니다.

가. 혐의 없음(불기소)처분의 부당성

(1) 피의자가 참고인들에 대하여 채무가 있는지에 대하여,

- 피의자가 고소인에게 처음 돈을 빌려갈 때는 위 골프숍을 시작할 때였습니다. 당시 피의자는 고소인에게 다른 빚은 일체 없다고 말했었고, 피의자의 사촌 동생인 박0수는 고소인도 잘 알고 있는 후배인데 당시 박0수는 피의자에게 돈을 빌려줄 만한 능력이 되지 않았습니다.

- 또한 참고인 배0현은 피의자의 친구이지만 고소인의 친구이기도 한 자로 고소인과도 종종 상가집 같은 곳에서 만나는데 고소인에게 자신이 피의자에게 돈을 빌려주었다는 말은 전혀 한 적이 없고, 그럴 능력도 없는 사람입니다.

- 위와 같은 사정으로 이 사건을 수사한 경찰에서 피의자와 참고인 박0수 그리고 배0현의 채권채무 관계를 금융거래내역이나 차용증 등의 객관적인 자료로 명백하게 밝혔어야 함에도 그런 수사는 이루어지지 않았습니다.

(2) 피의자가 고소인의 강제집행을 하려고 한다는 사실을 언제 알았는지에 대하여,

- 피의자는 고소인이 지급명령을 신청하기 전으로 이 사건 발생일인 2000. 00. 00.경에는 고소인이 피의자에 대한 채권으로 강제집행을 할 것으로 전혀 생각하지 못하였다고 진술하고 있으나 이는 사실이 아닙니다.

- 고소인은 위 재판을 시작하기 4개월 전부터 고소인에게 3차례나 내용증명을 보내면서 매번 15일의 기간을 주면서 채무의 상환을 독촉했었고, 그 기간을 준수하지 않으면 민사재판과 가압류 등의 강제집행을 하겠다고 고지하였습니다. 때문에 피의자는 2000. 00.경부터 고소인이 피의자의 재산에 강제집행을 하려고 한다는 사실을 충분히 알고 있었습니다(첨부 내용증명 참조).

- 한편, 이와 관련한 대법원 판례를 보면 "형법 제327조의 강제집행면탈죄는 위태범으로서 현실적으로 민사소송법에 의한 강제집행 또는 가압류·가처분의 집행을 받을 우려가 있는 객관적인 상태 아래, 즉 채권자가 본안 또는 보전소송을 제기하거나 제기할 태세를 보이고 있는 상태에서 주관적으로 강제집행을 면탈하려는 목적으로 재산을 은닉, 손괴, 허위양도하거나 허위의 채무를 부담하여 채권자를 해할 위험이 있으면 성립하고, 반드시 채권자를 해하는 결과가 야기되거나 행위자가 어떤 이득을 취하여야 범죄가 성립하는 것은 아니다(출처 : 대법원 2012. 6. 28. 선고 2012도3999 판결)"라고 하고 있습니다.

- 이 사건의 경우 고소인이 피의자에게 위와 같이 내용증명으로 본안 또는 보전소송을 제기하거나 제기할 태세를 보였으므로 이때부터 피의자는 고소인이 강제집행을 하려고 한다는 사실을 알고 있었다고 보아야 함이 타당한 것입니다.

나. 수사미진 및 법리판단의 오류

위와 같이 이 사건 피의자와 참고인들이 주장하는 채권채무관계에 대하여 금융거래자료 등의 객관적인 자료의 확인이 이루어지지 않은 것은 그 수사가 미진하다고 할 것이고, 만연히 피의자와 참고인들이 진술에만 의존한 판단은 증거 판단의 오류라 할 것입니다.

3. 결론

결국 위와 같이 이 사건 혐의 없음 판단은 중요한 수사쟁점에 대한 중요한 수사가 이루어지지 아니한 수사미진 뿐 아니라 법리판단 혹은 증거판단에 오류가 있음에도 불구하고 내려진 잘못된 결정으로, 이에 고소인은 부득이 이 사건 항고에 이르게 되었으니 재기수사의 명을 내려주시기 바랍니다.

첨 부 서 류

1. 불기소이유통지서	1부
1. 불기소결정서	1부
1. 내용증명	3부

2000. 00. 00.

위 항고인(고소인)　　이 ○ 강　　(인)

○○고등검찰청　귀중

12. 사례 [협박 및 업무방해, 혐의 없음]

항 고 이 유 서

사 건   ○○지방검찰청 2000형제00000호 협박 등

1. 고소인(항고인) :

　　허○철 (000000-0000000)
　　00시 00구 00동 000-0, 00연립 00동 000호
　　연락처 : 000-0000-0000

2. 피고소인(피항고인, 피의자) :

　　(1) 김○달 (000000-0000000)
　　　 00시 00구 00동 000-00
　　　 연락처 : 010-0000-0000
　　(2) 노○수 (000000-0000000)
　　　 00시 00구 00동 000-00, 00아파트 00동 000호
　　　 연락처 : 000-0000-0000

위 피고소인(피항고인)들에 대한 ○○지방검찰청 2000형제00000호 협박 등 피의사건에 관하여 동 검찰청 검사 ○○○는 2000. 00. 00 혐의 없음을 이유로 불기소처분결정을 하였으나, 그 결정은 다음과 같은 이유로 부당하여 이에 항고를 제기합니다.

- 다 음 -

1. 피의사실 및 불기소 처분의 요지

가. 피의사실 요지

피의자들은 일정한 직업이 없는 자들로,
2000. 00. 00. 14:00경 고소인이 운영하는 00시 00구 00동 000-00 소재 "00약국"으로 찾아와 피의자 김O달은 "우리는 인테리어 공사업자인 권사장으로부터 채권을 양도 받은 사람인대요", "양도 받은 돈 3천만 원을 받으러 왔으니 돈 좀 주세요"라고 말하며 소지하고 있던 채권양도양수서를 고소인에게 제시하고, 피의자 노O수에게 "아그야 날씨도 더운데 옷 벗고 저기 좀 서 있어라"라고 지시하여 위 노O수를 위 약국 매장 앞에 호랑이 문신이 가득한 상체가 드러나는 러닝셔츠 차림으로 약 1시간 가량 서있게 하는 방법으로 고소인을 협박하고,

같은 시간에 위와 같은 방법으로 고소인의 위 약국 업무를 방해한 것이다.

나. 불기소처분의 요지

(1) 피의자 김O달의 진술.

- 피의자는 고소인의 아파트 인테리어 공사를 하고 그 공사대금을 받아야 하는 고소 외 권O기로부터 위 공사대금 3천만 원을 양도 받았고, 그 돈을 받기 위해 고소인을 찾아간 것인데 고소인이 자꾸 이런저런 핑계를 대며 그 돈을 못 갚겠다고 하여 이야기가 길어져 같이 갔던 피의자 노O수에게 저기 서서 조금만 기다리라고 말한 것 뿐이라고 진술하며,

- 당시 피의자는 고소인에게 큰소리는 지른 적도 없고, 인상을 쓰거나 욕을 한 적도 없으며, 몸에는 손도 대지 않았다고 진술한다. 또한 피의자는 고소인을 협박한 적도 없고, 고소인의 약국에서 손님을 한 명도 보지 못하였는데 약 20분 간 고소인과 이야기만 하다가 나온 피의자가 무슨 협박을 하고, 업무를 방해하였다고 고소인이 주장하는지 이해할 수 없다며 고소인이 공사대금을 주지 않으려고 이 사건 고소를 한 것이라고 범행을 부인.

(2) 피의자 노○수의 진술.

- 피의자는 당일 평소 형님으로 모시는 위 김○달을 찾아가 놀고 있는데 김○달이 잠시 다녀올 때가 있다며 같이 가자고 하여 동행한 것일 뿐, 자신은 고소인에게 받아야 할 돈도 없고, 다툴 이유도 없다고 진술,

- 당시 상의를 벗은 것은 사실이나 그것은 그날 날씨가 무척 더워 피의자가 땀을 많이 흘리고 있자 형님이 시원한 약국에서 땀이라도 식히라고 말하여 잠시 상의를 벗고 약국에 있던 의자에 앉아 있었을 뿐이고, 약국에 머문 시간도 길어야 20분 가량이라며 범행을 부인,

(3) 참고인 권○기의 진술.

- 고소인의 아파트 인테리어 공사를 하였던 참고인 권○기는 그 대금 3천만 원을 못 받고 있는 것이 사실이고, 그 채권을 피의자 김○달에게 양도한 것도 사실이라고 진술,

- 참고인은 피의자들이 고소인의 약국을 찾아간 사실도 전혀 모르고 있었다고 진술하며 고소인이 공사대금을 주지 않으려고 억지의 고소를 한 것으로 보인다고 진술.

(4) 의견.

- 위 사건 당일 피의자들이 고소인의 약국을 찾아와서 고소인과 이야기를 나누는 동안에는 위 약국의 손님이 전혀 없었다는 피의자들의 진술, 고소인이 고소인의 집 인테리어 공사를 하고 그 하자문제로 참고인 권0기에게 그 공사대금 3천만 원을 지급하지 않았다는 피의자들 및 참고인의 진술은 고소인의 진술과 부합하고, 위 3천만 원의 채권이 자신에게 양도되었다는 피의자 김0달의 진술은 참고인의 진술과 부합한다.

- 위 채권을 양도받은 피의자 김0달이 그 돈을 받기 위해서 고소인을 찾아가 이야기를 나누는 과정에서 육체적 폭행이나 욕설 그리고 고함을 치는 일 등은 없었다는 피의자들의 진술은 고소인의 진술과 부합하고, 당시 피의자들이 약국에 머문 시간에 대하여는 고소인과 피의자들의 진술에 차이가 있으나, 피의자들이 1시간 가량의 협박을 하였다면 위 약국에서 20m 거리에 있는 경찰 지구대에 고소인이 신고할 수 있었음에도 그 신고를 하지 아니한 점 등으로 보아 이 사건 범죄사실을 인정하기 어렵고,

- 위와 같은 사정 외에 달리 피의자들의 범행을 인정할 만한 증거도 없어 증거불충분으로 불기소(혐의 없음) 의견임.

2. 항고 이유

그러나 이 사건 검사의 위와 같은 불기소처분은 다음과 같은 이유로 부당하다 할 것입니다.

Ⅳ. 항고장 작성 사례

가. 혐의 없음(불기소)처분의 부당성

(1) 협박의 사실에 대하여,

- 피의자 김O달은 175센티미터의 키에 90킬로그램 몸무게 정도의 체격이고, 피의자 노O수는 185센티미터의 키에 120킬로그램 몸무게 정도 체격입니다. 상대적으로 체격이 작은 고소인은 165센티미터의 키에 60킬로그램 몸무게의 체격으로 피의자들이 고소인의 약국에 들어섰을 때부터 이미 고소인은 상당히 위축될 수밖에 없는 분위기에서 피의자 김O달은 조폭 두목 같은 자세와 말투를 사용하고, 상반신은 문신투성이에 거대한 몸집을 가진 피의자 노O수는 김O달에게 마치 조폭 대원들이 두목에 대해 예의를 갖추듯이 행동하였으며 김O달이 말을 할 때마다 "예, 형님, 형님"해 가면서 조폭들이 하는 자세를 취하였습니다.

- 더욱이 피의자 노O수의 경우는 몸집과 행동하는 모양이 누가 봐도 조폭으로 보이고, 특히 상체에 가득한 문신을 드러낸 채 부동자세로 서 있으면 속칭 "뻗치기"라 아니할 수 없기에 그런 자세를 취한 자체가 이미 폭행이고 협박이라 할 것입니다.

- 협박과 관련한 대법원의 판례를 보면 "공갈죄의 수단으로서의 협박은 사람의 의사결정의 자유를 제한하거나 의사실행의 자유를 방해할 정도로 겁을 먹게 할 만한 해악을 고지하는 것을 말하고, 해악의 고지는 반드시 명시의 방법에 의할 것을 요하지 않고 언어나 거동에 의하여 상대방으로 하여금 어떠한 해악에 이르게 할 것이라는 인식을 가지게 하는 것이면 족하며, 이러한 해악의 고지가 비록 정당한 권리의 실현 수단으로 사용된 경우라고 하여도 그 권리실현의 수단·방법이 사회통념상 허용되는 정도나 범위를 넘는다면 공갈죄의 실행에 착수한 것으로 보아

야 하고, 여기서 어떠한 행위가 구체적으로 사회통념상 허용되는 정도나 범위를 넘는 것인지는 그 행위의 주관적인 측면과 객관적인 측면, 즉 추구된 목적과 선택된 수단을 전체적으로 종합하여 판단하여야 한다(출처 : 대법원 1995. 3.10. 선고 94도2422 판결)"라고 하고 있습니다.

- 위 판례를 보면 이 사건의 경우 피의자들의 협박은 '거동에 의하여 상대방으로 하여금 어떠한 해악에 이르게 할 것이라는 인식을 가지게 하는 것으로 족하다'고 할 것입니다.

- 또한, 피의자들은 피의자들이 고소인의 영업장인 약국에서 20분가량 있었다고 주장하지만 이는 사실이 아닙니다. 당시 1시간이 넘는 시간을 피고소인 노O수가 뻗치기를 하고 있었고 피의자 김O달은 무서운 인상을 쓰고 고소인을 째려보면서 돈을 달라고 말했었습니다. 고소인의 약국 앞에 방범용 CCTV가 있으니 그 영상을 확인하면 피의자들이 고소인의 약국에서 머문 시간을 확인할 수 있을 것임에도 경찰에서는 그 확인을 하지 않고 피의자들의 말만 믿고 위와 같은 판단을 한 것입니다.

- 고소인이 인테리어 업자인 권O기와 인테리어 공사의 하자 때문에 그 공사대금 3천만 원에 대하여 다투고 있는 것은 사실이나 그 문제와 이 사건 협박은 전혀 별개의 문제입니다.

(2) 업무방해의 사실에 대하여,

- 위 불기소의견을 보면, 피의자들이 고소인의 약국에 있는 동안 손님이 전혀 오지 않았다는 점을 불기소 이유의 하나로 설시하고 있습니다만 손님이 없었다는 것이 업무방해죄의 불성립의 이유가 될 수는 없는 것입니다.

- 업무방해죄와 그 방해의 위력에 관한 대법원 판례를 보면 " 형법상 업무방해죄의 보호대상이 되는 '업무'란 직업 또는 계속적으로 종사하는 사무나 사업으로서 타인의 위법한 행위에 의한 침해로부터 보호할 가치가 있으면 되고, 반드시 그 업무가 적법하거나 유효할 필요는 없으므로 법률상 보호할 가치가 있는 업무인지 여부는 그 사무가 사실상 평온하게 이루어져 사회적 활동의 기반이 되고 있느냐에 따라 결정되고, 그 업무의 개시나 수행과정에 실체상 또는 절차상의 하자가 있다 하더라도 그 정도가 사회생활상 도저히 용인할 수 없는 정도로 반사회성을 띠는 데까지 이르지 아니한 이상 업무방해죄의 보호대상이 되며, 여기서 '위력'이란 사람의 자유의사를 제압·혼란케 할 만한 일체의 세력을 말하고, 유형적이든 무형적이든 묻지 아니하며, 폭행·협박은 물론 사회적, 경제적, 정치적 지위와 권세에 의한 압박 등도 이에 포함되고, 현실적으로 피해자의 자유의사가 제압되는 것을 필요로 하는 것은 아니지만, 범인의 위세, 사람 수, 주위의 상황 등에 비추어 피해자의 자유의사를 제압하기 족한 세력을 의미하는 것으로서, 위력에 해당하는지는 범행의 일시·장소, 범행의 동기, 목적, 인원수, 세력의 태양, 업무의 종류, 피해자의 지위 등 제반 사정을 고려하여 객관적으로 판단하여야 한다(출처 : 대법원 2013. 11. 28. 선고 2013도4430 판결)"라고 하고 있습니다. 위 판례에 비추어 보면 이 사건 피의자들의 범행은 고소인의 약사업무를 방해한 것이고, 피의자들이 1시간가량 위 약국에서 조폭과 같은 행동으로 고소인을 위협한 것은 그 위력으로 충분하다 할 것입니다.

나. 수사미진 및 법리판단의 오류

위와 같이 이 사건 수사의 경우, 피의자 김O달이 진정한 채권을 가지고 있는지, 왜 피의자 김O달은 누가 봐도 조직폭력배로 보이는 피의자 노O수를 대동하고 이 사건 현장에 와서 노태수를 뻗치기 시켰는지 등에 대한 수사가 미진하고, 만연히 피의자들이 진술에만 의존하여 피의자들의 범의를 판단하여 증거의 판단에 오류가 있다할 것입니다.

3. 결론

결국 위와 같이 이 사건 혐의 없음 판단은 중요한 수사쟁점에 대한 중요한 수사가 이루어지지 아니한 수사미진 뿐 아니라 법리판단 혹은 증거판단에 오류가 있음에도 불구하고 내려진 잘못된 결정으로, 이에 고소인은 부득이 이 사건 항고에 이르게 되었으니 재기수사의 명을 내려주시기 바랍니다.

첨 부 서 류

1. 불기소이유통지서   1부
1. 불기소결정서   1부

2000. 00. 00.

위 항고인(고소인)   허 ○ 철   (인)

○○고등검찰청 귀중

13. 사례 [퇴거불응, 혐의 없음]

항 고 이 유 서

사 건   ○○지방검찰청 2000형제00000호 퇴거불응

1. 고소인(항고인) :
   이○숙 (000000-0000000)
   00시 00구 00동 000-0, 0000아파트 000동 0000호
   연락처 : 000-0000-0000

2. 피고소인(피항고인, 피의자) :
   김○원 (000000-0000000)
   경상남도 00시 00구 00동 000-00
   연락처 : 000-0000-0000

위 피고소인(피항고인)에 대한 ○○지방검찰청 2000형제00000호 퇴거불응 피의사건에 관하여 동 검찰청 검사 ○○○는 2000. 00. 00 혐의 없음을 이유로 불기소처분결정을 하였으나, 그 결정은 다음과 같은 이유로 부당하여 이에 항고를 제기합니다.

- 다 음 -

1. 피의사실 및 불기소 처분의 요지

가. 피의사실 요지

피의자는 고소인이 영업을 하는 00시 00구 00동 000 소재 00빌딩 1층 101호 소유자인 자로,

2000. 00. 00. 14:00경 고소인이 운영하는 위 101호 "000커피숍"을 찾아와 고소인이 위 커피숍을 명도하지 않는다는 이유로 고소인과 약 30분 동안 말다툼을 하다가 고소인이 피의자에게 "가게에 손님들이 있으니 나중에 밖에서 만나자"라고 말하고 가게에서 나가줄 것을 요구하였으나 "내가 이 건물 주인인데 누가 나가라하느냐", "나를 끌어내 봐라 내가 나가나"라는 등의 고함을 지르며 고소인이 있던 위 커피숍 카운터 앞으로 위 커피숍 손님 테이블에 있던 의자를 끌어다가 앉아서는 고소인의 수차에 걸친 퇴거요구에 응하지 않고 약 3시간 가량을 버티면서 퇴거요구에 불응한 것이다.

나. 불기소처분의 요지

(1) 피의자의 진술

- 피의자는 위 커피숍의 임대기간이 끝난 고소인에게 약 2개월 전부터 위 커피숍을 비울 것을 요구하였으나, 고소인이 이런저런 핑계를 대면서 비우지 않아 위 커피숍을 찾아간 것은 사실이고 고소인에게 왜 가게를 비우지 않느냐며 따지자 고소인이 기간을 더 달라고 요구하여 말다툼을 한 사실은 인정

- 그러나 피의자와 고소인이 이야기를 나눌 때 고소인이 퇴거를 요구한 적이 없기 때문에 피의자가 퇴거요구에 불응한 적도 없으며, 어떻게 젊은 세입자가 나이 많은 건물 주인에게 나가 달라고 말할 수 있느냐며 범행을 부인.

(2) 피해자(고소인)의 진술

- 피의자와 피해자가 처음에는 이야기를 나누었던 것은 사실이지만, 피의자가 고소인의 이야기는 듣지 않고 마구 소리를 질러 손님들이 얼굴을 찌푸리며 기분을 나빠해서 피의자에게 오늘은 이만 돌아가시고 나중에 밖에서 이야기하자고 말하여도 피의자가 막무가내로 카운터 앞으로 의자를 가져다 놓고 앉아 나갈 생각을 하지 않아, 강력하게 이 가게에서 나가줄 것을 수차례 요구하였다고 진술

- 피의자와 피해자는 약 3년 전 1년 기간의 임대차계약을 한 이후 계약이 갱신 없이 계속 임대하였기 때문에 피의자가 가게를 비우라고 했어도 고소인이 점포를 구할 때까지는 시간을 주는 것이 관례라고 진술.

(3) 의견

- 피의자가 위 고소인의 커피숍 건물주라는 점, 피의자는 위 커피숍에 가게를 비우라는 말을 하기 위하여 들어갔다는 점, 피의자가 2개월 전부터 위 커피숍을 피워 줄 것을 고소인에게 요구하였다는 점 등에 대한 피의자의 진술은 고소인의 진술과 부합,

- 이 사건 범행의 장소인 위 커피숍은 누구나 드나들 수 있는 공개된 장소이고, 피의자가 위 커피숍에 들어간 목적이 위 커피숍의 명도였다는 점, 고소인이 피의자에게 퇴거를 요구한 사실을 확인할 수 없는 점 등

으로 보아 달리 피의자의 범행을 인정할 만한 증거 없어 증거불충분으로 불기소(혐의 없음).

2. 항고 이유

그러나 이 사건 수사 검사의 위와 같은 불기소처분은 다음과 같은 이유로 부당한 것입니다.

가. 혐의 없음(불기소)처분의 부당성

(1) 고소인의 퇴거요구에 대하여,

- 피의자는 이 사건 범행 시 고소인과 커피숍을 비워 달라는 이야기만 하였지 고소인이 피의자에게 커피숍에서 나가 달라고 요구한 사실이 없다고 진술하고 있으나, 이는 전혀 사실이 아닙니다. 당시 피의자가 고소인에게 막말을 해대고 고함을 질러 커피숍에 계신 손님들이 카운터 쪽을 쳐다보며 얼굴을 찌푸리고 있어 고소인은 피의자에게 분명히 이 가게에서 나가달라고 수차례 요구하였습니다.
- 피의자는 고소인이 아무 증거도 없이 위와 같은 주장을 한다고 생각하는 것 같습니다만 이 항고장에 첨부하여 제출하는 위 커피숍에 설치되어 있는 CCTV화면과 당시 고소인의 핸드폰으로 녹음한 내용의 녹취록을 확인하면 당시 고소인이 피의자에게 이 가게에서 나가달라고 요구한 증거와 그런 말을 수차례 듣고도 퇴거에 불응한 피의자의 범행을 확인할 수 있을 것입니다.

(2) 피의자의 퇴거불응 시간,

피의자는 마치 약 30분 동안만 고소인과 이야기를 나누었을 뿐이라고 진술하고 있으나, 이 역시 위 CCTV화면과 녹취록을 확인하면 피의자가 무려 3시간이나 위 커피숍에서 난동을 부린 증거를 확인할 수 있을 것입니다.

(3) 위 커피숍이 공개된 장소라는 점에 관하여,

이 사건 담당 경찰관은 위 커피숍이 공개된 장소로 누구나 출입할 수 있는 곳이란 것이 마치 피의자의 범행을 인정하기 어려운 점인 것처럼 설시하고 있으나, 아래의 판례를 보면 공개된 장소라는 점이 피의자의 범행에 문제가 되는 것이 아님은 분명하다 할 것입니다. "일반적으로 개방되어 있는 장소라 하더라도 관리자가 필요에 따라 그 출입을 제한할 수 있는 것이므로 관리자의 퇴거요구에도 불구하고 건조물에서 퇴거하지 않는 것은 사실상의 건조물의 평온을 해하는 것으로서 퇴거불응죄를 구성한다 할 것이다.(출처 : 광주지방법원 2009. 10. 30. 선고 2009노1251 판결)"

나. 수사미진 및 법리판단의 오류

위와 같이 이 사건 수사의 경우 범행의 현장이 정확히 촬영된 CCTV 영상자료와 그 녹취록이 있고, 이 사건 현장에 있었던 손님들 중에도 단골로 오시는 분이 있어 수사기관에서 요구만 하면 고소인이 그 손님들을 확인하여 참고인으로 출석시킬 수 있음에도 그 조사가 이루어지지 않은 수사의 미진이 있고, 위와 같은 객관적인 자료가 있음에도 만연히 피의자의 진술에만 의존하여 범의를 판단한 것은 증거의 판단에 오류가 있다 할 것입니다.

3. 결론

결국 위와 같이 이 사건 혐의 없음 판단은 중요한 수사쟁점에 대한 중요한 수사가 이루어지지 아니한 수사미진 뿐 아니라 법리판단 혹은 증거판단에 오류가 있음에도 불구하고 내려진 잘못된 결정으로, 이에 고소인은 부득이 이 사건 항고에 이르게 되었으니 재기수사의 명을 내려주시기 바랍니다.

첨 부 서 류

1. 불기소이유통지서   1부
1. 불기소결정서   1부
1. CCTV장면 사진   20부
1. 녹취록   1부

2000. 00. 00.

위 항고인(고소인)   이 ○ 숙   (인)

○○고등검찰청 귀중

14. 사 례 [위증, 혐의 없음]

항 고 이 유 서

사 건   ○○지방검찰청 2000형제00000호 위증

1. 고소인(항고인) :
   한○호 (000000-0000000)
   00시 00구 00동 000-0
   연락처 : 000-0000-0000

2. 피고소인(피항고인, 피의자) :
   김○길 (000000-0000000)
   00시 00구 00동 00-0, 0000아파트 00동 000호
   연락처 : 010-0000-0000

위 피고소인(피항고인)에 대한 ○○지방검찰청 2000형제00000호 위증 피의사건에 관하여 동 검찰청 검사 ○○○는 2000. 00. 00 혐의 없음을 이유로 불기소처분결정을 하였으나, 그 결정은 다음과 같은 이유로 부당하여 이에 항고를 제기합니다.

- 다 음 -

1. 피의사실 및 불기소 처분의 요지

가. 피의사실 요지

피의자는 서울○○지방법원 제000법정에서 진행되었던 2000고단00000호 폭력행위 등 처벌에 관한 법률위반 사건의 증인으로 진술하였던 자로, 2000. 00. 00. 14:00경 위 법정의 증인으로 출석하여 법률에 위한 선서를 한 후, 위 사건의 피고인인 고소인이 고소 외 김영길과 싸울 때, "각목으로 때리는 것을 보았다"라는 허위의 진술로 위증한 것이다.

나. 불기소처분의 요지

(1) 피의자의 진술

- 피의자는 위 재판의 증인으로 출석하여 선서한 후 증언한 것은 사실이고, 고소 외 김O길의 변호사가 피의자에게 한O호(고소인)의 일행과 김O길의 일행이 싸운 사실을 아느냐 라고 물어 "예"라고 대답했고, 당시 한O호가 각목을 들고 김O길을 때린 것이 사실이냐고 물어 "예"라고 대답했고, 한O호가 김O길을 때릴 때 보았냐 라고 물어 "예"라고 대답한 사실이 있다고 진술.

- 당시 한O호 일행과 김O길 일행이 길거리에서 이리저리 옮겨 다니며 한참을 싸웠는데 그때 피의자가 현장에 있었고, 한O호가 각목을 들고 있는 것을 피의자가 보았고, 한O호가 싸움 현장에 있던 각목을 들고 다니며 김O길의 일행을 때렸다는 말을 같이 싸움 구경을 하던 고소 외 "00000편의점" 아줌마(이O미)에게 직접 들었다며 범행을 부인.

(2) 참고인 이○미의 진술

- 참고인은 위 싸움 현장에서 한○호 일행과 김○길 일행이 패싸움을 하는 것을 보았고, 당시 피의자도 참고인과 같이 구경을 하였는데 그때 분명히 한○호가 각목을 들고 다니면서 김○길과 그 일행을 마구 때리는 것을 참고인이 보았다고 진술

- 당시 싸우는 사람들이 7~8명 정도 되었고, 도망을 가는 사람도 있고 도망가는 사람을 잡으러 다니는 사람도 있어 싸움 현장인 사거리 부근이 난장판이었으며 여기저기서 뒤엉켜 싸워 구경하는 사람들도 이리저리 옮겨 다니며 구경을 하고 있었는데 피의자가 참고인에게 한○호를 가리키며 "쟤가 각목으로 애들 때렸어요?"라고 물어 참고인이 피의자에게 한○호가 각목으로 김○길과 그 일행을 때린 사실을 말해주었다고 진술.

(3) 의견

- 고소인과 고소 외 김○길 일행이 위 싸움현장인 사거리에서 패싸움을 한 사실, 그 현장에 피의자가 있었던 사실, 고소인이 위 싸움 현장에서 각목을 들고 다니며 김○길과 그 일행을 마구 때린 사실이 인정되고,

- 피의자의 위 증언이 허위의 사실이 아니라는 것은 참고인의 진술로 보아 의심의 여지가 없고, 달리 피의자의 범행을 인정할 만한 증거 없어 증거불충분으로 불기소(혐의 없음)의견임.

2. 항고 이유

그러나 이 사건 검사의 위와 같은 불기소처분은 다음과 같은 이유로 부당한 것입니다.

가. 혐의 없음(불기소)처분의 부당성

(1) 피의자 증언의 허위성,

- 고소인이 위 싸움 현장에서 흥분하여 각목을 들고 김O길 일행을 때린 것은 사실입니다. 하지만 위 싸움 현장이 촬영되어 경찰에서 보관하고 있는 CCTV 장면을 보면 고소인이 김O길을 때릴 당시 피의자는 현장에 있지 않았습니다. 그런데도 피의자는 위 재판의 증인으로 진술할 때 "보았냐"라는 질문에 "예"라고 답하여, 마치 현장에서 직접 목격한 것처럼 증언한 것입니다.

(2) 피의자가 전해들은 사실을 증언,

- 피의자 역시 고소인이 김O길을 각목으로 때린 사실은 참고인 이O미로부터 들었다고 말하고 있습니다. 즉 직접 본 것이 아닌 다른 사람으로부터 이야기를 들은 것입니다. 아래 판례를 보면 다른 사람으로부터 전해들은 사실을 마치 자신이 직접 목격한 것인 양 진술한 경우는 허위진술에 해당한다고 밝히고 있습니다.

- "타인으로부터 전해들은 금품의 전달사실을 마치 피고인 자신이 전달한 것처럼 진술한 것은 피고인의 기억에 반하는 허위진술이라고 할 것이므로 위 진술부분을 위증으로 본 원심판단은 정당하다(출처 : 대법원 1990. 5. 8. 선고 90도448 판결)."

나. 수사미진 및 법리해석의 오류

이 사건을 담당한 경찰관은 피의자로부터 피의자가 고소인이 김O길을 각목으로 때린 사실은 참고인으로부터 들었다라고 진술하고 있음에도 왜 직접 목격하지 않은 것을 보았다라고 증언하였는지를 추궁하였어야 함에도 그 확인을 하지 않은 것은 수사미진이라 할 것이고, 피의자가 각목으로 김O길을 때린 것이 사실일지라도 그것은 피의자의 이 사건 범행에는 문제가 되지 않는 것임에도 위증죄가 되지 않는 것으로 법리해석을 잘못하였다고 할 것입니다.

3. 결론

결국 위와 같이 이 사건 혐의 없음 판단은 중요한 수사쟁점에 대한 중요한 수사가 이루어지지 아니한 수사미진 뿐 아니라 법리판단 혹은 증거판단에 오류가 있음에도 불구하고 내려진 잘못된 결정으로, 이에 고소인은 부득이 이 사건 항고에 이르게 되었으니 재기수사의 명을 내려주시기 바랍니다.

첨 부 서 류

1. 불기소이유통지서	1부
1. 불기소결정서	1부
1. CCTV장면 사진	20부

2000. 00. 00.

위 항고인(고소인)   한 ○ 호   (인)

○○고등검찰청 귀중

15. 사례 [무고, 혐의 없음]

항 고 이 유 서

사 건   ○○지방검찰청 00지청 2000형제00000호 무고

1. 고소인(항고인) :
   김O삼 (000000-0000000)
   강원도 00시 00구 00동 000-00
   연락처 : 000-0000-0000

2. 피고소인(피항고인, 피의자) :
   나O호 (000000-0000000)
   강원도 00시 00구 00동 000, 00빌라 201호
   연락처 : 000-0000-0000

위 피고소인(피항고인)에 대한 ○○지방검찰청 00지청 2000형제00000호 무고 피의사건에 관하여 동 검찰청 검사 OOO는 2000. 00. 00 혐의 없음을 이유로 불기소처분결정을 하였으나, 그 결정은 다음과 같은 이유로 부당하여 이에 항고를 제기합니다.

- 다 음 -

1. 피의사실 및 불기소 처분의 요지

가. 피의사실 요지

피의자는 강원도 00시 00구 00동 00, 00빌딩 지하1층 "000단란주점"을 운영하는 자로,

2000. 00. 00.경 사실은 위 빌딩의 소유자인 고소인이 위 빌딩에 입주한 12개의 점포 상인들로부터 연간 9,520만 원의 임대료를 받고 있음에도 불구하고, 고소인이 연간 금 2억 원 이상의 임대료를 받으면서도 금 1억 원 이하의 임대료를 받는 것으로 세금신고를 허위로 하고, 연간 금 1억 원가량의 수입을 신고하지 않는 방법으로 세금을 포탈하고 있다는 내용의 고발장을 국세청에 제출 및 신고하여 고소인의 무고한 것이다.

나. 불기소처분의 요지

(1) 피의자의 진술

- 피의자는 위 단란주점의 업주로 2년 전부터 위 빌딩에 임대를 얻어 장사를 하는 사람으로 처음 들어올 때는 임대료가 월 200만 원이었으나 고소인이 매년 월세를 올려 현재는 월 300만 원의 월세를 내고 있어 장사도 안 되는 요즘 큰 고통을 받고 있다는 진술,

- 피의자는 위 빌딩 1층에서 여성의류 장사를 하는 최O길, 2층에서 호프집을 하는 박O호와 자주 만나 막걸리를 한 잔 하는데 그럴 때면 장사 이야기를 종종하고, 위 최O길이나 박O호로부터 위 빌딩의 전체 임대료가 연간 2억 원도 넘을 것이라는 이야기를 수차례 들었다며 범행을 부인.

(2) 참고인 최O길, 같은 박O호의 진술.

- 참고인 최O길은 고소인이 위 빌딩 세입자들에게 무리하게 높은 임대료를 받고 있는 것은 사실이고, 피의자의 경우에도 3년도 안됐는데 임대

료가 150%나 올랐다는 것은 너무한 것이라며 세입자들이 만나면 모두 고소인이 세를 너무 많이 받는다는 말들을 하며 불만이 많다는 이야기를 한다고 진술,

- 참고인 박○호의 진술도 위와 유사한 내용이고, 참고인들은 피의자와 종종 만나 술자리를 하는데 그때 고소인이 세를 너무 많이 받아 위 빌딩 전체 월세가 연간 2억 원이 넘을 것이라는 이야기를 몇 번 한 적이 있다고 진술.

(3) 의견

- 고소인이 위 빌딩의 세입자들에게 과도한 임대료를 받는다는 사실에 대하여 피의자나 위 참고인 최○길, 같은 박○호의 진술이 일치하고, 피의자의 경우에도 처음 임대할 때보다 150%나 인상된 임대료를 내고 있는 사실은 고소인의 진술과도 일치,

- 피의자가 연간 2억 원 이상의 임대료를 받고 있는 것으로 위 빌딩의 세입자들인 위 참고인들이 알고 있고, 그런 말들을 피의자와 술자리에서 여러 차례 하였기에 피의자 역시 고소인이 위 빌딩에서 연간 2억 원 이상의 임대료를 받는 것으로 알고 있었던 사실은 위 피의자와 위 참고인들의 진술과 일치,

- 피의자가 알고 있는 진실에 반하여 허위의 사실을 국세청에 신고한 것이 아니고, 피의자가 알고 있는 사실대로 위 신고를 한 점과 위의 진술들을 보아 달리 피의자의 범행을 인정할 만한 증거 없어 증거불충분으로 불기소의견(혐의 없음)임.

2. 항고 이유

그러나 위 사건 검사의 위와 같은 불기소처분은 아래와 같은 이유로 부당한 것입니다.

가. 혐의 없음(불기소)처분의 부당성

(1) 피의자의 무고죄 범의에 대하여,

- 피의자는 고소인이 연간 2억 원 이상의 임대소득을 얻고 있다는 말을 참고인들로부터 들었고, 자신은 그것이 사실인 줄 알고 국세청에 고소인을 신고하였다고 진술하는데, 이 사건 담당 경찰관은 그런 사실이 피의자의 무고성을 저해하는 것으로 판단하고 있습니다. 하지만 피의자가 위 참고인들로부터 그런 이야기를 들었어도 피의자가 위 빌딩의 세입자들을 모두 만나 각자가 임대료를 내고 있는 금액을 확인하면 2억 원이라는 금액이 터무니없는 것으로 사실이 아님은 확인할 수 있었습니다.

- 위와 같이 확인하기가 불편하다면 고소인에게 연간 임대료를 물어 볼 수도 있는 것입니다. 하지만 피의자는 위와 같은 확인이나 문의를 하지도 않고 연간 임대료가 2억 원이 아닐 수도 있음을 충분히 알 수 있는 상황에서 막연히 2억 원이라는 금액으로 국세청에 고발한 것은 고소인을 무고한 것입니다.

(2) 미필적 고의에 대하여,

- 이와 관련한 판례를 보면 "무고죄에 있어서 범의는 반드시 확정적 고의임을 요하지 아니하고 미필적 고의로서도 족하다 할 것이므로 무고죄는 신고자가 진실하다는 확신 없는 사실을 신고함으로써 성립하고 그 신고사실이 허위라는 것을 확신함을 필요로 하지 않는다(출처 : 대법원

1996. 5. 10. 선고 96도324 판결)."라고 하고 있습니다.

- 즉, 무고죄의 범의와 관련하여 진실하다는 확신도 없는 사실을 신고한 경우 미필적 고의에 의한 무고죄의 범의를 인정하고 있습니다. 때문에 이 사건의 경우에 피의자의 범의는 인정된다고 할 것입니다.

나. 수사미진 및 법리해석의 오류

이 사건을 담당한 경찰관은 피의자가 고소인의 세입자로 부담스러운 월세를 내고 있다는 진술, 참고인들 역시 고소인이 너무 많은 임대료를 받고 있어 불만이 많다는 진술 등의 피의자가 억울한 처지에 있는 자라는 인정적인 측면에만 치우쳐 피의자의 범의를 파악하지 못한 것은 수사의 미진이 있다고 할 것이고, 피의자가 단순히 알고 있는 내용대로 신고하면 무고의 범의가 없는 것으로 판단한 점에 대하여는 법리해석의 오류가 있다 할 것입니다.

3. 결론

결국 위와 같이 이 사건 혐의 없음 판단은 중요한 수사쟁점에 대한 중요한 수사가 이루어지지 아니한 수사미진 뿐 아니라 법리판단 혹은 증거판단에 오류가 있음에도 불구하고 내려진 잘못된 결정으로, 이에 고소인은 부득이 이 사건 항고에 이르게 되었으니 재기수사의 명을 내려주시기 바랍니다.

첨 부 서 류

1. 불기소이유통지서   1부
1. 불기소결정서   1부

2000. 00. 00.

위 항고인(고소인)   김 ○ 삼   (인)

○○고등검찰청 귀중

16. 사례 [무고, 혐의 없음]

항 고 이 유 서

사　건　　　　○○지방검찰청 00지청 2000형제00000호 무고

1. **고소인(항고인) :**

   김O용 (000000-0000000)

   전라남도 00시 00동 00-0

   연락처 : 000-0000-0000

2. **피고소인(피항고인, 피의자) :**

   한O기 (000000-0000000)

   경상북도 00시 00면 00리 000-00

   연락처 : 000-0000-0000

위 피고소인(피항고인)에 대한 ○○지방검찰청 00지청 2000형제00000호 무고 피의사건에 관하여 동 검찰청 검사 *OOO*는 2000. 00. 00 혐의 없음을 이유로 불기소처분결정을 하였으나, 그 결정은 다음과 같은 이유로 부당하여 이에 항고를 제기합니다.

- 다　음 -

1. **피의사실 및 불기소 처분의 요지**

가. 피의사실 요지

피의자는 고소인의 계부인 망 한O수(사망 당시 92세)의 친동생인 자로, 2000. 00. 00.경 사실은 위 한O수가 고령에 자연사를 하였음에도 악의적으로 아무런 증거도 없이 단순한 의심만으로 위 한O수의 처인 고소외 이O순과 고소인이 합세하여 위 한O수를 죽였다는 내용의 살인죄로 ○○경찰서에 고소하여 고소인과 위 이O순을 무고한 것이다.

나. 불기소처분의 요지

(1) 피의자의 진술

- 피의자의 친형인 한O수는 2000. 00. 00.경 92세의 나이로 사망하였는데 사망하기 전에 피의자를 찾아왔을 때에도 무척 건강하였고, 같이 살고 있는 이O순과 고소인이 한O수가 1억 원 가량을 모아둔 저금통장에 탐을 내고, 한O수가 아는 지인들에게 빌려준 돈들을 빨리 회수하지 않는다는 이유로 박대를 한다고 말한 적이 있는 점들로 보아 위 한O수는 살해당한 것이라고 진술,

- 때문에 위 한O수의 장례를 치루는 동안 피의자가 위 이O순과 고소인에게 부검을 할 것을 요구하였으나, 유가족들이 말을 듣지 않고 화장을 하였다며 범행을 부인.

(2) 결론

위 한O수의 사망진단서에는 심장마비로 기재되어 있으나 그 정확한 사인을 알기는 어렵고, 그렇다고 위 한O수가 살해당하였다는 사실도 그 증거가 없는 상태이나 고령에 사리판단이 어두운 피의자가 고소인 등을 고소하였다는 것만으로는 무고 혐의를 인정하기 어렵고 달리 피의자의 범행을 인정할 만한 증거 없어 증거불충분으로 불기소(혐의 없음) 의견임.

2. 항고 이유

그러나 이 사건 검사의 위와 같은 불기소처분은 다음과 같은 이유로 부당한 것입니다.

가. 혐의 없음(불기소)처분의 부당성

(1) 망 한O수의 사망 경위.

- 망 한O수는 뚜렷한 지병은 없었으나, 고령에 거동이 많이 불편한 상태에서 거주하던 집 마루에서 앉아 햇볕을 쪼이다가 그대로 운명하셨습니다. 당시 고소인의 모친인 이O순이 외출하였다가 돌아왔을 때 마루에 쓰러져 있는 한O수의 손을 잡고 일으키려 하였는데 그때에도 계부의 체온은 따뜻한 상태로 돌아가신 직후에 이O순이 발견하였던 것입니다. 당시 이O순은 바로 119로 전화를 하여 긴급 상황임을 알리고 도움을 청하였고, 바로 현장으로 달려온 119 대원들이 한O수를 병원으로 후송하였으나 이미 돌아가셨던 것입니다.

- 모친께서 외출을 나갈 때 고소인 집 대문을 잠그고 나갔고 귀가하실 때에도 모친께서 열쇠로 대문을 열고 들어오셨기 때문에 당시 외부에서 누군가 침입한 흔적이 전혀 없었기에 당시 현장에 출동한 경찰관들도 외부로부터의 침입 흔적이 없어 타살 혐의가 없는 것으로 판단하였습니다. 그런데 당시 직장에서 근무하고 있던 고소인과 고소인의 모친을 얕잡아 보고 피의자는 위 한O수가 고소인과 고소인의 모친에 의해서 살해되었다는 황당한 고소를 하고 다니는 것입니다.

(2) 피의자가 고소인 등을 무고하는 이유.

- 사실이 위와 같음에도 피의자가 계속적으로 고소인과 고소인의 모친을

경찰에 살인죄로 고소하는 이유는 얼마 되지도 않는 망 한O수의 유산에 탐을 내기 때문입니다. 피의자는 위 한O수의 지인들을 찾아다니며 한O수로부터 돈을 빌린 사실이 있는지 묻고 그 채무가 있는 사람에게는 자기에게 그 돈을 갚아야 한다는 등 상식 밖의 행동을 하고 다니고, 고소인과 고소인의 모친이 한O수의 채무자들로부터 돈을 받지 못하게 할 목적으로 수차례 살인죄 고소를 하고 관계기관에 진정서를 올리는 등 참으로 인간의 탈을 쓰고 할 짓이 아닌 행동들을 하고 있습니다. 젊은 고소인이야 피의자의 계속되는 고소에도 경찰서들을 찾아가 조사를 받으면 그만이지만 고소인의 모친께서는 수차례 경찰서를 다니면서 신경쇠약이 극심해졌고, 그 스트레스로 약을 드시지 않으며 잠을 못잘 정도로 시달리고 계십니다.

- 피의자는 망 한O수가 살해되지 않았다는 것을 누구보다도 잘 알고 있습니다. 그러면서도 계속적인 고소를 통하여 검찰이나 경찰의 수사권을 발동을 촉구하고, 수사기관에서 고소인이나 고소인의 모친을 부르게 하는 방법으로 고소인과 고소인의 모친을 괴롭혀 한O수의 유산을 가로채려는 목적으로 무고죄를 저지르고 있는 것입니다. 아래 판례를 보면 피의자의 무고 범행은 분명하다 할 것입니다. "무고죄에 있어서 허위사실 적시의 정도는 수사관서 또는 감독관서에 대하여 수사권 또는 징계권의 발동을 촉구하는 정도의 것이면 충분하고 반드시 범죄구성요건 사실이나 징계요건 사실을 구체적으로 명시하여야 하는 것은 아니다(출처 : 대법원 1985. 2. 26. 선고 84도2774 판결)."

나. 수사미진 및 증거판단의 오류

이 사건을 수사기관에서는 망 한O수의 사망진단서에 사인이 명백히 기재되어 있고, 피의자가 고소인과 고소인의 모친이 망 한O수를 살해한 증거를 전혀 제시하고 못하고 있음은 물론 이미 피의자가 3~4회에 걸쳐 똑 같은 고소를 하고 있음에도 만연히 피의자가 고령에 사리판단이 어둡다는 막연한 사유로 피의자의 범행을 인정하지 않는 것은 수사가 미진하였다고 할 것이고, 위 사망진단서와 피의자가 고소인과 고소인의 모친을 수차례 고소한 사실 등으로 피의자 범의를 판단하지 아니한 증거판단에 오류가 있다 할 것입니다.

3. 결론

결국 위와 같이 이 사건 혐의 없음 판단은 중요한 수사쟁점에 대한 중요한 수사가 이루어지지 아니한 수사미진 뿐 아니라 법리판단 혹은 증거판단에 오류가 있음에도 불구하고 내려진 잘못된 결정으로, 이에 고소인은 부득이 이 사건 항고에 이르게 되었으니 재기수사의 명을 내려주시기 바랍니다.

첨 부 서 류

1. 불기소이유통지서	1부
1. 불기소결정서	1부
1. 이미 종결된 수사결과통지서	3부

2000. 00. 00.

위 항고인(고소인)   김 ○ 용   (인)

○○고등검찰청 귀중

17. 사례 [유가증권변조 등, 참고인중지]

항 고 이 유 서

사　건　　　○○○지방검찰청 2000형제000호 유가증권변조

1. 고소인(항고인) :
　백○철 (000000-0000000)
　서울시 00구 00동 000, 00상가 000호
　연락처 : 000-0000-0000

2. 피고소인(피항고인, 피의자) :
　차○호 (000000-0000000)
　경기도 00시 00동 000-00
　연락처 : 000-0000-0000

위 피고소인(피항고인)에 대한 ○○○지방검찰청 2000형제000호 유가증권변조 피의사건에 관하여 동 검찰청 검사 ○○○는 2000. 00. 00 혐의 없음을 이유로 불기소처분결정을 하였으나, 그 결정은 다음과 같은 이유로 부당하여 이에 항고를 제기합니다.

1. 피의사실 및 불기소 처분의 요지

가. 피의사실 요지

피의자는 서울시 00구 00동 소재 00상가에서 "00화학"이라는 상호로 화학약품 제조업을 하는 자로,

2000. 00.경 고소인 발행의 어음번호 000000000000호, 발행지 주소 서울시 00구 00동 000, 00상가 000호, 지급일 2000. 00. 00., 액면금 35,000,000원의 약속어음 액면금의 "3"자를 "8"자로 불상의 방법으로 변조하고,

일자불상경 위와 같이 변조된 약속어음을 고소 외 박0식이란 자에게 교부하여 행사하였다.

나. 불기소처분의 요지

(1) 피의자의 진술(3차 배서인)

피의자는 위 어음을 제2배서인 고소 외 김0란(화학약품상)으로부터 물품대금조로 받았을 뿐이고 위 어음의 "3"자를 "8"자로 변조한 사실은 없다며 범행을 부인하고, 위 어음에 제3배서를 한 후 위 박0식(화학약품 재료상)이란 자에게 지급한 사실은 있다고 진술.

(2) 참고인 박0식의 진술(지급제시인)

참고인 박0식은 화학약품 재료를 피의자에게 납품하고 그 결제대금조로

위 어음을 받아 고소인에게 지급 제시하였으나 고소인이 그 결제를 하지 않았다고 진술.

(3) 참고인 유○만의 진술(제1차 배서인)

참고인 유○만은 화학약품상을 하는 자로, 액면금 3,500만 원의 위 어음을 고소인으로부터 물품대금조로 받았고, 액면금 3,500만 원의 상태에서 화학약품상을 하는 김○란(제2차 배서인)에게 물품대금조로 지급하였다고 진술.

(4) 결론

- 위 어음은 고소인이 액면금 3,500만 원으로 발행하여 참고인 유○만에게 물품대금조로 교부하였고, 유○만은 액면금 3,500만 원 상태에서 참고인 김○란에게 역시 물품대금조로 교부하였고(유진만의 진술), 참고인 김○란은 액면금 3,500만 원(혹은 8,500만 원) 상태에서 피의자에게 교부하였는지는 확인되지 않으나, 피의자는 김○란으로부터 물품대금 8,500만 원에 대한 결제금으로 위 어음을 받았다고 진술하고, 지급제시인인 참고인 박○식은 물건 값으로 액면금 8,500만 원의 어음을 받았다고 진술한다.

- 피의자가 참고인 김○란으로부터 위 어음의 액면금이 3,500만 원의 상태로 받았는지 아니면 8,500만원의 상태로 받았는지를 확인하기 위하여는 위 김○란을 조사하여야 하나, 위 김○란은 현재 소재불명인자로 그 확인이 불가.
- 따라서 피의자 불기소처분(참고인 중지).

2. 항고 이유

그러나 이 사건 검사의 위와 같은 불기소처분은 아래와 같은 이유로 부당한 것입니다.

가. 불기소(참고인 중지)처분의 부당성

(1) 이 사건 약속어음의 유통과정에 대하여,

- 이 사건 약속어음은 고소인에 의하여 3,500만 원 권으로 발행되었고, 그 상태에서 제1차 배서인, 제2차 배서인을 거쳐 제3차 배서인인 피의자에게 교부되었다가 다시 피의자가 참고인 박○식에게 물건 대금 8,500만 원의 결제금으로 사용하였고, 위 박○식은 그 어음을 고소인에게 지급 제시하였습니다.

- 위 제1차 배서인은 고소인으로부터 액면금 3,500만 원의 상태로 받았다가 그대로 제2차 배서인에게 교부하였다고 진술하고, 제2차 배서인은 소재불명의 상태이나, 제3차 배서인인 피의자는 제2차 배서인으로부터 액면금 8,500만 원의 상태에서 교부받았다고 주장하고 있습니다.

(2) 위 약속어음의 변조자에 대하여,

- 위 어음을 변조한 자는 제1차 배서인, 제2차 배서인, 제3차 배서인 중의 한 사람이라 할 것입니다. 그런데 이 사건을 담당한 수사기관에서는 제2차 배서인이 소재불명이라는 이유로 피의자에게 참고인중지의 처분을 하였습니다.

- 사건의 내용이 위와 같은 경우 제1차 배서인에서 제2차 배서인으로, 제

2차 배서인에서 제3차 배서인으로 위 어음이 교부될 당시의 제1차 배서인과 제2차 배서인의 채권채무관계를 확인할 수 있는 물품거래내역이나 외상현황 등의 장부 확인이 필요하고, 같은 이유로 제2차 배서인에서 제3차 배서인 간의 거래관계에서도 위와 같은 장부의 확인이 반드시 필요한 것입니다.

- 그럼에도 불구하고 이 사건 담당 수사기관에서는 제1차 배서인과 제2차 배서인 간의 물품거래내역이나 외상현황 등의 장부를 전혀 확인하지 않았고, 이는 제2차 배서인과 제3차 배서인 간에서도 같습니다. 위와 같은 장부의 확인으로 제1차 배서인과 제2차 배서인 간에 결제되어야 하고 실제로 결제된 금액이 3,500만 원이라면 제1차 배서인은 위 약속어음의 변조와는 관련이 없다할 것이지만 그렇지 않을 경우에는 제1차 배서인도 이 사건 범행과 관련이 있다고 할 것이고,

- 제2차 배서인의 경우에도 제3차 배서인인 피의자와의 물품거래내역이나 외상현황 등의 장부의 확인으로 제2차 배서인과 제3차 배서인 간에 결제되어야 하고 실제로 결제된 금액이 8,500만 원이라면 제2차 배서인이 이 사건 변조의 범인이라 할 것이고, 그렇지 않다면 피의자가 이 사건 변조를 하였을 혐의가 농후하다 할 것입니다.

나. 수사미진 및 증거판단의 오류

제2차 배서인인 참고인 김O란의 소재가 불명하다고 하나, 위 김O란이 운영하는 화학 약품점은 현재도 직원들이 정상근무하며 운영되고 있으며, 그 장부들 역시 그대로 보관되어 있을 것이므로 위 김O란이 아닌 다른 경리직원이나 관련 직원들을 소환하여 위와 같은 장부 등을 확인하여야 함에도 그 확인을 하지 않았다는 점과 위와 같이 제1차 배서인과 제3차 배서인의 관련

장부들 역시 전혀 조사가 되지 않은 것은 이 사건에서 중대한 수사미진의 사유가 있는 것이고, 위와 같은 증거의 확인도 없이 이루어진 불기소처분의 결정은 증거판단의 오류라고 할 것입니다.

3. 결론

결국 위와 같이 이 사건 불기소처분 판단은 수사쟁점에 대한 중요한 수사가 이루어지지 아니한 수사미진 뿐 아니라 법리판단 혹은 증거판단에 오류가 있음에도 불구하고 내려진 잘못된 결정으로, 이에 고소인은 부득이 이 사건 항고에 이르게 되었으니 재기수사의 명을 내려주시기 바랍니다.

첨 부 서 류

1. 불기소이유통지서	1부
1. 불기소결정서	1부

2000. 00. 00.

위 항 고 인(고 소 인)   백 ○ 철   (인)

○○고등검찰청 귀중

18. 사례 [특정범죄 가중처벌 등에 관한 법률위반(도주차량), 혐의 없음]

항 고 이 유 서

사 건　　　○○지방검찰청 ○○지청 2000형제000호
　　　　　　특정범죄 가중처벌 등에 관한 법률위반(도주차량)

1. 고소인(항고인) :
맹O수 (000000-0000000)
00시 00구 00동 000-00, 000빌라 301호
연락처 : 000-0000-0000

2. 피고소인(피항고인, 피의자) :
신O호 (000000-0000000)
경기도 00시 00동 00, 00000아파트 00동 000호
연락처 : 000-0000-0000

위 피고소인(피항고인)에 대한 ○○지방검찰청 ○○지청 2000형제000호 특정범죄 가중처벌 등에 관한 법률위반(도주차량)죄 피의사건에 관하여 동 검찰청 검사 OOO는 2000. 00. 00 혐의 없음을 이유로 불기소처분결정을 하였으나, 그 결정은 다음과 같은 이유로 부당하여 이에 항고를 제기합니다.

- 다 음 -

1. 피의사실 및 불기소 처분의 요지

가. 피의사실 요지

피의자는 00시 00구 구청공무원으로 근무하며 00라 0000호 00승용차량을 운전하는 자로,

2000. 00. 00. 22:30경 00시 00동 000번지 00시장 편도1차선 도로에서 시청방향으로 진행하던 위 차량 전방 우측 범퍼부분으로 피해자의 좌측 둔부를 충격하고, 위 차량 우측 사이드미러 부분으로 위 피해자의 좌측 옆구리 부분을 충격하였으면, 차량을 정지하고 피해자를 병원으로 후송조치 하거나 보호를 하여야 함에도 만연히 달려오던 속도 약 30킬로미터로 계속 운전하고 현장을 떠나 도주한 것이다.

나. 불기소처분의 요지

(1) 피의자의 진술

피의자는 위 사고 당시 위 현장에 사람들이 붐비고 있었고 피의자가 위 차량을 운전하고 갔던 것은 사실이나 피해자를 치거나 들이 받은 사실이 없고, 만일 사고가 났다면 피의자가 피해자를 구호조치하거나 응급조치를 하였을 것이라며 범행을 부인.

(2) 피해자의 진술

피해자는 위 사고 당시 피의자의 차량의 충격으로 피해자가 튕겨 나가거나 쓰러지지는 않았으며 소리를 지른 적도 없었으나 이 사건 충격 당시

'퉁' 하는 소리가 났었고 피해자가 휘청하면서 연속하여 사이드 미러에 옆구리를 충격 받아 그 충격으로 사이드 미러가 접혔으므로 피의자가 사고를 몰랐을 수는 없었다고 진술.

(3) 결론

피의자는 00구청 소속 공무원인 자로 위와 같은 경미한 사고에 그 책임을 지지 않으려고 도주하였다고는 보기 어려운 점, 피해자 역시 사고 당시 소리를 지르는 등 적극적으로 사고가 난 사실을 주위 사람에게 알리거나 사고 차량의 운전자인 피의자에게 알리지는 않았다고 진술하는 점, 위 사고현장은 많은 사람들이 붐비는 곳으로 사고를 낸 운전자가 도주하기는 쉬운 곳이 아니라는 점 등으로 보아 피의자의 범행을 인정하기 어렵고 달리 피의자의 범행을 인정할 만한 증거 없어 증거불충분으로 불기소(혐의 없음).

2. 항고 이유

그러나 이 사건 검사의 위와 같은 불기소처분은 아래와 같은 이유로 부당한 것입니다.

가. 혐의 없음(불기소)처분의 부당성

(1) 이 사건 사고 당시의 상황,

위 사고 당시 현장에는 비교적 늦은 시간으로 사람들로 붐비는 상황은 아니었습니다. 고소인이 위 사고 현장 도로를 걷고 있을 때 반경 10미터 이내에는 다른 사람이 없을 정도로 비교적 한산한 상황이었음에도 이 사건 담당 수사기관은 사고 현장이 시장 길이라는 이유만으로 많은 사람들이 붐비고 있었던 상황으로 판단한 것은 잘못된 것이고 그런 당시의 상황이 피의자가 사고를 인지하지 못할 이유가 될 수는 없는 것입니다.

(2) 위 사고 직후의 상황,

위 사고 직후 고소인이 피의자의 차량에 들이받힌 충격으로 엉거주춤한 상태에서 허리를 굽혔다가 다시 허리를 세우고 피의자의 차량을 향해 손을 흔들었으나 피의자가 보았는지 보지 못하였는지 계속 운전하여 진행하였습니다. 사고 당시 피의자의 차량 우측 사이드 미러가 고소인의 좌측 옆구리 부분을 타격하고 그 충격으로 접혔기 때문에 운전자로서 피의자가 위 사고 사실을 몰랐다는 것은 있을 수 없는 일입니다.

나. 수사미진 및 증거판단의 오류

위와 같은 이유로 이 사건 담당 수사기관은 피의자의 차량의 전방 우측 범퍼를 확인하고, 피의자의 차량 사이드밀러 역시 실제로 확인을 하여 위 사고 당시의 충격이 남아 있는 지 등을 살폈어야 함에도 그 수사를 하지 않았고, 사고 현장에 나가 부근 상인들을 만나 사고 당시에 사람들로 거리가 붐볐는지 그렇지 않았는지를 살폈어야 하며, 사고 현장을 목격한 사람이 있었는지도 확인하였어야 합니다. 그런데 위와 같은 조사는 전혀 이루어지지 않았고, 피의자에게 위 사고 당시의 충격으로 사이드 미러가 접힌 사실에 대하여는 추궁조차도 하지 않았으므로 이는 명백한 수사미진이라 할 것이고, 위와 같은 증거의 조사도 없이 이루어진 위와 같은 결정은 증거판단의 오류라 할 것입니다.

3. 결론

결국 위와 같이 이 사건 혐의 없음 판단은 중요한 수사쟁점에 대한 중요한 수사가 이루어지지 아니한 수사미진 뿐 아니라 법리판단 혹은 증거판단에 오류가 있음에도 불구하고 내려진 잘못된 결정으로, 이에 고소인은 부득이 이 사건 항고에 이르게 되었으니 재기수사의 명을 내려주시기 바랍니다.

첨 부 서 류

1. 불기소이유통지서	1부
1. 불기소결정서	1부
1. 위 사고 직후 도주하는 차량을 찍은 사진	2부
1. 현장사진	10부

2000. 00. 00.

위 항고인(고소인)   맹 ○ 수   (인)

○○고등검찰청 귀중

19. 사례 [채무자 회생 및 파산에 관한 법률위반(사기회생), 혐의 없음]

항 고 이 유 서

사 건   ○○지방검찰청 ○○지청 2000형제0000호 채무자 회생 및 파산에
         관한 법률위반(사기회생)

1. 고소인(항고인) :
윤○수 (000000-0000000)
강원도 00시 00동 000-00, 000연립 101호
연락처 : 000-0000-0000

2. 피고소인(피항고인, 피의자) :
김○철 (000000-0000000)
강원도 00시 00동 000-00
연락처 : 000-0000-0000

위 피고소인(피항고인)에 대한 ○○지방검찰청 ○○지청 2000형제0000호 채무자 회생 및 파산에 관한 법률위반(사기회생)죄 피의사건에 관하여 동 검찰청 검사 ○○○는 2000. 00. 00 혐의 없음을 이유로 불기소처분결정을 하였으나, 그 결정은 다음과 같은 이유로 부당하여 이에 항고를 제기합니다.

IV. 항고장 작성 사례

- 다 음 -

1. 피의사실 및 불기소 처분의 요지

가. 피의사실 요지

피의자는 ○○지방법원 2000개회00000호로 개인회생사건을 신청하여 2000. 00. 00. 변제계획안 인가를 받은 자로,

2000. 00. 00.경 위 개인회생신청을 하면서 사실은 강원도 00군 00읍 00리 산000번지 약 2천 평의 토지는 피의자 소유의 토지임에도 이를 피의자의 친구인 고소 외 김○호 명의로 이전등기하는 방법으로 피의자의 재산을 숨기고, 위 신청서에 채권자로 신고한 1번 채권자 이○철과 2번 채권자 정○욱은 피의자에게 채권이 없는 자들임에도 위 이○철이 금 1억 2천만 원, 위 정○욱이 금 8천만 원의 채권이 있는 것으로 허위의 내용을 위 법원에 신고하고, 그와 같은 내용으로 변제계획안을 작성 및 제출하여 그 인가를 받은 것이다.

나. 불기소처분의 요지

(1) 피의자의 진술

피의자는 이 사건 개인회생 신청을 한 것은 사실이나, 피의자가 그 신청을 하면서 허위의 사실로 법원을 속인 사실이 없다고 변소하며, 위 토지는 김○호에게 3년 전 금 1억 원에 매도한 것이고, 제1번 채권자와 제2번 채권자들은 모두 정당한 채권자들로 피의자는 위 채권자들에게 금 1억 2천만 원과 금 8천만 원의 채무가 정말로 있다며 범행을 부인.

(2) 참고인 김○호, 같은 이○철, 같은 정○욱의 진술

참고인 김○호는 약 3년 전에 이 사건 토지를 피의자로부터 매입하였는

데 당시 피의자가 김○호에게 약 9천만 원 가량의 채무가 있어 그 채무금을 토지대금으로 상환하는 것으로 하여 위 토지를 매입하였다고 진술하며(피의자가 김○호에게 작성해 주었던 9천만 원의 차용증사본을 제출), 참고인 이○철은 금 1억 2천만 원, 참고인 정○욱은 금 8천만 원의 각 채권이 있다고 진술하며, 각자가 소지하고 있는 위 금액의 차용증을 제출함.

(3) 결론

피의자가 위 개인회생신청을 하고 그 변제계획안의 인가를 받은 것은 사실이나, 참고인들의 위와 같은 진술로 보아, 위 신청에서 위 토지를 명의신탁 하였다거나, 위 제1채권자 이○철과 위 제2채권자 정○욱의 채권이 허위라는 고소인의 진술은 신뢰하기 어렵고, 달리 피의자의 범행을 인정할 만한 증거도 없어 증거불충분으로 불기소(혐의 없음).

2. 항고 이유

그러나 이 사건 검사의 위와 같은 불기소처분은 다음과 같은 이유로 부당한 것입니다.

가. 혐의 없음(불기소)처분의 부당성

(1) 이 사건 토지에 대하여,

- 피의자와 참고인 김○호는 위 토지를 약 3년 전에 매매한 것이라고 주장하고, 특히 김○호의 경우에는 그 매매대금을 자신이 피의자에 대하여 가지고 있던 9천만 원의 채권으로 위 토지를 매입하였다고 주장하지만 이는 사실이 아닙니다. 위 김○호는 한 때는 고소인과도 친밀하게 지내던 자로 약 5년 전에 00시 시내에서 관광객들을 상대로 토속상품점을 하다가 부도가 났던 자로, 그 이후로는 극히 궁핍한 생활을 하였던 사

실을 고소인이 알고 있는데 그런 자가 3년 전에 피의자에게 9천만 원이나 되는 거금을 빌려주었다는 것은 전혀 말이 되지 않는 것입니다.

- 때문에 이 사건을 담당한 수사기관에서는 피의자가 위 김○호로 부터 9천만 원의 돈을 빌렸었다면 당시의 거래자금을 확인하기 위한 금융거래자료 등의 확인을 통하여 그 사실을 객관적으로 판단하였어야 함에도 그 수사를 하지 않았습니다.

(2) 참고인 이○철과 같은 정○욱의 채권에 대하여,

- 참고인 이○철은 서울에서 택시운전을 하는 자이고, 참고인 정○욱은 00시 시내에서 기사식당을 하는 자로 위 이○철이나 정○욱은 고소인의 친구의 친구이기도 한 자들입니다. 고소인이 알기로는 위 이○철이나 정○욱이 다른 사람들로부터 돈을 빌리면 빌렸지 다른 사람에게 돈을 빌려줄 수 있는 정도의 재산을 가진 자들이 아닙니다. 그럼에도 불구하고 위 참고인들은 어떻게 만들었는지 확인도 되지 않는 차용증들을 만들어다가 제시하며 그들의 채권이 사실인 양 주장하고 있으나 이 역시 자금의 흐름에 대한 객관적인 조사가 이루어 졌어야 함에도 그러질 못하였습니다.

(3) 고소인의 피해에 대하여,

위와 같이 피의자가 자신의 재산을 숨기고, 허위의 채권자들을 진정한 채권자로 둔갑시킴으로 인하여 피의자에게 금 3천만 원의 채권이 있는 고소인은 위 회생사건에서 3년 동안 1백만 원 정도만 받게 되어 그 피해가 막심한 지경입니다.

나. 수사미진 및 증거판단의 오류

위와 같이 이 사건 수사기관에서는 위 피의자와 참고인들 간의 채권채무관계를 객관적인 금융거래자료 등으로 확인하지 않았고, 위 차용증들을 감정해 보지 않았을 뿐 아니라 그 작성 경위조차도 확인하지 않았습니다. 이는 명백한 수사미진이라 할 것이고, 위와 같은 객관적인 자료가 아닌 피의자와 참고인들의 진술만으로 피의자의 범의를 판단한 것은 증거판단의 오류라 할 것입니다.

3. 결론

결국 위와 같이 이 사건 혐의 없음 판단은 중요한 수사쟁점에 대한 중요한 수사가 이루어지지 아니한 수사미진 뿐 아니라 법리판단 혹은 증거판단에 오류가 있음에도 불구하고 내려진 잘못된 결정으로, 이에 고소인은 부득이 이 사건 항고에 이르게 되었으니 재기수사의 명을 내려주시기 바랍니다.

첨 부 서 류

1. 불기소이유통지서	1부
1. 불기소결정서	1부

2000. 00. 00.

위 항고인(고소인)　　윤 ○ 수　　(인)

○○고등검찰청 귀중

20. 사례 [변호사법위반, 혐의 없음]

항 고 이 유 서

사　건　　　○○지방검찰청 2000형제00000호 변호사법위반

1. 고소인(항고인) :
신○기 (000000-0000000)
00시 00구 00동 000-00, 000아파트 00동 000호
연락처 : 000-0000-0000

2. 피고소인(피항고인, 피의자) :
민○호 (000000-0000000)
00시 00구 00동 000-00
연락처 : 000-0000-0000

위 피고소인(피항고인)에 대한 ○○지방검찰청 2000형제00000호 변호사법위반죄 피의사건에 관하여 동 검찰청 검사 ○○○는 2000. 00. 00 혐의 없음을 이유로 불기소처분결정을 하였으나, 그 결정은 다음과 같은 이유로 부당하여 이에 항고를 제기합니다.

- 다 음 -

1. 피의사실 및 불기소 처분의 요지

가. 피의사실 요지

피의자는 00시 00구 구의원인 자로,

2000. 00. 00.경 00시 00구 00동 00 소재 피의자의 사무실에서 고소인이 2000. 00. 00. 00구청 소속 공무원에게 단속 당한 식품위생법위반 사건을 위 단속공무원과 구청장에게 잘 이야기하여 무마시켜 주기로 하고, 고소인으로부터 금 500만 원을 받아 변호사법을 위반한 것이다.

나. 불기소처분의 요지

(1) 피의자의 진술

피의자는 고소인이 피의자의 사무실로 민원이 있다며 찾아와 고소인이 운영하는 부페 식당이 00구청 공무원에게 식품위생법위반으로 단속이 되었다며 선처를 받을 수 있도록 도와 달라고 말한 것은 사실이나 그 사건을 해결해 주기로 하고 돈을 받은 적은 없다고 범행을 부인.

(2) 고소인의 진술

고소인은 부동산중개업자인 임○기의 소개로 피의자를 찾아갔었고, 피의자와 대질신문을 할 때 돈을 받은 적이 없다는 피의자의 진술을 들은 적은 있으나, 고소인이 피의자에게 돈을 준 것이 사실이고, 당시 피의자가 00구청 단속공무원과 구청장을 잘 알고 있다며 별 문제 없이 처리될 것이니 돌아가서 기다리라고 말하였는데 피의자의 말과는 달리 영업정지와 벌금 모두를 당하였다고 진술.

(3) 참고인 임○기의 진술

참고인 부동산중개업자 임○기는 피의자를 알지도 못하고 고소인을 피의자에게 소개해 준 적도 없으며 고소인과 피고소인 간에 무슨 일들이 있었는지 전혀 아는 바가 없다고 진술.

(4) 의견

- 피의자와 고소인 모두 위 범행일시에 피의자의 사무실에서 만났다는 점, 당시 고소인이 고소인의 업소가 식품위생법위반으로 단속이 된 사실에 대하여 이야기를 하였다는 점에 대하여는 서로의 진술이 부합하나,

- 당시 피의자가 금 500만 원을 받은 사실에 대하여는 피의자와 고소인의 진술이 상반된다.

- 한 푼도 받은 돈이 없다고 강하게 부인하는 피의자의 진술에 고소인은 피의자에게 현금으로 금 500만 원을 ○○은행 봉투에 담아 틀림없이 주었다고 진술하나 고소인의 진술 외에 달리 피의자의 범행을 인정할 만한 증거가 없어 증거불충분으로 불기소(혐의 없음)의견임.

2. 항고 이유

그러나 이 사건 검사의 위와 같은 불기소처분은 아래와 같은 이유로 부당한 것입니다.

가. 혐의 없음(불기소)처분의 부당성

(1) 고소인이 피고소인 사무실로 찾아가게 된 경위,

- 고소인은 고소인이 운영하는 부페 식당 종업원 중의 2명이 ○○구청에서

실시하는 위생검사를 받지 않았다는 이유로 00구청 단속공무원에게 단속이 되었다는 사실과 그 처벌은 크지 않겠으나 영업정지가 나오면 사업에 막대한 지장이 있어 부페 식당을 그만 두어야 할 지도 모른다는 사실을 평소 잘 알고 지내던 동네 부동산중개업자인 임O기에게 말하고 상의한 사실이 있습니다.

- 당시 위 임O기는 자기가 피의자를 잘 아는데 고소인이 피의자를 찾아가 상의를 해 보겠느냐고 고소인에게 물어 그렇게 하겠다고 말하자 임O기가 바로 핸드폰으로 피의자에게 전화를 하였고, 통화를 마친 임O기는 고소인에게 피의자와 말이 잘 되었다며 피의자의 핸드폰 번호를 알려주며 미리 전화를 하고 찾아가서 사정을 이야기하라고 알려주며 피의자가 정치를 하는 사람이니 인사는 좀 해야 될 거라는 말도 해주었습니다.

- 그래서 다음 날 오전 10시경 고소인은 피의자에게 핸드폰으로 연락을 하고 점심시간 이후에 찾아뵙겠다고 말하자 피의자는 기다리겠다고 말하였고, 점심을 먹고 피의자의 사무실로 가면서 00은행 00지점에 들러 현금지급기에서 금 500만 원을 인출하여 그곳에 준비되어 있는 00은행 돈 봉투에 그 돈을 담아 피의자를 찾아갔던 것입니다.

- 고소인은 피의자를 만났을 때 단속당한 사실을 상세하게 말하고 벌금은 괜찮은데 영업정지가 나오면 식당 문을 닫아야 되는 형편이라고 사정이야기를 하자 피의자는 자기가 단속공무원과 구청장을 잘 알고 있으니 너무 걱정하지 말라면서 어떻게 해서든지 영업정지는 막아주겠다고 말하였습니다. 이에 고소인은 준비해 간 500만 원이 든 봉투를 피의자에게 건네주었고, 피의자는 자연스럽게 잘 쓰겠다며 그 돈 봉투를 받아 피의자의 책상 밑에 있는 철재금고에 넣었고, 고소인은 피의자에게 깍듯이 인사하고 그 사무실을 나왔던 것입니다.

(2) 참고인 임O기의 진술에 대하여,

- 임O기는 고소인이 앞에서 이야기한 것과 같이 고소인을 피의자에게 소개해 주었고, 피의자에게 단속당한 사실을 민원으로 알리고 얼마라도 인사를 좀 하라고 이야기했던 사람입니다. 그런데 이 사건을 담당한 수사기관에서는 단순히 임O기의 거짓 진술만 믿고 더 상세한 수사를 하지 않았습니다.

- 즉, 임O기의 핸드폰 사용내역을 조사하면 임O기와 피의자가 전화통화를 한 사실이 드러날 것이고 그러면 임O기의 진술이 거짓임을 확인하고 더 상세한 내용을 추궁하였어야 함에도 그런 수사를 하지 않았습니다.

(3) 피의자가 500만 원을 받았는지에 대하여,

- 고소인이 위 500만 원을 현금으로 피의자에게 건네주었고, 그 영수증 같은 것을 받을 수 있는 상황도 아니었기 때문에 명백한 증거를 제시하지 못한 점에 대하여는 인정합니다. 하지만 추가로 제출하는 고소인 통장의 거래내역과 같이 고소인은 피의자를 만나러 가면서 분명히 500만 원을 가지고 간 사실은 확인이 됩니다.

- 때문에 위 사건 당일이나 그 무렵 피의자의 금융거래내역을 확인하여 500만 원이 입금된 적이 있는지를 수사하였어야 함에도 그 수사가 이루어지지 않았습니다. 또한 피의자의 사무실 책상 밑에 있는 철재금고(열 때 "삐삐비빅" 소리가 나는 비밀번호 키를 사용함)는 그 문을 열 때 초인종 같은 것에서 흔히 나오는 "엘리자를 위하여"라는 피아노곡의 소리가 났었음에도 이 사건 담당 수사기관에서는 위 금고를 전혀 확인하지 않았습니다.

나. 수사미진 및 증거판단의 오류

위와 같이 이 사건 수사기관에서는 참고인 임O기의 핸드폰 통화내역과 피의자의 금융거래내역 등 객관적인 자료들을 조회해 보고, 피의자의 사무실 현장도 확인하였어야 함에도 그 수사를 하지 않은 것은 수사미진이라 할 것이고, 위와 같은 객관적인 증거의 확인 없이 이루어진 이 사건 불기소처분의 결정은 증거판단의 오류라 할 것입니다.

3. 결론

결국 위와 같이 이 사건 혐의 없음 판단은 중요한 수사쟁점에 대한 중요한 수사가 이루어지지 아니한 수사미진 뿐 아니라 법리판단 혹은 증거판단에 오류가 있음에도 불구하고 내려진 잘못된 결정으로, 이에 고소인은 부득이 이 사건 항고에 이르게 되었으니 재기수사의 명을 내려주시기 바랍니다.

첨 부 서 류

1. 불기소이유통지서	1부
1. 불기소결정서	1부
1. 금융거래내역서	1부

2000. 00. 00.

위 항고인(고소인)　　신 ○ 기　　(인)

○○고등검찰청 귀중

부록 _ 형사서식

[부록 1. 고소장 표지 서식]

고 소 장

고 소 인　　○○○
피고소인　　○○○

서울○○경찰청 귀중

[부록 2 : 고소장 표준양식(대검찰청)]

고 소 장

1. 고소인

성 명 (상호·대표자)		주민등록번호 (법인등록번호)	
주 소 (주사무소소재지)			
직 업		사무실 주소	
전 화	(휴대폰)　　　　　(자택)　　　　　　(사무실)		
이메일			
대리인에 의한 고소	☐ 법정대리인 (성명 :　　　　,연락처 :　　　　) ☐ 고소대리인 (성명 : 변호사　　, 연락처　　　)		

※ 고소인이 법인 또는 단체인 경우에는 상호 또는 단체명, 대표자, 법인등록번호(또는 사업자등록번호), 주된 사무소의 소재지, 전화 등 연락처를 기재해야 하며, 법인의 경우에는 법인등기부 등본이 첨부되어야 합니다.

※ 미성년자의 친권자 등 법정대리인이 고소하는 경우 및 변호사에 의한 고소대리의 경우 법정대리인 관계, 변호사 선임을 증명할 수 있는 서류를 첨부하시기 바랍니다.

2. 피고소인

성 명		주민등록번호	
주 소			
직 업		사무실 주소	
전 화	(휴대폰)　　　　　(자택)　　　　　　(사무실)		
이메일			
기타사항			

※ 기타사항에는 고소인과의 관계 및 피고소인의 인적사항과 연락처를 정확히 알 수 없을 경우 피고소인의 성별, 특징적 외모, 인상착의 등을 구체적으로 기재하시기 바랍니다.

3. 고소취지

고소인은 피고소인을 사기죄로 고소하오니 처벌하여 주시기 바랍니다.

4. 범죄사실

※ 범죄사실은 형법 등 처벌법규에 해당하는 사실에 대하여 일시, 장소, 범행방법, 결과 등을 구체적으로 특정하여 기재해야 하며, 고소인이 알고 있는 지식과 경험, 증거에 의해 사실로 인정되는 내용을 기재하여야 합니다.

5. 고소이유

※ 고소이유에는 피고소인의 범행 경위 및 정황, 고소를 하게 된 동기와 사유 등 범죄사실을 뒷받침하는 내용을 간략, 명료하게 기재해야 합니다.

6. 증거자료

(✓ 해당란에 체크하여 주시기 바랍니다)

□ 고소인은 고소인의 진술 외에 제출할 증거가 없습니다.

□ 고소인은 고소인의 진술 외에 제출할 증거가 있습니다.

☞ 제출할 증거의 세부내역은 별지를 작성하여 첨부합니다.

7. 관련사건의 수사 및 재판 여부*

(✓ 해당란에 체크하여 주시기 바랍니다)

① 중복 고소 여부	본 고소장과 같은 내용의 고소장을 다른 검찰청 또는 경찰서에 제출하거나 제출하였던 사실이 있습니다 □ / 없습니다 □
② 관련 형사사건 수사 유무	본 고소장에 기재된 범죄사실과 관련된 사건 또는 공범에 대하여 검찰청이나 경찰서에서 수사 중에 있습니다 □ / 수사 중에 있지 않습니다 □
③ 관련 민사소송 유 무	본 고소장에 기재된 범죄사실과 관련된 사건에 대하여 법원에서 민사소송 중에 있습니다 □ / 민사소송 중에 있지 않습니다 □

기타사항

※ ①, ②항은 반드시 표시하여야 하며, 만일 본 고소내용과 동일한 사건 또는 관련 형사사건이 수사·재판 중이라면 어느 검찰청, 경찰서에서 수사 중인지, 어느 법원에서 재판 중인지 아는 범위에서 기타사항 난에 기재하여야 합니다.

8. 기타

본 고소장에 기재한 내용은 고소인이 알고 있는 지식과 경험을 바탕으로 모두 사실대로 작성하였으며, 만일 허위사실을 고소하였을 때에는 형법 제156조 무고죄로 처벌받을 것임을 서약합니다.

2000년　　　　월　　　　일

고소인 _____ (인)

제출인 _____ (인)

※ 고소장 제출일을 기재하여야 하며, 고소인 난에는 고소인이 직접 자필로 서명 날(무)인 해야 합니다. 또한 법정대리인이나 변호사에 의한 고소대리의 경우에는 제출인을 기재하여야 합니다.

서울중앙지방검찰청 귀중

별지 : 증거자료 세부 목록

(범죄사실 입증을 위해 제출하려는 증거에 대하여 아래 각 증거별로 해당 난을 구체적으로 작성해 주시기 바랍니다)

1. 인적증거 (목격자, 기타 참고인 등)

성 명		주민등록번호	-
주 소	자택 : 직장 :		직업
전 화	(휴대폰)　　　(자택)　　　(사무실)		
입증하려는 내용			

※ 참고인의 인적사항과 연락처를 정확히 알 수 없으면 참고인을 특정할 수 있도록 성별, 외모 등을 '입증하려는 내용'란에 아는 대로 기재하시기 바랍니다.

2. 증거서류(진술서, 차용증, 각서, 금융거래내역서, 진단서 등)

순번	증거	작성자	제출 유무
1			☐ 접수시 제출 ☐ 수사 중 제출
2			☐ 접수시 제출 ☐ 수사 중 제출
3			☐ 접수시 제출 ☐ 수사 중 제출
4			☐ 접수시 제출 ☐ 수사 중 제출
5			☐ 접수시 제출 ☐ 수사 중 제출

※ 증거란에 각 증거서류를 개별적으로 기재하고, 제출 유무란에는 고소장 접수시 제출하는지 또는 수사 중 제출할 예정인지 표시하시기 바랍니다.

3. 증거물

순번	증거	소유자	제출 유무
1			☐ 접수시 제출 ☐ 수사 중 제출
2			☐ 접수시 제출 ☐ 수사 중 제출
3			☐ 접수시 제출 ☐ 수사 중 제출
4			☐ 접수시 제출 ☐ 수사 중 제출
5			☐ 접수시 제출 ☐ 수사 중 제출

※ 증거란에 각 증거물을 개별적으로 기재하고, 소유자란에는 고소장 제출시 누가 소유하고 있는지, 제출 유무란에는 고소장 접수시 제출하는지 또는 수사 중 제출할 예정인지 표시하시기 바랍니다.

4. 기타 증거

[부록 3. 고소장 일반서식]

고 소 장

1. **고소인**

   김○호 (000000-0000000)
   서울시 강동구 00동 00, 00아파트 000동 000호
   연락처 : 010-0000-0000

2. **피고소인**

   김○기 (0000000-0000000)
   서울시 00구 00동, 00아파트 000동 0000호
   연락처 : 010-0000-0000

3. **고소취지**

   고소인은 피고소인을 00죄로 고소하오니 조사하시어 엄벌하여 주시기 바랍니다.

4. **범죄사실**

5. **고소이유**

6. **첨부자료**

7. **관련사건의 수사 및 재판 여부**

① 중복 고소 여부	본 고소장과 같은 내용의 고소장을 다른 검찰청 또는 경찰서에 제출하거나 제출하였던 사실이 있습니다 □ / 없습니다 □

② 관련 형사사건 수사 유무	본 고소장에 기재된 범죄사실과 관련된 사건 또는 공범에 대하여 검찰청이나 경찰서에서 수사 중에 있습니다 □ / 수사 중에 있지 않습니다 □
③ 관련 민사소송 유 무	본 고소장에 기재된 범죄사실과 관련된 사건에 대하여 법원에서 민사소송 중에 있습니다 □ / 민사소송 중에 있지 않습니다 □

본 고소장에 기재한 내용은 고소인이 알고 있는 지식과 경험을 바탕으로 모두 사실대로 작성하였으며, 만일 허위사실을 고소하였을 때에는 형법 제156조 무고죄로 처벌받을 것임을 서약합니다.

2000. 00. 00.

고 소 인   김 ○ 호   ㊞

서울○○경찰청 귀중

[부록 4. 항고장 표지 서식]

항 고 장

사　　　　건　　　　○○○○지방검찰청 2000 형제 00000호　사기

항 고 인(고소인)　　　박○길
피항고인(피의자)　　　김○호

○○고등검찰청 귀중

[부록 5. 항고장 일반 서식]

항 고 장

사 건	○○○○지방검찰청 2000형제 0000호 사기
피의자(피항고인)	김○수 (000000-0000000)
	서울시 00구 00동 000
	연락처 : 010-0000-0000
항 고 인	이○규 (000000-0000000)
	서울시 00구 000동 000
	연락처 : 010-0000-0000

항 고 취 지

위 2000 형제 0000호 사기 피의사건에 관하여 동 검찰청 소속 검사 ○○○은 2000. 00. 00. 피의자 김○수에게 혐의가 없다는 이유로 불기소처분결정을 하였으나 이 결정은 다음과 같은 이유에 의하여 부당하므로 항고하오니 불기소 처분결정을 경정하여 주시기 바랍니다. (위 불기소처분 결정을 2000. 00. 00. 송달받았습니다.)

항 고 이 유

1. 피의사실 및 불기소처분의 요지

2. 항고이유(수사미진, 사실 및 법률판단의 오류 등)

3. 결론

첨 부 서 류

1. 불기소처분통지서   1 부
1. 불기소이유고지서   1 부

2000. 00. 00.

위 항고인(고소인)   이 ○ 규   (인)

○○고등검찰청   귀중

[부록 6. 항고장 일반 서식(항고이유서를 별도로 제출하는 경우)]

항 고 장

사　　　　건	서울○○지방검찰청 2000 형제 0000호　사기
피의자(피항고인)	김○수　(000000-0000000)
	서울시 00구 00동 000
	연락처 : 010-0000-0000
항　　고　　인	이○규　(000000-0000000)
	서울시 00구 000동 000
	연락처 : 010-0000-0000

항 고 취 지

위 2000 형제 0000호 사기 피의사건에 관하여 동 검찰청 소속 검사 ○○○은 2000. 00. 00. 피의자 김○수에게 혐의가 없다는 이유로 불기소처분결정을 하였으나 이 결정은 다음과 같은 이유에 의하여 부당하므로 항고하오니 불기소 처분결정을 경정하여 주시기 바랍니다.
(위 불기소처분 결정을 2000. 00. 00. 송달받았습니다.)

항 고 이 유

"추후 제출하겠습니다."

첨 부 서 류

1. 불기소처분통지서   1 부
1. 불기소이유고지서   1 부

2000. 00. 00.

위 항고인(고소인)   이 ○ 규   (인)

○○고등검찰청   귀중

[부록 7. 항고이유서 일반 서식(항고이유서를 별도로 제출하는 경우)]

항 고 이 유 서

사　건　　　○○지방검찰청 2000형제00000호 변호사법위반

1. 고소인(항고인) :

　　신○호 (000000-0000000)
　　부산시 00구 00동 000-00, 000아파트 00동 000호
　　연락처 : 010-0000-0000

2. 피고소인(피항고인, 피의자) :

　　민○호 (000000-0000000)
　　부산시 00구 00동 000-00
　　연락처 : 010-0000-0000

위 피고소인(피항고인)에 대한 ○○지방검찰청 2000형제00000호 변호사법위반죄 피의사건에 관하여 동 검찰청 검사 ○○○는 2000. 00. 00 혐의 없음을 이유로 불기소처분결정을 하였으나, 그 결정은 다음과 같은 이유로 부당하여 이에 항고를 제기합니다.

- 다　음 -

1. 피의사실 및 불기소 처분의 요지

　가. 피의사실 요지

　나. 불기소처분의 요지

2. 항고 이유

그러나 이 사건 검사의 위와 같은 불기소처분은 아래와 같은 이유로 부당한 것입니다.

가. 혐의 없음(불기소)처분의 부당성

나. 수사미진 및 증거판단의 오류

3. 결론

결국 위와 같이 이 사건 혐의 없음 판단은 중요한 수사쟁점에 대한 중요한 수사가 이루어지지 아니한 수사미진 뿐 아니라 법리판단 혹은 증거판단에 오류가 있음에도 불구하고 내려진 잘못된 결정으로, 이에 고소인은 부득이 이 사건 항고에 이르게 되었으니 재기수사의 명을 내려주시기 바랍니다.

첨 부 서 류

2000. 00. 00.

위 항고인(고소인)   신 O 호   (인)

○○고등검찰청 귀중

저자약력

저자 장 태 동
- 동국대학교 법과대학 법학과
- 7급 검찰사무직 제9기 공채
- 서울중앙지방검찰청 특수부 . 강력부
  　　　　　　　　　　형사부 . 조사부
- 대검찰청 중앙수사부
- 대전지방검찰청 강경지청
- 법무부
- 헌법재판소(비서관)
- 2000. 6. 법무사자격 취득

현재) 장태동법무사무사무소 대표
　　　(02-752-2114)

刑事 사례중심[검·경] **고소장 · 항고장 작성**

저　　　자　**장 태 동**	2020년 11월 30일 초판 인쇄
발　행　인　**장 태 동**	2020년 12월 10일 초판 발행
발　행　처　**도서출판 남산**	

서울특별시 중구 세종대로 3-1, 4층(남대문로5가)
전화 : 02)752-2114 / 팩스 : 02)753-2114
신고번호 제2017-000041호
e-mail : tec1712@naver.com

본서의 무단전재나 복제행위를 금합니다.
저작권법 제97조의 5에 의거하여 5년 이하의 징역 또는 5,000만원 이하의 벌금에 처하게 됩니다.

ISBN : 979-11-952947-6-3　　　　13000　　　　　　　　**정가 30,000원**